古代歷史文化^{研究}^{輯刊}

二四編

王明蓀 主編

第1冊

《二四編》總目

編輯部編

壇墠文化考
——敬天與法祖思想的禮俗和沿革

俞美霞 著

國家圖書館出版品預行編目資料

壇墠文化考——敬天與法祖思想的禮俗和沿革／俞美霞 著 --
初版 -- 新北市：花木蘭文化事業有限公司，2020〔民109〕
序 4+ 目 8+280 面；19×26 公分
（古代歷史文化研究輯刊 二四編；第 1 冊）
ISBN 978-986-518-251-9（精裝）
1. 禮俗 2. 祭祀 3. 文化史 4. 中國
618   109011105

ISBN-978-986-518-251-9

9 789865 182519

古代歷史文化研究輯刊
二四編 第一冊   ISBN：978-986-518-251-9

壇墠文化考
——敬天與法祖思想的禮俗和沿革

作　　者 俞美霞
主　　編 王明蓀
總 編 輯 杜潔祥
副總編輯 楊嘉樂
編　　輯 許郁翎、張雅淋　美術編輯 陳逸婷
出　　版 花木蘭文化事業有限公司
發 行 人 高小娟
聯絡地址 235 新北市中和區中安街七二號十三樓
　　　　 電話：02-2923-1455／傳真：02-2923-1452
網　　址 http://www.huamulan.tw 信箱 hml810518@gmail.com
印　　刷 普羅文化出版廣告事業
初　　版 2020 年 9 月
全書字數 197114 字
定　　價 二四編 21 冊（精裝）台幣 62,000 元

《二四編》總目

編輯部　編

《古代歷史文化研究輯刊》
二四編　書目

《古代歷史文化研究輯刊》二四編
各書作者簡介・提要・目錄

第一冊　壇墠文化考——敬天與法祖思想的禮俗和沿革

作者簡介

　　俞美霞，台師大國文系學士、文化大學藝術研究所(美術組)碩士、文化大學中文研究所博士。研究範疇以民俗、器物、工藝美術、書畫、文字為主，現職台北大學民俗藝術與文化資產研究所教授，並任文化部文資局、台北市文化局、桃園市文化局、台北市文獻委員會、台北市殯葬處等評審委員；曾經擔任民藝文資所所長，台灣藝術行政暨管理學會理事長，並於南天、藝術家、花木蘭出版專書 9 本，發表研討會論文、專書論文、期刊論文計 70 餘篇。

提　要

　　敬天、法祖，這是中國自古以來即有的思想與行為模式，也是華人地區綿延久遠的文化本質，而其淵源並可遠溯自 7、8 千年前，新石器時代紅山文化遺址，並歷經凌家灘文化、良渚文化等出土發掘，至商周時期形成宗法、禮俗制度，其流傳有緒，是宗族血緣的根本，也是國家種族發展的基礎，為歷代帝王所尊崇，進而訂定律令，長久遵循，這樣的思想載諸典籍，《禮記・郊特牲》所謂「萬物本乎天，人本乎祖，此所以配上帝也。郊之祭也，大報本反始也。」就在這樣的文化傳承下，因而衍生出自然崇拜與祖先崇拜的習俗。

　　至於本書是以文物、文獻、文字三重辯證法作為個人學術研究的依據，並以敬天、法祖思想為主軸，出土壇墠、祭祀文物為憑藉，將個人多年來關注的範疇，輯錄為八個單元，闡述敬天法祖思想的禮俗、沿革及其影響，俾便尋繹出清晰的脈絡與源頭。

是以本書就出土考古暨禮俗制度，從牛河梁遺址探討先秦壇、廟、冢制度之遞嬗；並據鳧鷖文化之流傳，闡釋新石器時代良渚文化「高壇立鳥」的公尸象徵及本質，這是祖先的文化符號，其流傳直至《宋史》也仍可見其記載；並可與河姆渡文化、良渚文化、大汶口文化等地「陶匏祭天」的鳥紋符號相互呼應；及至殷商晚期四川廣漢三星堆祭祀坑出土文物，經個人長年與典籍詳盡比對，印證這即是大合祭先祖的祫祭內涵與儀式，案例極為珍貴。至於東漢以降，出土中又有許多「搖錢樹」，這是《太平經》中「命樹」內涵的具體呈現；另外，祭祖中的「公尸」寓意「神主」、「木主」之旨，而其遺風如尸祭、尸位的設置，其形式則仍可見於金門地區瓊林蔡氏家廟的祭祖儀式。同時，就祭祀言，祭天或祭祖中重要的禮敬—犧牲玉帛，也是儀式中不可或缺的重要物件，其規格並以玉石(和闐玉)為上，是以本書又輯錄和闐玉與玉文化之關係；並玉石之路、陶瓷之路與絲綢之路三者間之緊密牽繫，這不僅影響民族的政治、經濟、文化等交流，且其作為敬天、法祖思想之傳播並影響之深遠，便也不言可喻了。

目　次

第二冊　魏晉南北朝地理與政局研究

作者簡介

周運中，男，1984 年生於江蘇濱海縣。南京大學學士，復旦大學博士。現任南京大學海洋文化研究中心特約研究員、中國海外交通史研究會理事、中國百越民族史研究會理事。曾任廈門大學助理教授、中國南海研究協同創

新中心兼職研究員。著有《鄭和下西洋新考》（中國社會科學出版社 2013 年）、《中國南洋古代交通史》（廈門大學出版社 2015 年）、《中國文明起源新考》（花木蘭文化出版社 2015 年）、《正說臺灣古史》（廈門大學出版社 2016 年）、《濱海史考》（江蘇鳳凰科學技術出版社 2016 年）、《九州考源》、《秦漢歷史地理考辨》、《鄭和下西洋續考》、《西域絲綢之路新考》、《唐代航海史研究》、《道士開闢海上絲綢之路》（以上花木蘭文化事業有限公司，2019～2020 年）等，發表論文百餘篇。

提　要

　　曹丕為征吳開討虜渠，引汝入潁，使汝水故道乾枯。北朝黃河尾閭變清源自上游水口太多，冬季乾旱使各地加大引水而加重夏季河災。赤壁之戰在今湖北赤壁，奠定吳地超過楚地成為南方中心的地位。孫吳在赤壁之南新設蒲圻縣，源自蒲圻在荊州腹心、三省交界的區位。猇亭之戰在今湖北宜都，街亭之戰在今甘肅莊浪。劉備和諸葛亮逆歷史潮流，幻想延續早該滅亡的腐朽漢朝，必然失敗。東晉為琅邪僑人設懷德縣源自內鬥，此時琅邪郡仍是晉地。北魏懷朔鎮首先改州，單獨建州，遠離僑人集中的太原而設在壽陽，源自尒朱榮用流民防守井陘。六鎮起兵其實是沃野、柔玄兩鎮帶頭，這兩鎮不設州。懷朔、武川兩鎮原本條件最好，為官軍平叛而得到褒獎，才有高歡、宇文泰崛起。懷荒、禦夷合設一州，六鎮的環境、立場和結局不同。北齊依賴鮮卑騎兵野戰，而北周以漢法守城獲取地利。北周更得人和，所以從弱轉強，打敗北齊。

目　次

第三、四冊　唐代學官研究

作者簡介

　　董坤玉，女，1979 年 2 月出生，河北滄州人。2001 起先後在河北師範大學、北京師範大學獲得歷史學碩士、博士學位。現為北京市文物研究所研究館員，主要從事考古與中國古代史研究。先後在《考古》、《文物》、《CHINESE ARCHAEOLOGY（中國考古學）》等刊物發表過學術論文，已出版過《昌平清代園寢》等著作多部。

提　要

　　學官制度作為官僚制度和教育制度的交叉點，是制度史與教育史的重要內容。唐代科舉興盛，文化繁榮，而官學教育卻大部分時間不盡人意。對於學官制度的研究，有利於深入瞭解唐代科舉、學校，以及儒學在唐代的發展狀況，並且有助於對教育制度、唐代官制的發展有深入認識。研究內容主要集中在以下幾個方面：

　　第一，突破原有認識，對中國古代教育史的發展階段進行了重新劃分，以教育自身的成長狀況為背景，將其分為孕育、成長、獨立三個發展階段。

自西漢至隋唐是教育與政治緊密結合，並逐漸走向成熟的時期，從隋唐時期開始，教育出現與政治相脫離的傾向，從此步入漫長的走向獨立的歷程。以此為背景，結合唐代儒學、科舉的發展狀況，通過對 272 位學官的整理考證，以表格統計的方法，對學官群體進行了探討。並就國子監特殊的學官——大成的性質、設置及沿革，進行了詳細的考證。

第二，初步分析了唐代官學教育衰落的原因，在肯定儒學自身的發展狀況、科舉制度與官學教育的不協調，是直接作用因素外，認為唐代統治者秉承少數民族血統，具有的開放浪漫氣質，是官學衰落的一個重要背景。並突破典章制度的規定對唐代國子監的管理權限進行了系統地探討。

第三，考察了學官的貢獻、作用，以及社會地位的轉變。通過對《新唐書・藝文志》中學官著述的統計，充分反映出學官在文化方面的貢獻。並著重從社會教化、政治兩方面對學官的作用進行了考察，發現學官在唐代武則天、韋皇后時期憑藉特殊的社會身份，在政治變革中發揮了特殊的作用。本文還試圖探究影響學官政治作用發揮的不利因素，認識到學官的歷史地位、經濟地位、以及學校距離皇帝辦事機構的遠近都影響著學官政治作用的發揮。從為人崇重到世人恥為學官，顯然唐代學官的社會地位發生了一落千丈的變化，本文從直接因素與相關因素兩個方面對此進行了深入分析。

第四，探討了唐代學官選用標準的變化以及學官的遷轉途徑。學官選用格外強調德才，但有唐一代，學官選用標準發生了不小的變化，不僅「才」從注重經學浸變為以文辭為重，而且對「德」的要求有所降低。中國歷代都著重強調學官的「德」，原因何在？本文對此進行了淺顯分析，認為除了學官的特殊身份之外，儒家的文治理念也有一定影響。通過列表統計，歸納出中央學官遷轉的規律性，學官在入出國子監前後，主要有兩條出路，一是留任京官，多在文化禮儀部門內流動，另一部分是任地方官。學官內部的遷轉表現出很強的獨立性，主要有兩條途徑：一是助教——博士；另一途徑為先館內，後館間順次升遷。這種獨立性也是唐代教育走向獨立的一個明證。

第五，通過數據統計總結了唐代學官的地域分布情況。學官主要分布在東西、南北相交的兩個地帶，這與唐代人對於人才分布的認識基本吻合。另外，本文分類探討了以下幾個問題：舊士族在唐代的發展情況、宗室學官問題、學官世家問題，僧侶學官問題、軍事家族的文武轉變問題，以及各個階層與科舉的關係等等，這些都展現了唐代學官群體的特徵。

目　次

上　冊

下　冊

第五冊　唐代貶謫制度與相關文體研究

作者簡介

　　段亞青，女，漢族，1987 年生。祖籍山西太原，古代文學博士。現工作於中南民族大學文學與新聞傳播學院，研究方向為中國古代文學。曾於 2007～2014 年就讀於中南民族大學，獲文學學士、文學碩士學位，2014 年就讀於

武漢大學中國古代文學專業，獲博士學位。先後在《文藝理論研究》《檔案學通訊》等期刊發表論文三篇，參與國家社會科學基金項目一項、國家社會科學基金重大項目一項，並擔任子課題負責人。

提　要

　　貶謫是中國古代政治文化中一個非常重要的現象，伴隨著唐代大一統政權的成熟，貶謫逐漸形成穩定的制度規範。唐代貶謫實施的範圍很廣，方式也非常靈活。上至當國宰輔，小到州縣佐貳，所犯事大到謀逆不軌，小到才不稱職，均可施與貶謫，且針對不同的情形，貶謫官員的品級可升可降。研究唐代貶謫制度，有助於我們從當時的歷史環境中認識貶謫，進而理解貶謫這一特殊制度及其背後的文化內涵。

　　貶謫概念的理解是研究其制度的基礎。文章緒論首先是對貶謫概念的探究及相關問題的闡述。緒論第一節解析貶謫與「法」、「禮」、「權」三者之間的關係，之後具體論述流放、流民這兩個概念，明確本文討論的貶謫範圍。第三節第四節是對本論題的研究回顧與總結，並在此基礎上明確本論題對探究唐代政治文化的意義。

　　本文對貶謫制度的研究共分五章進行，第一、二、三章為具體的制度研究。

　　第一章主要探討唐代貶謫的原因及方式。唐代官員被貶主要有政治原因、經濟、軍事原因及其它職制、禮俗方面的原因。唐代官員的貶謫方式建立在官階制度的基礎之上，形式非常多樣。第二章在鉤沉史料的基礎上分四大步驟論述貶官罪行確認的相關程序。貶官罪行確認主要分罪行上奏，法律推鞫，貶謫商討及貶詔下達四個步驟，每個步驟都有相應的實施規範及相關儀禮，也都有可能受到權力的控制，特別是皇權，常常超越於法律之上發揮作用。第三章具體論述唐代貶官赴貶所及遷轉的相關制度。貶官接到貶詔之後，其在裝束時限、送行與否、交通行驛、家屬隨行、赴謫所路線及貶地活動、死後安葬等方面便都要遵循相應的制度規定。除此之外，被貶官員，在政治上、經濟上都與此前有了很大的不同，不同的貶官遷轉方式也各異。

　　第四、五章則主要分析與貶謫制度相關的兩種文體：一種為貶謫制詔，一種為貶謫官員謝上表。這兩種文體的研究乃貶謫制度在文本層面的具體落實，既體現出貶謫制度權威性及其背後的禮制文化旨趣，又反映了在此政治環境中的士人內心既依賴又畏懼等種種對皇權的複雜情緒，彰顯出唐代士人

獨特的人格。

目　次

第六、七冊　功臣禍首：北宋末內臣童貫事蹟考

作者簡介

　　何冠環，1955 年生，廣東江門新會人，香港中文大學文學士、哲學碩士，美國亞里桑拿大學（University of Arizona）哲學博士，專攻宋代史，師從著名宋史學者羅球慶教授與陶晉生院士，先後任教於香港公開大學、新加坡南洋理工大學、香港教育大學、香港理工大學，2015 年退休。現擔任香港樹仁大學歷史系客座教授及香港新亞研究所特聘教授。2006 年起獲選為中國宋史研究會理事迄今，2010 年獲選為嶺南宋史研究會副會長迄今，2014 年獲選為中國宋史研究會副會長（迄 2018 年）。著有《宋初朋黨與太平興國三年進士》（1994）（修訂本，2018）、《北宋武將研究》（2003）、《攀龍附鳳：北宋潞州上黨李氏外戚將門研究》（2013）、《北宋武將研究續編》（2016）、《宮闈內外：宋代內臣研究》（2018）、《拓地降敵：北宋中葉內臣名將李憲事蹟考述》（2019）專著六種，以及發表學術論文數十篇。

提　要

　　本書《功臣禍首：北宋末內臣童貫事蹟考》，是作者研究宋代內臣（宦官）的第三本專著。本書以考述北宋徽宗朝權傾朝野，執掌軍政二十餘年的內臣童貫的一生事蹟為經，以徽宗、欽宗兩朝的政事為緯，重新探究北宋從徽宗朝紹述神宗、哲宗之政，開疆僻土，收青唐，降西夏，再聯金滅遼，收復燕京的表面興盛，到宣和七年引狼入室，金兵南犯，徽宗被迫禪位，繼位的欽宗君臣應變無方，不及一年，就發生史稱「靖康之難」的一段北宋驟然覆亡，教人反思不已的歷史。

　　童貫是徽宗甚為寵信的內臣之一，委以開邊西北的重任。他師承神宗朝著名內臣名將李憲的策略，以進築堡寨的方法，攻取橫山，進據青唐故地。他長期與徽宗朝四度拜相的蔡京朋比，獲取權位與支持，雖然有一段時期二人爭權而不和。他出身鄭皇后閣中，得到鄭皇后長期的支持。他先以監軍身份在崇寧初年隨王厚收復湟州、鄯州、廓州，然後獨當一面，成為熙河蘭湟、秦鳳等路的封疆大吏，在大觀年間再取洮州和積石軍。他即以軍功破格自內臣建節，且進位三公。因徽宗君權甚盛，蔡京又逢迎上意，雖有文臣反對，童貫繼續加官晉爵。政和以後，他不但破天荒出任執掌兵符的樞密使，還同時出任陝西、河東、河北三路宣撫使，掌握內外兵權。他在政和末期，又推動海上之盟，力主聯金攻遼，收復燕雲故土。他又出兵攻略西夏，迫西夏向

宋稱臣。他掌控的陝西軍，成為宋軍的精銳主力。他麾下僚屬將校，不乏能人猛將，他馭下也頗有度量，故人樂為其用。他在西北的軍政建設，亦有可稱道之處，並非失勢後廷臣所斥他只用人惟親，敗壞軍政。他在宣和三年又率軍平定於東南起事的方臘，功勳權勢一時無兩。

童貫的衰敗的轉折點是宣和四年兩番興師伐燕，因用人不當，為遼軍所敗。雖然在宣和五年，宋廷以高價從金人贖回燕京及附近六州，但事後童貫失寵被罷，軍政大權落於另一內臣梁師成一伙手上。一年後，因梁師成及其黨羽譚稹等措置失當，讓金人借口南侵，童貫於是在宣和六年中東山復出，收拾殘局。宣和七年中，徽宗更史無前例封他為廣陽郡王，酬賞他的功勞。但他錯用降將郭藥師守燕京，導致金兵在年底兩路南犯。他在關鍵時刻，卻怯懦地從太原前線逃回京師。不久，徽宗禪位欽宗，童貫卻再次犯上致命錯誤，在未得欽宗同意下，擅自率親兵扈從徽宗南逃鎮江。欽宗恨之，以他當年既涉嫌搖動其儲位，現時又涉嫌助徽宗另立朝廷。當金兵退師，欽宗迎還徽宗後，就將童貫貶官抄家，最後在靖康元年八月派人誅殺於南雄，並梟其首於京師。然四個月後，再度來攻的金兵攻破京師，徽、欽二帝被擄，北宋覆亡。

因靖康之難之故，童貫和蔡京等「宣和六賊」，從南宋以降，成為宋廷君臣眼中的罪魁禍首，不獲平反，童貫也成為南宋朝臣以至後代談論宦官亂政的宋代最大鐵證。當宋人不敢批評徽、欽二帝於亡國的責任時，童貫和蔡京等人就成為代罪之人。南宋以降官修或半官修的歷史，無不以童貫為姦臣之尤。他曾有功績，就沒有人提起。以此之故，從元代開始流傳的《大宋宣和遺事》到《水滸傳》及其續書《水滸後傳》與《蕩寇志》，童貫的形像都是負面的，他既是坑害忠良的陰險小人，也是打仗怯懦怕死之庸才，童貫作為姦臣之尤，是鐵案如山，永不可翻。

兩宋之際人物眾多，除了宋朝帝后宗親、文臣、武將與內臣外，遼、金、夏以至青唐部羌人的首領君長和其文臣大將，也為數不少。本書主角童貫與他們的關係錯綜複雜，留下的記錄卻往往有極大歧異。本書作者即據現存的文獻史料、碑刻銘文，以綿密的考證，生動的筆觸，摒除傳統儒家士大夫對內臣的偏見，重新客觀考述一直被視為萬惡不赦的宋代內臣童貫的生平事蹟，並考論與他有關係的各方人物，包括他的主子徽宗及鄭皇后、與他朋比的徽宗朝姦臣蔡京、蔡攸、王黼等，與他敵對的朝臣言官，以及其麾下的陝西軍文武僚屬的事蹟。本書同時著意觀察徽宗使用童貫、楊戩、梁師成等內

臣及蔡京等姦臣的帝王術，重構徽宗所謂昏君以外的形像，並以新的視角構建從崇寧到靖康這一段深受人關注並爭議不休的歷史。

目 次

上 冊

第八冊　宋代集市貿易興起及其成效（未定稿）

作者簡介

　　張履鵬（1929～2020），天津市寧河蘆臺人，早年曾經在河南省內的研究所和大學從事農業技術、農業歷史研究與教學工作，擔任過教授和研究員職

務有多項研究成果，享受國家有貢獻專家津貼。學術團體中曾任河南省農史研究會會長，首屆中國農業歷史學會副理事長，中國農業經濟史學會副理事長。退出崗位後，租田數畝，躬耕於鴻溝，不輟書生之筆，將滿懷興國策，述於三村種樹書。

提　要

　　宋朝是由農耕文化發展的起來的國家，經常受北方游牧民族的入侵。經歷三百餘年，以儒家治國為理念，得到社會顯著進步、理學和經濟同步發展，其動力是致力於社會改革。

　　集市貿易是社會進步的重要表現，打破了前代「重農抑商」和「市坊制」。由集市貿易起始，發展城鎮，開展海外貿易。

　　集市貿易興起的基礎是農業改革的「佃耕制」。宋代實行「不抑兼併」、「不設田制」的土地政策，把土地推向市場。農民土地依附關係鬆弛，選擇職業有更大的周旋餘地，許多人從事集市貿易，農產品商品化。城市的發展，容納了大量的「三教九流」、「五行八作」服務行業人員。在宋代「商民」已經不是「四民」中的「末業」地位大大提高，原因是「資本主義」市場經濟的興起。宋代吏治清明，百年無內亂，出現許多明君賢相，民間少有冤獄。人們富裕，茶樓、酒肆、旅店、浴池、遊樂場所大發展。

　　隨著集市貿易興起，經濟改革應時推進。稅收制度適應了市場經濟。貨幣是用量大增，並且開始應用「紙幣」，是歷史上一大創舉。

　　總之，宋代是我們值得研討的改革開放朝代，崖山之後標誌著中國古典時代的終結。征服者是文化上落後於被征服民族的游牧民族，正常的社會發展進程被打斷，商品經濟發展遲滯近千年。

目　次

第九、十冊　含英咀華：遼金元時代北族的漢學（修訂版）

作者簡介

　　王明蓀，生於 1947 年。中國文化大學國家文學博士，曾任教於淡江、佛光、中興等大學，並曾兼任系所主任、教務長等職。現任中國文化大學史學系兼任教授。發表學術論著七十餘篇，專書十餘種。

提　要

　　本書為研究近古時期遼金元三代北方民族漢學的專著，是中國史上「胡漢」關係中的一部份，又是討論「漢化」課題的重要部份，而在學術或文化史上，也具有相當的意義。繼早期陳垣探討元代西域人華化，近期蕭啟慶探討元代蒙古人漢學以來，本書研究以契丹、女真、蒙古、党項、西域等北方民族在近古時期的漢學研習及其漢學實際情形，並將陳、蕭所作加入分析討論。

　　近古約五百年間，北族在遼金元三代的漢學，本書有全面的蒐集與論述，由五大部份組成，其一、為論漢化與漢學之間關聯；其二、為論遼代帝后及契丹族群的漢學；其三、為論金代帝后及北族族群的漢學；其四、為論元代各北族群的漢學；其五、為綜論三代北族的漢學與特點。全書以十章分別論述而成。

目　次

上　冊

自　序

第十一冊　元代的士人與政治（修訂版）

作者簡介

    王明蓀，生於 1947 年。中國文化大學國家文學博士，曾任教於淡江、佛光、中興等大學，並曾兼任系所主任、教務長等職。現任中國文化大學史學系兼任教授。發表學術論著七十餘篇，專書十餘種。

目　次

第十二冊　陣法與身體：晚明軍事文化中的鴛鴦陣

作者簡介

　　吳承瑾，國立政治大學歷史學系碩士，自大學時期就喜愛關注歷史上的「公共事務」，喜歡觀察不同時代的人如何在其環境下，調集人力、物力完成某件事。「陣法與身體」寫於台灣社會面臨巨變的 2014 到 2016 年間，當時社會風氣講「民變」不至於，但頗有以民間力量去推動公共事務，並一定程度被官方採納的現象。本書為歷史研究，不外乎整理史料讓讀者了解過去某個時代的社會，作者多著墨討論鴛鴦陣這種戰術所反映的人與事、物關係，以及制度如何讓人有效率地團體行動。

提　要

　　本書以鴛鴦陣為主軸，討論三個議題。第一個議題是藉由探討鴛鴦陣的淵源，論述嘉靖 32 年（1553）倭亂以來，官員、將領跟士人如何交流來自各地的兵學知識，並將行之有年的舊戰術，整合成新的陣法。第二個議題透過細膩分析各時期多種鴛鴦陣的戰術細節，並將唐順之、戚繼光等人的鴛鴦陣，和同時代類似陣法與更早的中國陣法（八陣思想）比較，以討論鴛鴦陣戰術跟文化的特殊性跟延續性，這部分將鴛鴦陣跟當時社會背景連結，並修正以往學者的看法。第三個議題則討論鴛鴦陣如何跟晚明的軍事文化、社會文化互動。這部分透過「巫術挪用」、「物質文化」、「身體思維」來切入，以討論

軍事制度是在何種社會背景運作，以及如何塑造士兵的感官與身體，建立軍旅生活特有的「體感」。

目 次

第十三冊　明清旌表制度研究

作者簡介

　　楊陽，山西陽城人，教育學博士，高級教師，北京師範大學國學經典教育研究中心副研究員，中國教育學會傳統文化教育分會副秘書長。學術研究以教育史為主，涉及中國古代旌表制度研究、家風家訓、民國教育家、傳統文化教育教學、非物質文化遺產課程設置與教學教法等內容。已出版兩本個人專著，主編或參編教材近二十冊、學刊二十二期，在《光明日報》等報紙期刊發表論文、文章五十餘篇，多次獲得北京市教育科學研究一等獎。

提　要

　　旌表是由官方對符合傳統禮教規範的個人或特定人群給予物質或精神層面的公開表彰。旌表萌芽於先秦，成長於秦漢，發展於魏晉，完善於隋唐，在宋元得到修補，在明清時期達到頂峰。本文經過文獻梳理和數據統計，對明清時期的旌表制度進行了探討研究。明清旌表的獎賞理念是官方確認的「忠、孝、節、義」等儒家觀念，統治者對孝子、順孫、義夫、節婦、烈女以及長壽老人、一胎多育者等旌表對象給予物質與精神上的雙重獎勵。旌表在明清受到法律和政策的規定，具有嚴格的程序，具體獎勵方式包括建祠堂、立牌坊、賜匾、樹碑、免除徭役、賞賜御書等。旌表的支出費用分為國家、地方和個人等三個層面的支出。綜觀明清旌表，主要有三大特點：一是動態性，表現在對前代旌表理念、方法的繼承，以及結合本朝實際，對旌表政策的動態調整。二是差異性，明清旌表的對象會因其性別、階層、民族、地域的差異，而在旌表中得到不同的待遇。三是系統性，明清旌表自身的理念、對象、程序、手段等要素都具有系統性。旌表對基層控制和民間教化有積極作用，對國家、家族以及個人也有重要意義。它鼓勵個人通過提升自我修養，使家庭和家族內部氛圍和睦，進而使地方民風淳樸和諧，從而為國家社會教化做出突出貢獻。

目　次

第十四冊　中國東南的歷史進程

作者簡介

　　周運中，男，1984 年生於江蘇濱海縣。南京大學學士，復旦大學博士。現任南京大學海洋文化研究中心特約研究員、中國海外交通史研究會理事、中國百越民族史研究會理事。曾任廈門大學助理教授、中國南海研究協同創

新中心兼職研究員。著有《鄭和下西洋新考》(中國社會科學出版社 2013 年)、《中國南洋古代交通史》(廈門大學出版社 2015 年)、《中國文明起源新考》(花木蘭文化出版社 2015 年)、《正說臺灣古史》(廈門大學出版社 2016 年)、《濱海史考》(江蘇鳳凰科學技術出版社 2016 年)、《九州考源》、《秦漢歷史地理考辨》、《鄭和下西洋續考》、《西域絲綢之路新考》、《唐代航海史研究》、《道士開闢海上絲綢之路》(以上花木蘭文化事業有限公司,2019~2020 年)等,發表論文百餘篇。

提　要

　　本書研究中國東南從越地成為漢地的歷史進程,通過分析姓氏地理、方言地理,提出中國現代姓氏地理是上古中原姓氏地理的放大版,論證楚語是閩語的重要源頭。唐末江淮大混戰是客家人祖先南遷的重要原因,客家人在北宋的贛南和閩西已經形成。南宋初年南雄因為戰亂,有很多人南遷到珠江三角洲。本書對比東南各省的政區設置高潮期,分析各地歷史進程不同的原因。指出東南的各種文化,都是不同時代楚文化、吳文化、北方文化和土著文化進行不同比重混合的結果。宋代之前的中原文化向南方發展主軸還在江浙和兩湖,形成吳楚兩個主軸。唐宋時期在楚吳之間形成了一個贛閩為中心的新主軸,豫贛閩臺成為中國文化發展的新主軸。

目　次

第十五、十六冊　百越新史

作者簡介

　　周運中，男，1984 年生於江蘇濱海縣。南京大學學士，復旦大學博士。現任南京大學海洋文化研究中心特約研究員、中國海外交通史研究會理事、中國百越民族史研究會理事。曾任廈門大學助理教授、中國南海研究協同創新中心兼職研究員。著有《鄭和下西洋新考》（中國社會科學出版社 2013 年）、《中國南洋古代交通史》（廈門大學出版社 2015 年）、《中國文明起源新考》（花木蘭文化出版社 2015 年）、《正說臺灣古史》（廈門大學出版社 2016 年）、《濱海史考》（江蘇鳳凰科學技術出版社 2016 年）、《九州考源》、《秦漢歷史地理考辨》、《鄭和下西洋續考》、《西域絲綢之路新考》、《唐代航海史研究》、《道士開闢海上絲綢之路》（以上花木蘭文化事業有限公司，2019～2020 年）等，發表論文百餘篇。

提　要

　　本書指出越的本義是低地、海洋，伏羲、布依和武夷都源自魚，漢族的祖先從雲貴、重慶北遷，經大寧河、漢水流域到中原。蠻的本義是蛇，疍民崇拜龍蛇。南方有很多漢語地名來自越語，不少漢語海洋生物名字來自南島語的音譯。仡佬、崑崙、高涼、高麗的本義都是河谷，仡佬族曾分布在江南廣闊地域。佤族自稱外喻源自鱷魚，演變為烏滸，融入仡佬族。壯侗族群源自西江下游，秦攻百越導致侗水族群北遷、壯傣族群西遷。俚人是侗水族群，俚、黎的本義是山野，俚人不是黎族。牂柯是源自越語的河流，建立南詔國的蒙舍詔人是傣族。自杞國是仡佬族建立，羅甸國是布依族建立。還研究了南方各地越人的漢化史，考證了越文化對漢文化的一些影響。

目　次

上　冊

第十七冊　元明清時期入遷雲南的外來少數民族移民研究

作者簡介

　　李和，男，1982 年出生於雲南省瀘西縣。2004 年畢業於雲南大學哲學系，獲學士學位。師從雲南大學民族研究院暨西南邊疆少數民族研究中心古永繼教授，分別於 2007 年、2015 年獲中國少數民族史專業碩士、博士學位。《元明清時期入遷雲南的外來少數民族移民研究》，為 2015 年答辯通過的博士學位論文。近年來，主要從事思想政治理論課教學和中國少數民族史的研究工作。現為雲南省曲靖師範學院講師。

提　要

　　地處中國西南邊陲的雲南，自古以來是一個多民族分布的地區。當地民族眾多，原因之一是歷史時期外來各民族的大量入遷。考古資料顯示，早在舊石器時代初期，雲南就與內地、西北以及南方等地先民發生聯繫，說明可能存在著人類遷移現象。此後的數千年來，文獻中出現有大量外來各民族入遷雲南地區的記載。因此，探討外來民族移遷雲南地區的歷史過程、動因、

類型、特點及影響，就成為學界普遍關心並致力於研究的問題。

元明清時期是中國統一多民族國家的確立時期，是內地人口大量移遷雲南的重要時期，也是雲南多民族格局最終形成的時期。大多論著的研究側重於漢族移民入遷雲南的具體情形，但對於雲南的發展來說，除漢族移民外，眾多少數民族移民在雲南移民史中也佔有一席之地。因此，本書依憑豐富、翔實的文獻資料及前輩學人所做的研究工作，全面梳理和揭示了這一地區多民族入遷雲南的歷史過程。其中，源自北方的蒙古、回回、契丹、西番以及滿洲等以封王鎮戍、隨軍征戰、仕宦任職、謫遷流放、商旅以及自然流徙等方式進入雲南；源自南方的苗人、瑤人、儂人、土僚、沙人、仲家、水戶等則以政治方面的戰敗被逐、逃離戰亂、躲避殺戮，經濟方面的刀耕火種遊耕農業要求以及災荒、婚嫁等入遷雲南。

這些外來少數民族移民入遷雲南的動因比較複雜，大致有：氣候環境的惡化、人口的增加、親緣關係的影響、政治、軍事、經濟等原因，且很多遷移是多種原因綜合導致。但總的來說，北方民族多因統一多民族國家戰略安排的需要而入遷或認為與統治民族有關，而南方民族則多因自發流徙而來。從移民的動因可把這些移民的類型分為生存型、發展型和強制性移民三種，而且雲南的這些移民類型總體呈現出多方位、多層面的特點。同時詳盡比對了同期入遷雲南的漢族移民，發現兩種移民之間的來源、方式、類別以及移民的分布有著較大的區別，對雲南民族分布格局、雲南民族關係的影響也是不同的。

元明清時期外來少數民族移民入遷雲南後，其分布有規律可尋。他們落籍雲南後都有自己相對的聚居區域，並表現為與其他民族雜居共處。此外，他們中的部分由於遷徙和國界變動等原因最終成為跨境民族。此時期，各外來少數民族移民在入滇後與其他民族的交往中，促成了雲南地區多民族大雜居、小聚居分布格局的最終形成。

元明清時期大量外來少數民族移民入遷雲南，對雲南的社會發展產生了深遠的影響。民族關係方面，由於移民族屬種類繁多，相應的民族關係的類型、特徵較之其他地區更加豐富，也更具鮮明的地方特性，導致的影響也複雜多樣，雖有矛盾衝突的一面，但民族間和平交往是主流。經濟發展層面上，這些民族的入遷不僅改變了自身的經濟狀態，也促進了雲南地區各族經濟的發展。民族文化發展方面，不同源流的南北方民族文化進入雲南後，與當地原有民族文化、漢族文化全面接觸，給雲南的多民族文化帶來了不同於以往的樣式和更加豐富的內容，一起構成了雲南多民族傳統文化系統。

目　次

第十八、十九冊　中國五嶽嶽廟建築制度研究

作者簡介

　　楊博，2006 年考入清華大學建築學院建築歷史與理論研究所，師從國內著名建築史學家王貴祥教授攻讀碩士學位。2008 年提前攻博，繼續跟隨導師王貴祥先生在本院建築歷史與理論研究所攻讀博士學位，專攻中國古典建築法式制度研究，也參與建築設計、中國古代城市史研究、研究所會議組織服

務等工作。2011 年底，順利畢業，獲得博士學位。現就職於北京清華同衡規劃設計研究院有限公司王貴祥教授工作室，協助王貴祥先生完成文物保護與修繕、傳統城市規劃更新、歷史建築研究和設計等相關工作。

在攻讀博士學位和工作期間，參加國家自然科學基金項目 2 項，發表論文 4 篇，參與研究及工程項目 40 餘項（均為主要設計人），參與清華大學建築學院《中國古建築測繪十年》一書編寫工作（已出版），負責下冊嵩山建築部分的編輯整理任務。

提　要

嶽鎮海瀆祠廟是中國古代禮制建築中重要的中祀等級建築群。在禮制建築的研究中，中國五嶽嶽廟建築制度是以往建築史研究中相對而言被忽視的一環。本文主要從基址規模研究和建築規制兩方面，對中國五嶽岳廟的營建制度進行研究。

在梳理五嶽嶽廟的相關歷史文獻和現狀遺存材料的基礎上，本書首先明確研究對象，即「五嶽六廟」。五嶽即東嶽泰山、南嶽衡山、西嶽華山、北嶽恒山和中嶽嵩山。因北嶽恒山在明末清初時期發生改祀，廟祀由河北曲陽遷至山西渾源，但曲陽北嶽廟仍存，又於山西渾源恒山上另建新廟。因此，五嶽現存六處嶽廟，即山東泰安岱廟、湖南衡山南嶽廟、陝西華陰西嶽廟、河北曲陽北嶽廟、山西渾源北嶽廟，以及河南登封中嶽廟。

然後，本書探討五嶽嶽廟的歷史沿革和選址環境。結合官方文獻和地方志、五嶽相關山志的歷史記載，著重對五嶽嶽廟的史實作考證和梳理，探究嶽廟建築的發展脈絡和選址規律。研究表明，秦漢已有五岳祠廟之設，北魏各嶽多見遷廟、另建新廟之記載，延至隋唐始封王號，宋金元三代達到發展高峰，累加帝號，規制隆崇，最後發展至明清兩代規模形制大備。嶽廟的選址與其所在山嶽和城市息息相關。岳廟多設於山下，視望祭效果而選擇廟址；嶽廟與城市關係分為城內嶽廟和城外嶽廟兩類，嶽廟以其巨大規模佔據地方城市內外的大片土地，吸引民眾於廟中祭拜，成為城市的禮儀、商業、宗教乃至精神的中心，足見嶽廟對城市的影響力。通過本文的研究，可以分析此類城市的特點，充實城市類型學的研究。

最後，本書重點探究五嶽嶽廟的建築制度，研究主要關注兩個方面：各座嶽廟建築群基址規模和嶽廟內部建築布局形制。研究揭示，五嶽嶽廟的基址規模在宋金時期達到頂峰，岱廟、南嶽廟、中嶽廟等多達八百多間的規模

成為當時極為重要的官方祠廟。之後戰亂時毀時修，於明代中期達到穩定，其佔地規模堪比同期的藩王府第。同時，由於唐宋帝王封號所加，五嶽嶽廟的建築形制多擬帝居，以崇嶽神。本書先縱向考證歷代嶽廟建築形制的變遷，之後著重分析明清兩代遺存嶽廟的建築規制，通過歷史文獻與現狀相結合的研究方法，對歷次重修後的五嶽嶽廟進行形象上的復原和比較研究，以期明確五嶽嶽廟這一中祀等級的禮制建築群的建築制度。

目　次

上　冊

第二十、二一冊　河北佛教文化遺存及其旅遊資源的開發利用

作者簡介

　　崔紅芬，河北省河間人，蘭州大學敦煌學研究所博士畢業，首都師範大學歷史學院博士後出站。現為河北師範大學歷史文化學院教授，博士生導師，

2012 年入選教育部新世紀優秀人才。主持完成國家社科基金項目 4 項，2018 年主持在研國家社科基金「冷門絕學」項目 1 項，2019 年作為首席專家主持國家社科基金重大招標項目 1 項。主要從事歷史文獻、西夏佛教和中國佛教史研究，發表專業論文 100 餘篇，出版論著 4、譯著 4 部。

　　文志勇，甘肅蘭州市人，蘭州大學外語系俄語本科專業，陝西師範大學西北民族研究院博士畢業，主要從事歷史文獻學及民族學等研究。現為河北師範大學圖書館副研究館員，先後發表論文、譯文近 30 篇，與他人合作翻譯出版譯著《孔子和壇記》、《西夏語文學》（合譯）和《西夏物質文化》（合譯）；參與完成國家社科基金 4 項，2019 年主持在研國家社科基金 1 項，2019 年主持國家社科基金重大招標子課題 1 項。

提　要

　　歷史上的河北既是農耕文化與游牧文化、漢族文化與少數民族文化的交匯處，也是絲路佛教文化與儒道文化、京畿文化等多元文化發展中心，多文化融合發展給後世留下了彌足珍貴的文化遺產。本研究主要梳理佛教在河北發展及其文化遺存，兩晉南北朝時期的鄴城和襄國作為佛教文化中心，有佛圖澄、道安佛教僧團的輝煌，也有二祖慧可、三祖僧璨早期禪宗文化的發展。現存的響堂山石窟、佛教藝術、石刻經、臨漳佛教造像、曲陽石刻經、張家口下花園石窟等見證了絲綢之路文化和藝術的傳播與融合發展。隋唐統一，鎮州、趙州、定州、大名、幽州等地佛教繼續發展，義玄在鎮州創立臨濟宗、從諗在趙州弘揚趙州禪。機鋒棒喝的臨濟禪法、清幽委婉的尺八音樂和源遠流長的茶禪文化對後世佛教文化、乃至東亞佛教文化產生了很大影響。宋遼金是歷史分裂時期，出現北宋、遼和金等佛教發展中心，以宋真定府遺存宋代佛教建築最為著名。元明清時期，河北作為京畿重地，漢藏佛教文化融合繁榮，前朝寺院建築、塑像繪畫等得到重新修葺和妝奩。正定、承德和張家口等地遺存豐富的佛教建築、藝術和碑刻等。河北佛教文化遺存豐富而多樣，各地地形地貌、自然風景獨具特色，並具有環渤海、京津的區位和交通等優勢，各類旅遊資源本可相互補充完善和共同開發利用。然而河北在保護、開發和利用佛教文化資源方面明顯滯後，成為京津冀三地一體化和協調發展的短板，分析河北佛教文化旅遊中存在的問題，提出一些合理化的建議，希望能為河北經濟建設服務。

目 次

上 冊

下 冊

壇墠文化考
——敬天與法祖思想的禮俗和沿革

俞美霞　著

作者簡介

俞美霞，台師大國文系學士、文化大學藝術研究所（美術組）碩士、文化大學中文研究所博士。研究範疇以民俗、器物、工藝美術、書畫、文字為主，現職台北大學民俗藝術與文化資產研究所教授，並任文化部文資局、台北市文化局、桃園市文化局、台北市文獻委員會、台北市殯葬處等評審委員；曾經擔任民藝文資所所長，台灣藝術行政暨管理學會理事長，並於南天、藝術家、花木蘭出版專書9本，發表研討會論文、專書論文、期刊論文計70餘篇。

提　　要

　　敬天、法祖，這是中國自古以來即有的思想與行為模式，也是華人地區綿延久遠的文化本質，而其淵源並可遠溯自7、8千年前，新石器時代紅山文化遺址，並歷經凌家灘文化、良渚文化等出土發掘，至商周時期形成宗法、禮俗制度，其流傳有緒，是宗族血緣的根本，也是國家種族發展的基礎，為歷代帝王所尊崇，進而訂定律令，長久遵循，這樣的思想載諸典籍，《禮記・郊特牲》所謂「萬物本乎天，人本乎祖，此所以配上帝也。郊之祭也，大報本反始也。」就在這樣的文化傳承下，因而衍生出自然崇拜與祖先崇拜的習俗。

　　至於本書是以文物、文獻、文字三重辯證法作為個人學術研究的依據，並以敬天、法祖思想為主軸，出土壇壝、祭祀文物為憑藉，將個人多年來關注的範疇，輯錄為八個單元，闡述敬天法祖思想的禮俗、沿革及其影響，俾便尋繹出清晰的脈絡與源頭。

　　是以本書就出土考古暨禮俗制度，從牛河梁遺址探討先秦壇、廟、冢制度之遞嬗；並據梟鷲文化之流傳，闡釋新石器時代良渚文化「高壇立鳥」的公尸象徵及本質，這是祖先的文化符號，其流傳直至《宋史》也仍可見其記載；並可與河姆渡文化、良渚文化、大汶口文化等地「陶匏祭天」的鳥紋符號相互呼應；及至殷商晚期四川廣漢三星堆祭祀坑出土文物，經個人長年與典籍詳盡比對，印證這即是大合祭先祖的祫祭內涵與儀式，案例極為珍貴。至於東漢以降，出土中又有許多「搖錢樹」，這是《太平經》中「命樹」內涵的具體呈現；另外，祭祖中的「公尸」寓意「神主」、「木主」之旨，而其遺風如尸祭、尸位的設置，其形式則仍可見於金門地區瓊林蔡氏家廟的祭祖儀式。同時，就祭祀言，祭天或祭祖中重要的禮敬—犧牲玉帛，也是儀式中不可或缺的重要物件，其規格並以玉石（和闐玉）為上，是以本書又輯錄和闐玉與玉文化之關係；並玉石之路、陶瓷之路與絲綢之路三者間之緊密牽繫，這不僅影響民族的政治、經濟、文化等交流，且其作為敬天、法祖思想之傳播並影響之深遠，便也不言可喻了。

敬天與法祖思想的禮俗和沿革——代序

　　敬天、法祖的信念這是中國自古以來即有的思維與行為模式，也是華人地區綿延久遠的文化本質，而其淵源則可遠溯自七、八千年前新石器時期的紅山文化出土文物，並歷經凌家灘文化、良渚文化等，至商周時期形成宗法、禮俗制度，並明確記載於甲骨、青銅及典籍中，其流傳有緒，是宗族血緣的根本，也是國家種族發展的基礎，是以為歷代帝王所尊崇，因此，即使是滿清異族，也仍謹守前人訓誨。《清史稿‧聖祖本紀》即載康熙五十六年詔曰「帝王之治，必以敬天法祖為本。」而〈穆宗本紀〉也載及同治二十二年，丙午，上親政，詔曰「恪遵慈訓，敬天法祖，勤政愛民。」這樣根深柢固的觀念長久深植人心，並不因時代、文化的交流與推移而見其衰，反倒是整個亞洲地區及台灣，在生活中仍多保留祭天（或拜天公）或祭祖的儀式，其影響既深且遠。

　　於是，常民生活中的歲時禮俗如：過年、清明、冬至（或四時）要祭天，而生命禮俗中的訂婚、結婚、生子等，甚或家族重大事件如：遷移、盟約等，也都必須告祖，而告祖或祭祖之前，又必定先要告天，並以列祖列宗神位陪祀，這種敬天、崇天並尊祖的思想與行為準則，即是《詩經‧大雅‧生民之什‧生民》所謂「生民尊祖也，后稷生於姜嫄，文武之功起於后稷，故推以配天也。」的內涵，並也是《禮記‧郊特牲》所稱「萬物本乎天，人本乎祖，此所以配上帝也。郊之祭也，大報本反始也。」的文化傳承，這些文字記載都說明早在先秦時期敬天、法祖的思想便已奠定，而這樣的思想與行為模式，其源起便是先民在生活中與自然共存時，所衍生的自然崇拜與生殖崇拜（或稱祖先崇拜）信仰。

　　畢竟，個人的生命是卑微的，無法獨力與大自然抗爭，且生命或種族的延續，多來自於家族和歷代祖先的開拓與努力，因此，人們面對生命相關的重大事件必定告祖，以祈求祖先庇祐；只是，生命或種族的延續，若無法和宇宙自然合諧共處，就必定會有因天災而致生命財產的損失或滅絕。於是，先民在畏天之餘，甚或以整個家族或宗族前賢來陪祀上天，以示尊敬，這種崇天的思想，便是生命及種族延續的命脈與準則，是生存的基本需求，也是人與自然共存的必備原則。於是，敬天、法祖思想的傳承，長久以來，便也成為世界各民族共同遵守的行為模式，而其內涵，所孕育的即是人與自然以及人與生命的相互尊重，這樣謙遜、平和的思想與行為，不僅可以彰顯氣度從容，也更見民族的宇宙觀與人文特質。

　　個人長期浸淫於上古時期禮俗與文物的研究，俾便探究制度、文化的起源與本質，再加上個人勤於田野調查，走訪出土遺址、考古所以及博物院等近二十年，深知文物、文獻與文字的重要性，並唯有交互運用，始能全面性的探究事務的本源，俾便明其沿革流變，知其本末終始，這是民族文化的形成，也是歷史文明演變的具體軌跡。是以本書以文物、文獻及文字三重辯證法做為個人學術研究的依據，並以敬天、法祖思想為依歸，壇壝、祠祀文物作憑藉，將個人近年來研究的心得，輯錄並潤飾為八篇文字，希冀「敬天法祖」這個影響華人社會文化最為深遠的思維，能夠藉著這些文字的考證，尋繹出清晰的脈絡與源頭。

　　而這八篇論文，並分別就新石器時期紅山文化的牛河梁遺址，藉其出土文物以探討先秦以來壇、廟、冢思想的沿革與遞嬗，這是中華文化的起源，也是禮俗制度奠定的重要濫觴；至於在良渚遺址群中大量出現的「立鳥」或鳥紋，個人以為這就是十三經典籍與史料文獻中所記載的「梟鷟」，並是「祖考」的文化符號象徵，在「神主」、「木主」仍未盛行的年代，先民以「梟鷟」平和且無所不在的特色，在新石器時代晚期，將之視為「祖先」的圖像符號，並引以為「公尸」而禮敬，這是將「祖先」符號化、形象化的過程，在先秦的典籍文獻、史料、出土文物以及文字中都有明確的記載與呈現。

　　及至兩漢與魏晉時期，命樹（後人訛稱為「搖錢樹」）的觀念大量興起，這種以「樹木」作為生命發展的符號象徵，早在凌家灘文化以及三星堆遺址便已存在，其意義與作用自然和「搖錢樹」無關，因為，「命樹」一詞早在道教經典《太平經》中已見記載，並以「命樹」象徵個人生命榮枯；這種對生

命延續的重視，以及梟鷺公尸的觀念，其影響直至清季及現代，是以本文又以金門瓊林蔡氏家族的祭祖習俗為例，闡明其中「尸祭」遺風的流傳，這樣傳統的閩南祭祖習俗，其中蘊含了許多純正的文化形式與理念，其傳承淵遠流長，並令人深刻感受「傳統」的可貴與「世守勿替」的執著與堅持。

另外，本書又以祭祀中不可或缺的祭品——犧牲玉帛為印證，尤其是玉、帛，自古以來即是珍貴的物質，並是身分地位的象徵，作為祭祀中重要的文物，自有其不可忽視的文化內涵與作用，是以本文就和闐玉與玉文化的關係，闡明新疆和闐是美玉的產地，卻從未見玉文化在當地形成，這固然和雕琢的工具有關，也間接說明玉石之路和陶磁之路的關係；至於杭州灣的崛起，以及良渚文化所造就的海上絲路發展，也更能補足並印證玉石之路、陶磁之路和絲綢之路三者為一的緊密關係，並引領中國文化——尤其是敬天法祖的思想——走向世界。

吉、凶、軍、賓、嘉這是《周禮》中的「五禮」，並分別代表祭祀、喪葬、軍事、賓客、婚姻等重要的生活禮俗。只是，隨著時代社會的變遷，各民族間文化的交流頻繁，五禮的內涵與運用也隨之轉移，其傳統文化中所蘊含的本質與特色甚或因此而式微，以至於「五禮」中仍能表現民族傳統思維和文化形式的禮俗，唯有吉禮和凶禮而已！這種不敢任意違背禮俗的觀念，意味著人們對傳統文化祭祀和喪葬行為的重視，畢竟，祭天和祭祖表達地是人們對天地自然和祖先的敬重，而喪葬儀式則是對生命逝去的哀悼並予以慰藉，人們唯恐鬼魂作祟，是以誠惶誠恐，不敢有所逾越，其根柢仍是對生命的尊崇或對死去的生命有所忌諱，以致禮俗即便是繁複卻仍須周延，並絕對不可以忘本，以表示人們對祖先的敬意。

是以卷末，全書以三星堆遺址出土祭祀文物研究——祫祭文化考作結，進而闡釋三星堆遺址的文化現象即是祠祀祖先，並是毀廟之主與未毀廟之主皆合食於太祖的祫祭儀式，這樣的出土文物極為少見，並可真正解決長久以來禘祫文化的爭議。個人期望藉著這本小書，傳達並實踐尊崇天地自然的思想，在每個人生命的存活中感恩祖先的胼手胝足，使後生小子得以延續命脈並享受生命的美好，終致喚起人們對生命的尊重及對生活單純的信仰與認知。

當然，更不可或忘地是，南天書局曾對此書出過單行本，並成為我教授升等的代表著作，而花木蘭文化事業有限公司收錄於輯刊之中，更展現了文化人對自然及生命情懷的關注，在此，謹致上最深的感恩與謝忱。

目次

圖版目次

一、從牛河梁遺址論先秦壇廟制度之遞嬗

【內容提要】

　　紅山文化中的牛河梁遺址群是現存上古時期極為重要的文化遺產，豐富且原始的面貌不僅保留了許多上古時期的禮俗制度，同時，這些禮俗經過長久流傳，也成為中華文明的濫觴。尤其是紅山文化中，因祭天與祭祖所形成的壇、廟制度與思想，的確深深影響中華民族的壇祀習俗，而其規模與形制盛大，恢弘的氣勢、縝密的安置，影響中國文化十分久遠，而本文則是就此部分予以闡釋，並說明壇祀文化中玉器的意義與象徵，期望進一步釐清牛河梁遺址群的意義與重要性。

　　關鍵詞：紅山文化、牛河梁、壇壝、壇廟制度、積石冢

一、前　言

　　牛河梁遺址群位於遼寧省西部，朝陽市建平、凌源兩縣交界的丘陵山區，此遺址位於努魯兒虎山山谷間的山梁，並因大凌河的支流牛兒河經過而得名，至於山梁上黃土厚實，崗巒起伏，其走勢並呈東北－西南走向，綿延長達十餘公里，同時，牛河梁遺址的許多出土地點，幾乎都是在崗巒的最高處，無論是在氣勢或視野上，都呈現壯闊宏偉的地理景觀，是上古時期少見的出土遺址群。

　　至於本文則是就牛河梁遺址中壇、廟的形制予以闡述，雖然，有關於這一類思想的文字論述已頗有所見，並從壇、廟、冢的觀點或風水等角度剖析，然而，卻仍有未盡之意，牛河梁遺址內涵之豐富，其重要性與影響性由此也可見一斑。

　　事實上，牛河梁遺址群就其構築的形式與意義而言，簡單地說：就是紅山文化地區的先民，賴以祭祀天地、祖先，並作為聚落墓葬的重要場所，這是先民禮制的發源，其重要性自然非比尋常，本文將就出土形式與文獻記載分別闡述，並剖析壇、廟、冢的關係遞變與流傳。

二、牛河梁遺址的構築形式與作用

　　牛河梁遺址自 20 世紀 80 年代發現，並於 1983 年正式開始挖掘，共發現 20 多個地點，並編號至十六，至於其間最重要且最具特色的幾個出土地點，如：第一地點、第二地點、第三地點、第五地點、第十六地點等，豐富的遺址內涵與形式，很能代表紅山文化的精神與特質，遼寧省文物考古研究所編《牛河梁紅山文化遺址與玉器精粹》〔註1〕以及郭大順《紅山文化》〔註2〕一書中所載，都極為詳盡，今將出土內容略作條理如下，以為參酌並驗證。至於在以上二書的文字中，有「女神廟」的稱謂，或將部份單元稱作「冢」的見解，個人雖有不同的看法，但在引文時仍尊重原文的敘述，以免有所混淆。

1. 奉女尸的祖廟（女神廟）──第一地點

　　第一地點－海拔高度為 673.1 米，這座山梁位於各道山梁的中部，並高於其他山梁，應是牛河梁地區的主梁；至於其出土內容則是涵蓋以女神廟為主

〔註1〕遼寧省文物考古研究所編，《牛河梁紅山文化遺址與玉器精粹》，北京：文物出版社，1997。

〔註2〕郭大順，《紅山文化》，北京：文物出版社，2005。

的廣大建築群體，並包括女神廟以及廟北的一個大型山台，山台的北側又有另一座神廟的遺跡散布，同時，在女神廟及山台的周圍又出土有窖穴坑多處。

事實上，牛河梁遺址的第一地點，無論是就地理位置與出土形式來看，都居於遺址群中央高處的絕佳地勢，其方位則坐北朝南，並依山勢向南延伸。而所謂的「女神廟」（圖 1-1），全長約 22 米，寬約 2～9 米，主體建築長 18.4 米，平面略呈「亞」字形，係一半地穴式建築遺存，廟為多室組成，主室為圓形，左右各有一圓形側室，主室北部為一近方形室，南部似有三室相連，成一橫長室，左右對稱，主次分明，布局嚴謹而又有變化。這樣的建築格局，氣勢恢弘而又寬闊，應是祭祀先人祖廟的場所。

至於「祖廟」（即女神廟）中出土的女神頭像（圖 1-2），殘高 22.5cm、面寬 16.5cm，此為一尊與真人大小相近的彩塑頭像，出土於遺址主室西側，出土時面向上，鼻子遺落在溝裡，四周凌亂地堆置著坍塌的紅燒土塊，頭像僅髮頂與左耳部分缺失，面部微有損傷，眼框內嵌有淡青色的玉睛。另外，根據女神廟主室中心部位又出土有泥塑大耳和三倍於真人鼻的泥塑大鼻，推測廟內當有形體特大的主神塑像。

這樣的「神像」應是先民祖先崇拜的信仰所致，且塑像略有大小，數量也不只一尊，其形式與意義則應是現今「祖先牌位」或「木主」的前身，甚或是「祖考」的文化符號[註3]（如：鳧鷖、玄鳥、鳶、鴞等）象徵，而「女神廟」也就是現今「祖廟」或「祠堂」的前身，是族人祭祀祖先的重要場所，同時，山台的北側又有另一座神廟的遺跡散布，並在女神廟及山台的周圍出土有窖穴坑多處。

這個遺址發現，都顯示這塊台地上的建築應是當地紅山人的「開基」信仰或祖考信仰所在，尤其「女神廟」前寬廣的台地，更是族人聚會的場所與精神中心。這和現今台灣南部或金門地區的祠堂，有其開基的始祖與世系分支的先祖，如出一轍，而祠堂前也必定有寬廣的腹地以供族人聚會，在在說明「女神廟」和族人關係的密切與重要性。

〔註3〕俞美霞，〈鳧鷖文化考——兼論高壇立鳥的「公尸」象徵〉，「第五屆中國玉文化玉學江陰研討會」，頁158～174，中國玉器研究委員會、南京博物院、江陰市文化局，2005.9。

圖 1-1　新石器時代，紅山文化，遼寧牛河梁遺址第一地點，
　　　　女神廟及平面圖

女神廟及平面圖，平面略呈亞字形，應是祭祀先人祖廟的場所。自《牛河
梁遺址》頁 13。

圖 1-2　新石器時代，紅山文化，遼寧牛河梁遺址第一地點，
　　　　女神頭像出土狀況與側面圖

殘高 22.5、面寬 16.5cm，為一與真人大小相近的彩塑頭像，應是作為「尸」
之作用。自《牛河梁遺址》頁 18。

　　類似的出土文物也可見於東山嘴遺址，東山嘴遺址出土有兩尊小型泥塑像，為泥質紅陶捏塑而成，出土時頭皆缺失，為裸體孕婦形象（圖 1-3），姿態相同。腹部外凸，初看似為立姿，其實膝部微曲，上身向前微傾。背面突出的臀部和大腿後面形成兩個平面，夾角近 90 度，並附著有支撐物留下的痕跡，可知塑像原是坐在某類支撐物上的，應是一種「倚坐式」姿態。

圖 1-3　新石器時代，紅山文化，陶裸體女像

殘高 5.8cm。1982 年遼寧喀左縣大城子鎮東山嘴出土，遼寧省博物館藏。
自《中國美術全集・雕塑》頁 13。

　　東山嘴遺址的塑像製作精美純熟，並非妄作，而且都是女像，出現在祖廟並非是指神明，而應是作為「祖考」的文化符號象徵，也就是典籍中所稱的「尸」，而「倚坐式」姿態的塑像，也普遍見於遼寧地區與內蒙古赤峰、巴林右旗等出土文物，並完全符合典籍中「尸」的形象和姿態，至於其腹部凸出，則是意味生育過的婦女，而未必是專指孕婦。

　　「立尸」是古人宗廟祭祀中必備的儀節之一。而「尸」在祭祀的儀式中也扮演著極為特殊且重要的角色，其地位與身分都極為崇高，《禮記・曲禮》

以及《禮記・祭統》對於尸祭之道，都有明確的記載，並可見對「尸」之尊崇。

《禮記・郊特牲》所謂「古者，尸無事則立，有事而后坐也。尸，神像也；祝，將命也。」〔註4〕因此，紅山文化中出現許多「倚坐式」姿態的塑像或石像，也就不是無的放矢，反而更能映證「尸」的存在和形象。

而且，值得注意地是《儀禮・士虞禮》所載詳實明確的「尸、祝」禮儀。並稱「男，男尸；女，女尸。必使異姓，不使賤者。無尸，則禮及薦饌皆如初。」注曰「異姓，婦也；賤者謂庶孫之妾也。尸配尊者必使適也。」〔註5〕說明古人行「尸禮」必使異姓，且所謂的異姓，也就是指婦也。這樣的觀念可以為祖廟中的「女神像」作一最佳詮釋，並和紅山文化出土遺址「祖廟」的內涵也可相互吻合。

2. 祭祀天地的祭壇——第二地點

第二地點—此地點位於牛河梁遺址區的中心部位，是牛河梁多道山梁中處於中部的第二道山梁，海拔高度為 627 米，至於冢群則是坐北朝南，其具體佈局為四冢（分別為第一、二、四、五單元）一壇（第三單元），另又有第六單元在壇後，並由西向東一線展開，其中第一單元的積石冢是目前牛河梁地區積石冢中，發現墓葬最多的一個地區，也是牛河梁地區出土玉器最為重要的一座積石冢，而第二單元與第三單元則位於山梁正中，也是這一組建築的中心位置。

第二地點位於牛河梁遺址區的中心部位，是發現墓葬最多的地區，也是牛河梁地區出土玉器最為重要的所在，其意義自然非比尋常，個人根據出土挖掘並文獻記載，認為這是牛河梁地區祭祀天地的重要場所。至於這個遺址分布可分為六個單元，這六個單元過去多以「冢」視之，個人以為仍應以「單元」區分為佳，而不當以「冢」視之。

自然崇拜是先民生活中重要的信仰與活動，而宇宙萬物又以「天地」對人們生活的影響最為重大，於是，祭祀天地便成為人們心靈的慰藉與依靠，並是生活中不可避免的重大事務，相沿成習，於是，後人對於祭祀的意義與

〔註4〕漢・鄭玄注，唐・孔穎達正義，十三經注疏《禮記》，疏卷 26，頁 23～30，台北：藝文印書館，1993。

〔註5〕漢・鄭玄著，唐・賈公彥疏，十三經注疏《儀禮》，疏卷 43，頁 2，台北：藝文印書館，1993。

作用便訂定制度，並明確闡述。

《禮記・中庸》即載「郊社之禮所以事上帝也，宗廟之禮所以祀乎其先也。明乎郊社之禮，禘嘗之義，治國其如示諸掌乎。」〔註6〕也可見郊社及宗廟之禮對治國的重要性，是以無不虔誠其事，謹守古禮及習俗。至於其內涵，祭祀的行為在典籍文獻中也多所闡述，依《周禮・酒正》疏則謂「大祭天地，中祭宗廟，小祭五祀。」〔註7〕都可見其高下等級和祭祀的內涵。

至於祭祀天地的形式，則是「燔柴於泰壇，祭天也。瘞埋於泰折，祭地也，用騂犢。」注曰「壇折，封土為祭處也。壇之言坦也，坦，明貌；折，炤晢也，必為炤明之名，尊神也。」疏曰「燔柴於泰壇者，謂積薪於壇上，而取玉及牲置柴上燔之，使氣達於天也。」另外，又有「埋少牢於泰昭，祭時也；相近於坎壇，祭寒暑也；王宮，祭日也；夜明，祭月也；幽宗，祭星也；雩宗，祭水旱也；四坎壇，祭四方也；山林川谷丘陵，能出雲為風雨見怪物皆曰神，有天下者祭百神，諸侯在其地則祭之，亡其地則不祭。」〔註8〕

個人在〈鳧鷺文化考——兼論高壇立鳥的「公尸」象徵〉一文中，曾列舉「祭壇」的形制和特色，其中，又以祭祀天地的祭壇規格最高。事實上，上古時期的祭壇以紅山文化、凌家灘文化、良渚文化、大汶口文化、三星堆文化的保存最具代表性，至於年代則以紅山文化遺址最為久遠，紅山文化的重要性自然無須贅言。

即以牛河梁遺址第二地點為例（圖1-4），位於中央位置的 Z3 是用以祭天的三層圓形「壇」；Z2 則是祭地的方形「墠」；至於 Z1 則有許多高規格的墓葬，則是地位較高的族人如巫師或首領埋藏之所，是以隨葬品都是規格極高的質地和形制，如：玉龍、玉璧、玉箍形器、勾雲形玉佩等，並都是權利和地位的象徵；另外，又有 Z4、Z5 的祭壇規模較小並有重疊的現象，個人以為：Z4 呈圓形並有陶製筒形器排列的現象，依據文獻的記載應是「祭日」的場所；Z5 略呈方形則應是「祭地」的場所。

〔註6〕《儀禮》，疏卷 52，頁 17。

〔註7〕漢・鄭玄注，唐・賈公彥疏，十三經注疏《周禮》，疏卷 5，頁 14，台北：藝文印書館，1993。

〔註8〕《儀禮》，疏卷 46，頁 3。

圖 1-4　新石器時代，紅山文化，遼寧牛河梁遺址第二地點，中央
　　　　三層圓形位置的 Z3 是用以祭天的「壇」，方形位置 Z2 是
　　　　祭地的，「墠」，Z1 則是許多高規格的墓葬，並出土許多
　　　　精美的玉器

自《牛河梁遺址》頁 32。

　　同時，根據 Z1 地區有許多高規格的墓葬，墓葬中出土許多精美的玉器，並以 M4 出土玉箍形器（圖 1-5）、玉龍（圖 1-6），以及 M21 出土玉箍形器、勾雲形玉佩、雙聯玉璧、玉龜（圖 1-7）、獸面玉牌（圖 1-8）等器物，最具代表性，而且，這些玉器的等級極高，且玉龜殼的意義與作用也是和祭祀天地有關的禮器〔註9〕，都可見 Z1 地區的墓主，身分地位的確大不相同，再加上其墓葬位置來看，M4 及 M21 的位置應是位於 Z1 地區的中央，並被其他墓葬所圍繞，應是宗族或聚落的領袖或重要人物—如：開基祖的墓葬所在，類似的墓葬現象在台灣也仍然留存，如：家族墓葬或宗族墓葬。於是，紅山文化的重要性也清晰可知。

　　圖 1-5　新石器時代，紅山文化，遼寧牛河梁遺址第二地點，玉箍形器

一號塚第 4 號墓，長 18.6cm。自《牛河梁遺址》頁 35。

〔註9〕俞美霞，〈吉凶見天象的玉勺〉，《藝術論壇》創刊號，頁 87～100，台灣師範大學美術學系暨美術研究所，2003.1。

圖1-6　新石器時代，紅山文化，遼寧牛河梁遺址第二地點，
　　　　玉雕龍

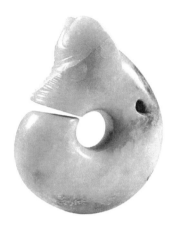

一號冢第 4 號墓，高 10.3cm。自《牛河梁遺址》頁 36。

圖1-7　新石器時代，紅山文化，遼寧牛河梁遺址第二地點，
　　　　玉龜殼（正反面）

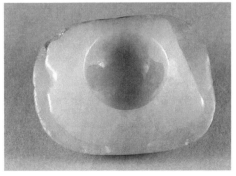

一號冢第 21 號墓，背長 5.3cm。自《牛河梁遺址》頁 40。

圖 1-8　新石器時代，紅山文化，遼寧牛河梁遺址第二地點，
　　　　獸面玉牌

一號冢第 21 號墓，寬 14.7、厚 0.4cm。自《牛河梁遺址》頁 39。

3. 聚落墓葬分布——第三地點等

　　第三地點—此地點為一單體積石冢，位置在第二地點正南方向的一座山崗上，間距 197 米，海拔高度 629 米，較第二地點為高。積石冢坐落在山崗頂部，此冢擾亂較甚，從斷斷續續的石牆可看出有石砌的冢界，為圓形，直徑 17 米，冢內發現墓葬已編到第 9 號，都為石棺墓，除了一座墓的位置在冢的中心部位，其餘都位於冢的南側。

　　至於第三地點的第 7 號墓，此墓位於冢的中心部位，方向北偏西 45 度，有土壙，東西長 2.9 米，南北寬 1.35～1.85 米，深 0.9 米，內砌石棺，長 1.8 米，寬 0.5 米，為石塊疊砌，墓底未鋪石，單人仰身直肢葬，男性，隨葬玉器三件，為斜口筒型玉器、玉鐲和玉珠各一件。

　　另外，第 1 號墓則位於第 7 號墓東南 0.8 米處，為一特殊型制的石棺，此座石棺長僅 0.7 米，寬 0.5 米，深 0.35 米，但砌築較為講究，墓壁以石板疊砌五層，底鋪石板，墓口西側並以石板砌短牆，墓內無人骨和隨葬品。

　　第 3、4 號墓，這兩座墓葬連在一起，第 3 號墓打破地 4 號墓，他們都位於冢的西南側，都為長方形石棺墓，單人仰身直肢葬，第 3 號墓為女性，隨葬玉器 4 件，為玉璧、玉環及手鐲一副，第 4 號墓為男性，未見隨葬品。

第 9 號墓，此墓位於冢的西南側，石棺較小，單人仰身直肢葬，隨葬玉器較為特殊，一為玉鐲，套於右腕上，一為玉臂飾，製作精整，出土時位於右胸部。

至於該冢南部其他石棺墓均無玉器等隨葬品，有的為二次葬。這座冢較為特殊之處，在於圍繞冢界有一道環壕。環壕現存寬度在 2 米左右，深度在 1 米左右，直徑從壕溝外側算起，為 18 米，溝全部鑿入風化基岩，溝底有散落的積石冢石塊、泥質紅陶筒形器片。這道壕溝是否為積石冢的環壕尚待驗證，不過，在第五地點積石冢也有環壕發現，則是可以相互印證，而且，從第三地點環壕具有與墓穴相同的鑿入風化基岩的作法和環繞冢界而築的情況來看，此溝為此冢環壕的可能性極大。

第三地點的墓葬群是在第二地點間距 197 米的山崗上，與壇祀的地點極為鄰近，這是單一聚落墓葬的集中地，應可視為具有相同血緣或姓氏的「宗族」信仰。尤其是從 1 號墓無人骨和隨葬品，以及南部石棺墓又有二次葬的情形來看，說明 1 號墓的掏空，很有可能是因為二次葬的因素所致，在加上 1 號墓的形制特點是石棺，都表明了 1 號墓主的身分或輩份較高，對後代的影響較為深遠，基於風水或祖先崇拜習俗，以至於有二次葬的現象，這種「撿骨」並「二次葬」的習俗，即使在現今的台灣也普遍可見，並有庇佑後世子孫的意義與作用。

整體說來，第三地點的墓葬規格較為一般，應視為紅山分支的族群，至於第五地點 Z1M1 也出土有雙璧與雙龜，第十六地點的墓葬規格也極高，甚或又有玉鳳（圖 1-9）、玉人（圖 1-10）的形制出土，這些各異的現象，而又自成體系的延伸，都可歸納為牛河梁地區的紅山先民，早已有宗族或世系的觀念和制度，並在女神廟和祭壇的精神領導之下，各據岡巒生活，死後則葬於原處，發展出相依相輔的緊密關係，並因此造就紅山文化完整的社會制度和禮俗規範。

而這樣完整的社會制度和禮俗規範，不僅影響商周以降的文化氛圍，也更見紅山文化成熟並高度文明的發展，紅山文化的內涵的確令人驚訝並讚歎。

圖 1-9 新石器時代，紅山文化，遼寧牛河梁遺址第十六地點第 4 號墓細部，墓主頭部枕玉鳳

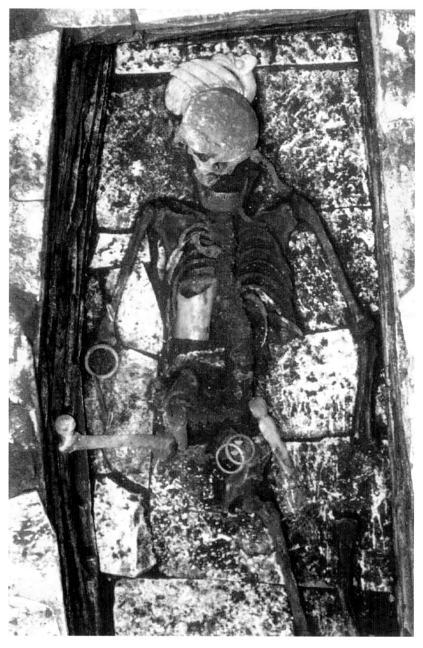

玉鳳長 19.5cm。自《牛河梁遺址》頁 69。

圖 1-10　新石器時代，紅山文化，遼寧牛河梁遺址第十
　　　　六地點第 4 號墓，玉人

長 18.6cm。自《牛河梁遺址》頁 72。

三、牛河梁遺址的構築意義與特色

　　東北地區是中國禮俗制度的發祥地，而牛河梁遺址的紅山文化則是中國禮俗發源的重要地區，其成熟而具規模的禮俗形式，將聚落（或「宗族」）制度發展地極具脈絡，並奠定壇、廟、冢思想的合一，這是中國文化中自然崇拜與祖先崇拜的濫觴，也是中國文明發展的淵藪，其間所蘊含人與自然合諧的宇宙觀，對生死的價值觀，以及個人性命存活的人生觀，都有相當的重要性與啟發性，面對這樣莊嚴的思想與儀式，並長久流傳，自是不可等閒而視之。

　　《禮記‧郊特牲》所謂「萬物本乎天，人本乎祖，此所以配上帝也。郊

之祭也，大報本反始也。」〔註10〕此段經文正是明確論述「以祖配天」的精義，因此，古人郊祭於天，不僅只是為報謝於天，更兼具反其初始以謝祖的重要意義。

這種「萬物本乎天，人本乎祖。」的思想，是先民自古以來即已盛行的「敬天法祖」觀念，而其形式則是「以祖配天」，強調先民在祭天之時，以列祖列宗做為祭天的陪祀，以示恭敬，這樣的觀念和形式流傳，不僅在紅山文化是這樣的表現，即使是良渚文化、大汶口文化，以及在現今的台灣也仍然保有如此的觀念和行為。

至於牛河梁遺址群的構築特色，除了前言壇、廟、冢的形式之外，又具有以下數點特色與意義。例如：

1. 壇墠制度的奠定

祭壇，由於是祭祀典禮的重要場所，因此，其建築形式必然有其特殊的寓意與作用，並在地貌上予以明顯的地理標誌，使他人勿隨意侵犯或褻瀆，這樣的禮俗和制度早已形成，長久以來相延流傳，這樣的例子在出土考古（如：凌家灘文化、良渚文化、大汶口文化等）和文獻資料中也不勝枚舉，並都可相互印證。

祭祀典禮中的最敬禮就是祭祀天地。這在文獻資料中早有記載，並是天子之職責，諸侯以下等不可隨意僭越，而從出土考古中的文物觀察，也可知許多置放璧、琮的遺址，都是規格相當高的墓葬或祭壇，尤其是祭祀遺址，大多有其特定的地貌形式，並自新石器時代以來，即以石塊疊築而成，而且，不論其祭祀對象和祭壇大小，並都有外壇、壇墠以及中央高起的祭壇，總計分為三層，而部分報告或將壇墠的石疊建築做為城牆遺址，並視之為一般居民的墓葬群，則是忽略了祭壇的既有形式以至有所偏差。

祭壇的重要形制可分為：封土以報天的壇，以及除土以祀地的墠，並是圓坵方墠的形制。至於封土以報天的壇，其形制則為台三層、圓邱，並以禋祀、燔柴的形式進行儀式。《詩・周頌・臣工之什・雝》所謂「祭法：禘嚳而郊稷。禘謂祭天，圓丘也。」〔註11〕

至於除土以祀地的墠，則是方邱形式，並以瘞埋、無玉的儀節進行。《周

〔註10〕《儀禮》，疏卷26，頁7。

〔註11〕漢・鄭玄箋，唐・孔穎達正義，十三經注疏《詩經》，疏卷19之3，頁9，台北：藝文印書館，1993。

禮‧春官‧鬱人》掌裸器「及葬，共其裸器遂埋之。」〔註12〕正是此意。

　　同時，根據文獻記載，祭祀天地時，又有焚香茅（如今之焚香）的灰坑以及作為犧牲的牲畜坑、殉葬坑等儀式。灰坑多在祭壇附近，且大多純淨，無燒烤痕跡；而牲畜坑則根據祭祀等級的不同而有牛、羊、豬等；殉葬坑較少，是以不列。

　　例如：福泉山祭壇的灰坑是位於良渚文化墓地的北側，在土坑的中心有一個方形土台，東西長 1.95、南北寬 2.1、高約 1.15 米，坑內充滿烏黑的草灰，質地純淨，沒有雜物，坑壁沒有明顯的火燒痕跡，坑底也沒有柱洞或其他建築遺跡，原發掘報告作者視其為祭祀遺跡，應無疑義。因為這是先民在焚香茅祝禱之後，恭敬地將香灰聚集而掩埋所留下的遺跡。

　　《周禮‧肆師》有言「肆師之職掌立國祀之禮，以佐大宗伯。立大祀用玉帛牲牷，立次祀用牲幣，立小祀用牲，以歲時序其祭祀及其祈珥。」〔註13〕更是明確說明祭祀依其等級的不同，並歲時次第，供品也大不相同。

　　這樣的制度，除了可以確認祭祀的等級之外，也可與祭祀中牲畜坑的內容相互印證。《尚書‧周書‧召誥》有言「越三日，丁巳，用牲于郊，牛二。」注曰「於乙卯三日用牲，告立郊位於天，以后稷配，故二牛。」〔註14〕

　　另外，《詩‧周頌‧清廟之什‧我將》也稱「禮稱郊用特牲。祭法云：燔柴於泰壇，祭天用騂犢，則明堂祭天亦當用特牛矣。而得有羊者，祭天以物莫稱焉，貴誠用犢。」「夏官羊人云：釁積共羊牲注云：積，積柴以祭天，有羊牲者，彼釁在積上，明所云積柴非祭天，當謂檦燎祀司中、司命之等有羊也。」〔註15〕（實為祭日月以下，用羊，郊特牲）可知祭天之禮當用特牛，且以毛色純紅的小牛為最禮敬；至於其他祭天的次祭，如：祭祀日月風雨等，則以羊為犧牲，以示區別，這也和出土牲畜坑中有許多羊骨的挖掘可以互相印證。

　　至於祭地，《周禮‧犬人》則稱「犬人掌犬牲，凡祭祀共犬牲、用牷物，伏瘞亦如之。」「鄭司農云：牷，純也，物色也；伏謂伏犬，以王車轢之，瘞謂埋祭也。爾雅曰：祭地曰瘞埋。」「經云：用牷物既純毛，則牧人云：陽祀

〔註12〕《周禮》，疏卷 19，頁 21。
〔註13〕《周禮》，疏卷 19，頁 11、12。
〔註14〕漢‧孔安國傳，唐‧孔穎達正義，十三經注疏《尚書》，疏卷 15，頁 3，台北：藝文印書館，1993。
〔註15〕《詩經》，疏卷 19 之 2，頁 4。

用騂牲，陰祀用黝牲之類也。」〔註16〕

　　從這些文獻的記載，再相對應於牛河梁遺址群第二地點的出土，無論是形制或隨葬，的確可以發現文獻中的記載是有所本，而其濫殤即可在牛河梁遺址群得到相當的映證，前言已略提及，本節則略作補充。

2. 疊石以為誌的「壇」──石圍圈的迷思

　　祭壇的建築形式多是以精選的石塊或大小類似的石塊堆築而成，這種以石為界的作法，固然有其標識的目的，並也兼具鞏固壇台的作用，這個現象在新石器時代的紅山文化、良渚文化中也都曾出現。

　　《周禮・地官・封人》謂「封人掌詔王之社壝，為畿封而樹之。」注曰「壝謂壇及埓埒也；畿上有封，若今時界矣；不言稷者，稷，社之細也。」疏「釋曰：云掌設王之社壝者，謂王之三社、三稷之壇，及壇外四邊之壝皆設置之，直言壝不云壇，舉外以見內，內有壇可知也。云為畿封而樹之者，謂王之國外四面五百里各置畿限，畿上皆為溝塹，其土在外而為封，又樹木而為阻固，故云為畿封而樹之。」又「案孝經緯，社是五土，惣神只是原隰之神，原隰即是五土之一耳。故云社稷之細，舉社則稷從之矣，故言社不言稷也。」〔註17〕

　　同時，經文下句也稱「凡封國設其社稷之壝，封其四疆。造封邑之封域者亦如之。」疏「釋曰：言凡封國者封五等之國非一。故云：凡以廣之云設其社稷之壝者，案禹貢：徐州貢五色土。孔注云：王者封五色土為社，建諸侯則各割其方色土與之，使立社燾以黃土，苴以白茅，茅取其潔，黃取王者覆四方，是封乎諸侯立社稷之法也。云封其四疆者，諸侯百里以上至五百里，四邊皆有封疆而樹之，故云封其四疆也。」

　　《周禮・春官・都宗人》掌都宗祀之禮，俾便致福于國，是以諸侯有其地則祭，無其地則不祭。然而，「若有寇戎之事，則保群神之壝。」疏「釋曰：此經所云，據寇戎從外而入，故先保在郊之神位而言。是以鄭云：守山川丘陵墳衍之壇域也。按小宗伯云：兆山川丘陵於四郊，彼惟不言墳衍，墳衍之位，亦在四郊，皆須保之。言壝者謂於中為壇，四畔為壝，舉壝則壇見矣。」〔註18〕此段文字說得雖然是諸侯祭祀山川之禮，然而，值得注意地是：祖先

〔註16〕《周禮》，疏卷36，頁10。
〔註17〕《周禮》，疏卷12，頁16。
〔註18〕《周禮》，疏卷27，頁20、21。

墳衍亦在四郊,並也以壇為祀,且壇之四畔也都有壝作為標誌,若國有寇戎,須先保之,都說明壇壝的重要性與象徵意義。

《周禮‧春官‧鬯人》所謂「凡祭祀社壝用大罍」疏曰「釋曰:壝謂委土為壝壇。所以祭者謂四邊委土為壝,於中除地為墠,墠內作壇,謂若三壇同墠之類也。此經云社壝,謂若封人及大司徒皆云社壝,皆直據外壝而言也。知大罍是瓦罍者,瓦人為瓦簋據外神,明此罍亦用瓦取質略之意也。」〔註19〕

另外,在新石器時期的祭祀坑中,無論是紅山文化或齊家文化的遺址,都可見許多以礫石排列而成的圓弧形狀,楊美莉釋之為「石圍圈」,並以為齊家文化中的有孔玉片也可因此排列組合為「玉圍圈」,殊不知,所謂的「石圍圈」實應為祭壇的外圍,《周禮》中稱為「壝」,是祭壇的外圍,壘石以為誌而已!至於在紅山文化牛河梁第二地點(圖1-11,圖1-12)以及第十六地點(圖1-13)出土的祭祀坑中也有許多以大型筒形器的「罍」取代礫石而圍成圓圈,這個現象流傳,良渚文化以及大汶口文化遺址也都可見,並可在《周禮》中略窺一二,進而明其大要。

圖1-11　新石器時代,紅山文化,遼寧牛河梁遺址第二地點上層積石冢,彩陶筒形器

高24cm,自《牛河梁遺址》頁46。

〔註19〕《周禮》,疏卷19,頁22。

圖 1-12　新石器時代，紅山文化，遼寧牛河梁遺址第二地點四號冢下層積石冢，彩陶筒形器

高約 48cm。自《牛河梁遺址》頁 46。

圖 1-13　新石器時代，紅山文化，遼寧牛河梁遺址第十六地點下層積石冢，彩陶筒形器

高約 35cm。自《牛河梁遺址》頁 76。

　　《周禮・叧人》有言「叧人掌共秸叧而飾之。凡祭祀，社壝用大罍，營門用瓢齎，廟用脩，凡山川四方用蜃，凡裸事用概，凡副事用散。」注曰「壝謂委土為壝、壇，所以祭也。」疏則釋曰「壝謂委土為壝壇，所以祭者，謂四邊委土為壝，於中除地為壝，壝內作壇，謂若三壇同壝之類也。此經云社壝謂若封人及大司徒皆云社壝，皆直據外壝而言也，知大罍是瓦罍者。」〔註20〕則是明確紀錄先民「設壝用大罍」並「委土為壝壇」以祭祀的觀念（圖1-14，圖1-15），這雖是周人的壇祀制度，未見其出處，然而，在新石器時代的遼河流域與黃河上游地區，卻早已存在以「石」為壇，並作為壇壝標誌的辨識，二者的意義、目的和作用完全相同，也可見壇祀制度的淵源與流傳。

圖1-14　新石器時代，紅山文化，遼寧牛河梁遺址第二地點四號冢上層積石冢，筒形器排列

自《牛河梁遺址》頁44。

〔註20〕《周禮》，疏卷19，頁22。

圖 1-15　新石器時代，紅山文化，遼寧牛河梁遺址第二地點四號
　　　　塚全景

自《牛河梁遺址》頁 45。

3. 社壇用大罍祭祀符號探析

上古時期的祭壇有許多用陶器（或稱陶罍、筒形器等）做為祭祀建築的
邊界，有的陶器表面並有細密的彩繪，從其形制和作用來看，這樣的陶器應
具有相當深刻的意義，牛河梁遺址的第二地點也頗有出土。

前言，《周禮・春官・鬯人》有「凡祭祀社壝用大罍」的記載。疏謂「釋
曰：壝謂委土為壝壇。所以祭者謂四邊委土為壝，於中除地為壇，壇內作壝，
謂若三壇同壝之類也。此經云社壝，謂若封人及大司徒皆云社壝，皆直據外
壝而言也。知大罍是瓦罍者，瓦人為瓦簋據外神，明此罍亦用瓦取質略之意

也。」這種以瓦罋作為社壇的現象，除了牛河梁之外，凌家灘文化、良渚文化、大汶口文化等地區也都可見。

至於其淵源，《周禮‧冬官‧考工記》「有虞氏上陶」句下疏有言「故禮記郊特牲云：器用陶匏是祭天地之器，則陶器為質也。以待當質，故用質器也。」〔註21〕可見上古時期「尚陶」的風氣，並以為祭天的質器。

另外，《周禮‧瓬人》疏「釋曰：祭宗廟皆用木簋，今此用瓦簋，據祭天地及外神尚質器用陶匏之類也。」〔註22〕而器用陶匏以象天地之性，也可見陶匏在祭祀中的地位與作用。

尤其是陶匏以祭天地的習俗，這樣的「陶匏」在考古中並未見出土（破碎之故？），然而，若以祭祀中出土之陶質大罋，且相互套疊如「匏」者，則非大汶口與紅山文化莫屬！而且，在這些陶器上都刻畫了許多符號，其意義與作用都應與祭祀有關，並都是祭祀天地的符號與象徵，個人於〈陶匏祭天的鳥紋符號探析——兼論良渚文化與大汶口文化的交流〉〔註23〕一文中已頗有闡述，此處不予贅言。

4. 以玉禮神的濫觴——壇祀中玉器的意義與象徵

至於說到壇祀中的物品與職掌，這在《周禮》一書中記載極為詳盡，且玉帛牲牷的使用，各有定制。只是，隨著出土考古的不斷發掘，墓葬坑與祭祀坑的分際越來越明確，然而，出土的文物紛乘，再加上現今對壇祀文化的研究仍嫌不足，因此，對玉器在壇祀文化中所賦予的意義與作用，難免混淆不清，而本文則將就此觀點予以闡述並略作梳理。

《周禮‧春官‧大宗伯》有言「大宗伯之職掌，建邦之天神、人鬼、地示之禮，以佐王建保邦國。以吉禮事邦國之鬼神示，以禋祀祀昊天上帝，以實柴祀日月星辰，以槱燎祀司中、司命、飌師、雨師。以血祭祭社稷、五祀、五嶽，以埋沉祭山林、川澤，以疈辜祭四方百物。以肆獻祼享先王，以饋食享先王，以祠春享先王，以禴夏享先王，以嘗秋享先王，以烝冬享先王。」〔註24〕而前言，《周禮‧肆師》也有「肆師之職掌立國祀之禮，以佐大宗伯。

〔註21〕《周禮》，疏卷39，頁9。

〔註22〕《周禮》，疏卷41，頁12。

〔註23〕俞美霞，〈陶匏祭天的鳥紋符號探析——兼論良渚文化與大汶口文化的交流〉，《良渚文化探秘》，頁381～396，浙江省社會科學院歷史考古所，人民出版社，2005.11。

〔註24〕《周禮》，疏卷18，頁1～10。

立大祀用玉帛牲牷,立次祀用牲幣,立小祀用牲,以歲時序其祭祀及其祈珥。」
的記載,都明確敘述祭祀之等級及其形式和供物。

尤其值得深入研究,並可與出土遺址內容相互比附的是〈大宗伯〉所敘
述的內容:祭天的三祀——禋祀、實柴、槱燎;祭地的三祭——血祭、埋沉、疈
辜;祭宗廟的六享——並以肆獻祼、饋食置於四時之上。

三祀疏曰「以肆師言之:禋祀中有玉帛牲牷三事;實柴中則無玉,唯有
牲幣;槱燎中但只有牲。」都說明古之天子在祭祀中,唯有祭祀昊天上帝始
用玉,並以「禋祀」燔柴的手法,藉著香煙裊裊,使祝禱的文字上達天庭,
這也正是疏中所稱「此禮記郊特牲之文也。彼云:殷人尚聲,周人尚臭;尚
臭者取煙氣之臭聞於天。引之者證煙義也。」〔註25〕

《周禮·春官·大宗伯》「以玉作六器,以禮天地四方。」句下疏云「故
鄭注大司樂云:先奏是樂,以致其神,禮之以玉而祼焉,是其以玉禮神,與
宗廟祼同節。」〔註26〕玉器的重要性與地位,映證於牛河梁遺址出土並文獻
記載,自然清晰可辨。

5. 撿骨的習俗——二次葬以庇佑子孫

牛河梁遺址的墓葬有許多形式都是後代墓葬習俗的濫觴,其中,「二次
葬」的觀念,就是非常重要且影響非常深遠的墓葬習俗,並有庇佑子孫的美
好寓意。

在牛河梁遺址第二地點,中軸線以南有四排石棺墓葬(中軸線以北則無),
總計這 25 座墓葬,呈東西排列,墓主則仰身直肢,同時,每排內各墓棺室
頭尾緊相連接,第四排以南則有零散的墓葬分佈,似有繼續向南延伸的趨
勢。

至於第二地點的石棺墓葬又有部份是「二次葬」的習俗,並有「單人二
次葬」以及「多人二次葬」的現象,如:位於第一排的第 11 號墓,為「單
人二次葬」,石塊迭砌,墓室較小,長僅 1.31 米,寬更只有 0.18～0.25 米,
墓中的隨葬玉器則是鉞形玉璧、玉蠶形器和玉環各一件,至於其他「單人二
次葬」則多無任何隨葬品;另外,呈現「多人二次葬」形式的墓葬(圖 1-16)
則有位於第三排的第 7 號墓,此墓是由石塊和較厚的石板砌築而成,平面成
凸字形,內葬三人,均為二次葬,三堆人骨各置一角,有規律地成束東西順

〔註25〕《周禮》,疏卷18,頁2。
〔註26〕《周禮》,疏卷18,頁24。

放，人骨上并各置有玉璧和玉鐲 1 至 2 件。此外，在第二排墓中，又有一座只見一個人頭骨和手趾骨的石棺墓葬，此座石棺墓葬為甚小的匣式，以石板立砌而成，是為僅埋葬一人頭而特建的，但卻有較精緻的玉器隨葬。〔註27〕

圖 1-16　新石器時代，紅山文化，遼寧牛河梁遺址第二地點一號冢第 7 號墓，墓中有三堆排列整齊的人骨，是二次葬習俗的呈現

自《牛河梁遺址》頁 37。

〔註27〕郭大順，《紅山文化》，頁 60，北京：文物出版社，2005。

從這些出土考古的形式與現象來看，牛河梁遺址第二地點成排的墓葬，規律而又有秩序的排列，應是紅山人在墓葬儀式中有意識的置放，也是族群或部落重要人物安葬的地區，至於「二次葬」的意義與作用，從其墓葬形式較為短淺扁狹，甚或只是為埋葬一個人頭骨而設，都可見這樣的墓葬和一般「仰身直肢」葬完全有異，再加上人骨是規律地成束置放，且不論是否有隨葬品，然而，這樣的形式和現今「撿骨」的習俗可以說完全吻合，更可映證早在五、六千年前的紅山文化中，早已有「撿骨」這種「二次葬」的儀式和習俗，對應於現今的「二次葬」習俗，有重視風水，進而庇祐後代子孫的寓意，想見紅山先民也應作如是觀。

6. 墓葬打破祭壇的省思

自然崇拜與祖先崇拜，這是生民自古以來信仰最為久遠，且最深信不疑的信念，因此，表現於行為或形式上，也必定有特殊的規格與軌範。

前言提及，《禮記‧郊特牲》有所謂「萬物本乎天，人本乎祖，此所以配上帝也。」的記載，而這段經文不僅是在於論述祖配天之精義，同時，郊祭於天，也是為報謝於天，更兼具反其初始以謝祖的重要意義，因此，國之大事，甚或祭祀中的大祭，莫不以祭天為首，並以先祖配祀上帝，這都是因為「天」是宇宙的主宰，也是萬物之始，是以在舉行儀式時莫不虔敬而慎重。

至於紅山文化第二地點有將墓葬置於祭壇之上的舉措，甚或穿破祭壇而葬，這樣的情形的確不太尋常，也不在少數。而且，這些墓葬都是規格較高的墓葬，其中所隨葬的器物也極為精緻，應是身分地位的象徵，例如：牛河梁第二地點4號墓，出土玉龍一對，其規格應是聚落的首領，至於其他墓葬，則都方向整齊，並遠離祭壇。

事實上，這些祭壇與墓葬的年代應為同一時期，並都屬於同一聚落或部族的人民，因特殊原因而對祭壇有所侵入，這是另一個重大的課題，由於牽涉廣泛，個人將另文探討，於此暫且不表，只是，紅山文化對於禮制的影響和奠定，此又為一證明。

7. 亞字形墓（或作十字形墓）的完成

亞字形墓是牛河梁遺址女神廟的特殊形制，也是目前所見最早、最具規模的亞字形墓，而「亞」字只是墓形外廓的形容，又或有稱為十字形墓。

有關亞字形紋飾的研究，早在北宋真宗時代（998～1022）便已有相當文字的記載，金石學家呂大臨並認為：殷人把亞形當作古代宗廟或廟室建築牆

垣四周平面圖形，但此一說法遭到質疑。《書道全集》第一卷圖版19「以亞字形為要素的殷代金文」釋文〔註28〕，即有貝塚茂樹解說「配有亞字形的殷代金文，出土之數甚多，亞字原想定為宗廟形狀，近年中央研究院發掘侯家莊大墓，經判明以大墓為中心的墓室做亞字形，亞字形中配有各種不同的形。」

另外，《古文字詁林・廟》姜亮夫也稱「金文中還有大量的亞形繪畫，宋以來釋為亞形，其實是不對的：這是古代的祭祀的地方，是周以後的所謂明堂、辟雍、世室、重屋等，所謂三代損益之制。」又稱「按方濬益釋亞形鼎，已肯定亞為廟形，是也。」〔註29〕可見後人對「亞」形的稱謂雖各有見解，然而，卻多同意「亞」是廟形的釋義，並是先民祭祀祖先的特殊空間。

只是，「十」字形或「卍」字形符號的象徵，早在世界各地分布極為廣泛，饒頤先生於《符號・初文與字母——漢字樹》一書中即曾指出「十字在吾國甲骨文中出現數十次，大家都確認是巫術的『巫』字，已沒有爭論的餘地。」又「至於卍的符號在西亞各地，流佈尤為普遍，其來源可以追溯到公元前4000年代前半葉在死海東北地區有名的泰利拉特—加蘇爾（Teleilat Ghassul）文化層中出現一石權杖頭上帶有卍字形（見 Mallon A. Koepped：Teleilat Ghassul 的考古報告，1834年，羅馬出版）。世界上最先解讀赫特（Hittite）象形文字的捷克考古家 B. Hrozny 嘗說過：卍這一符號分佈之廣，要在中央亞細亞或西亞去尋覓它的蹤跡和起源地點。」同時，文中又指出「西亞十號刻在女神肩上，周原地白色種人則刻在頭頂，分明同樣是西方的習俗。我們用甲骨文來解釋，周原白色種人是巫；如果從西亞的符號涵義來觀察，十是代表某種吉利，也許另有它的神秘意義。殷周的十字和西亞的十，形構完全沒有兩樣，令人驚異！阿富汗墓葬的墓主被認為是月氏人，出土金器幾達二萬件，屬於公元前一世紀，劍鞘用許多卍號作為裝飾，這個記號在吾國新石器時代流行甚廣。我個人認為西亞的十和甲骨文十字的雷同，很值得研究。」〔註30〕

十是巫之意，亞字形墓則應是象徵與神溝通之所，並應是祭祖先處，與祭祀天地有異，仍應是宗廟之所，呂大臨所言即是。今以牛河梁女神廟與殷商侯家庄大墓作比較，都可見亞字形墓的呈現及其流變，並是祭祀先祖（或

〔註28〕《書道全集》，第1卷，頁169，台北：大陸書店，1975。

〔註29〕古文字詁林編輯委員會編纂，《古文字詁林》，冊8，頁287，上海：上海教育出版社，2004。

〔註30〕饒宗頤，《符號・初文與字母——漢字樹》，頁86、87，香港：商務印書館，1998。

「開基祖」）的場所，也是《周禮》所謂行「天神、人鬼、地祇之禮是也。」的神聖空間。

只是，這樣的神聖空間何以非「亞字形」不可？《周禮·春官·小宗伯》則說得好，《周禮·春官·小宗伯》有小宗伯一職，並謂其「職掌建國之神位，右社稷，左宗廟。兆五帝於四郊，四望、四類亦如之。」注曰「兆為壇之營域」又「鄭司農云：四望，道氣出入；四類，三皇、五帝、九皇、六十四民咸祀之。」〔註31〕這樣的文字，對應於亞字形墓的四道出口，呈現十字形的外廓，並有四望之意，俾便三皇、五帝、九皇、六十四民咸祀之，其意義之明確，形制內涵之深刻雋永，便也清晰可知。

四、「壇」、「廟」的遞嬗與「敬天」、「法祖」祭祀場所的分合

古人祭祀的名目繁多，場所則無論是在室外或室內，都各有定制，不可逾越。

王國維〈明堂廟寢考〉、楊寬《中國古代陵寢制度研究》等，對於前人的定制都頗有著墨，只是對於上古時期的出土發現，涉獵則多不足，同時，在前人的研究中，對於「明堂」以及「廟寢」的闡述，則頗有乖合之處，以至後人演繹竟然多所歧出與誤謬。

1.「壇」與「廟」的遞嬗

前言，新石器時代是壇、廟、冢思想合一的時代，這固然是由於「以祖配天」觀念的徹底執行，然而，壇、廟關係的遞變與分離，卻也有其不得不權變與歧出的重要關鍵。

文獻中，「告祖廟」的習俗早在虞舜時期即已有所記載。《尚書·虞書·舜典》載及舜「正月上日，受終于文祖。」又稱「十有一月朔，巡守至于北岳，如西禮，歸格于藝祖，用特。」其後「月正元日，舜格于文祖。」則是說明舜在即位之後，便告廟於文祖，並於服堯喪三年畢之後，將即政，復於文祖廟告。至於依注疏所云「文祖者堯文德之祖廟」，且「才藝文德，其義相通，故藝為文也，文祖藝祖，史變文耳。」〔註32〕即可知在虞舜時期，便已有「告祖廟」以祀先王的習俗，降及三代，亦然遵循，也可見其制度與源流。

〔註31〕《周禮》，疏卷19，頁1。
〔註32〕《尚書》，卷3，頁4～20。

至於「堂」、「廟」的關係，文字中最早可見於《詩·大雅·文王之什·靈臺》所謂「明堂以祭鬼神，故亦謂之廟。」的記載，又稱「然則明堂非廟。月令云：天子居明堂太廟者，以明堂是祭神之所，故謂之明堂；太廟者，正謂明堂之太室，非宗廟之太廟也。明堂位云：太廟，天子明堂自謂，制如明堂，非太廟明堂也，廟與明堂不同，則靈臺又宜別處，故靈臺辟雍皆在郊也。」〔註33〕然而，「明堂」究竟是「廟」或「非廟」，後人的注疏中已見歧出，流傳至後世，則更見以訛傳訛。

是以《詩·大雅·蕩之什·雲漢》則言「不殄禋祀，自郊徂宮；上下奠瘞，靡神不宗。」箋云「宮，廟也。為旱則絜祀不絕，從郊而至宗廟，奠瘞天地之神，無不齊肅而尊敬之，言遍至也。」〔註34〕則說明國有凶荒，帝王祭祀天地，不足之餘，則「自郊徂宮」，也就是在祭天地之外，更反求諸「祖考」，於宗廟所在之「宮」祈求祖考庇祐，從這段文字的記載，也間接可知，在周代時期的宣王於祭祀時，則已呈「壇」、「廟」分離的現象。

2.「堂」與「壇」——一音之轉

講到「壇」、「廟」的遞嬗，首先，不得不先明白「堂」與「壇」的關係。

所謂的「明堂」，相關的文字可見於《禮記·明堂位》開卷之定義，疏云「今戴禮說，盛德記曰明堂者，自古有之。凡九室，室四戶八牖，共三十六戶七十二牖，以茅蓋屋，上圓下方，所以朝諸侯，其外有水，名曰辟雍。明堂月令說，明堂高三丈，東西九仞，南北七筵，上圓下方，四堂十二室，室四戶八牖，其宮方三百步，在近郊三十里講學。大夫淳于登說，云明堂在國之陽，三里之外，七里之內，丙巳之地就陽位，上圓下方，八窗四闥，布政之宮，故稱明堂。明堂盛貌，周公祀文王於明堂，以配上帝、五精之神，太微之庭中有五帝坐位。古周禮孝經說，明堂，文王之廟。夏后氏曰世室，殷人曰重屋，周人曰明堂。東西九筵，南北七筵，堂崇一筵，五室，凡室二筵，蓋之以茅，周公所以事文王於明堂，以昭事上帝。」〔註35〕這樣詳盡的文字，不僅闡明「明堂」之沿革與形制，同時，「周公祀文王於明堂，以配上帝、五精之神。」則更見「明堂」以祖配天的功能與作用。

另外，《孝經·聖治》也稱「昔者周公郊祀后稷以配天，宗祀文王於明堂

〔註33〕《詩經》，卷 16 之 5，頁 3。
〔註34〕《詩經》，卷 18 之 2，頁 15。
〔註35〕《禮記》，卷 31，頁 1。

以配上帝。」其句下疏則謂「鄭炫云：明堂居國之南，南是明陽之地，故曰明堂。案史記云：黃帝接萬靈於明庭，明庭即明堂也。明堂起於黃帝。周禮考工記曰：夏后曰世室，殷人重屋，周人明堂，先儒舊說，其制不同。案大戴禮云：明堂凡九室，一室而有四戶八牖、三十六戶七十二牖，以茅蓋屋，上圓下方。鄭玄據援神契云：明堂上圓下方，八牖四闥。考工記曰：明堂五室，稱九室者，或云取象陽數也；八牖者陰數也，取象八風也；三十六戶取象六甲子之爻，六六三十六也。上圓象天，下方法地，八牖者即八節也，四闥者象四方也，稱五室者取象五行，皆無明文也，以意釋之耳。」〔註36〕

這樣的「明堂」或「明庭」，依其方位為明陽之地，是以「居國之南」，至於其功能為祭鬼神，並是「接萬靈於明庭」的作用來看，其意義與功能則應是「祭天」與「祭祖」之所，是以「上圓下方」、「八牖四闥」，這樣的記述，和牛河梁「女神廟」型制「主室為圓形，左右各有一圓形側室，主室北部為一近方形室。」的描述極為近似，而「明陽之地」與「居國之南」，其作用與內涵也都是「祖廟」的延伸，至於是否為「九室」？則因「女神廟」已回填，則難以考證。

至於古人祭祀時，則是在祭天時有以祖考配祀的習俗，《詩·大雅·生民之什·生民》所謂「生民尊祖也，后稷生於姜嫄，文武之功起於后稷，故推以配天也。」其疏並云「祭天而以祖配祭者，天無形象，推人道以事之，當得人為之主。禮記稱：萬物本於天，人本於祖。俱為其本，可以相配。是故王者皆以祖配天，是同祖於天，故為尊也。」〔註37〕即是此意，由此也可知「明堂」祭祀的功能與作用，其意義非比尋常，至於其後又假借為君王布政之宮，或國家大儒講學的場地，則是周以後藉「明堂」之尊，附庸其地所衍生的意義。

前言，「夏后氏曰世室，殷人曰重屋，周人曰明堂。」這樣的制度若再向前推演，則更可見其脈絡與發展，是源自於新石器時代設立台高三層的「壇墠」，藉以祀天的習俗。至於在商周時期，甲骨文中的「□」是一個常見的字例，然而，歷來各家學者的釋形、釋義卻也大不相同，可作為殿或姓氏，《說文解字·堂》「殿也，從土尚聲。」〔註38〕指的便是高大的房屋。

〔註36〕唐·玄宗明皇帝御注，宋·邢昺疏，十三經注疏《孝經》，卷9，頁2～4，台北：藝文印書館，1993。
〔註37〕《詩經》，卷17之1，頁1。
〔註38〕《古文字詁林》，冊10，頁218～222。

晁福林在〈試釋甲骨文「堂」字並論商代祭祀制度的若干問題〉〔註39〕一文中，即曾指出「『□』最初表示穴居或半穴居，隨著社會發展，居室地面逐漸升高，四周牆壁也升高，屋頂上有了透煙氣處，這反映在文字上便是出現了象形字「向」和「尚」，以後房基高出地面，完全擺脫穴居狀態。這時建造房屋要先築地基，夯土層層打實。這種房屋其初稱為『堂』。《尚書‧大誥》『厥子乃弗肯堂』，孔疏謂『堂』為『基址』。《禮記‧檀弓》上篇『封之若堂』，鄭注『堂形四方而高』。到了周代，堂的高低成了社會地位的一種標識，所以《禮記‧禮器》篇有『天子之堂九尺，諸侯七尺，大夫五尺，士三尺』的說法。春秋時期，這種作為基址的『堂』，或稱為『壇』，即《左傳》哀公元年所說的『室不崇壇』之壇。可見在這個時候，『堂』已經專作屋室類建築的一種專用名稱了。」同時，文中又指出「《禮記‧孔子閑居》有『殷人吊于壙』的說法。壙指墓穴，在古人看來，它是人的另在住處，因此，《荀子‧禮論》謂『壙壟，其貌像室居。』壙古音與堂同。所謂『殷人吊于壙』，實即殷人吊于堂。殷墟王陵區的祭祀場所，既是壙，又是堂，可以說是壙、堂合而為一的。」事實上，就語音學而言，「堂」、「壇」二字雙聲，且古音同，且無論是作為王陵祭祀的場所或墓葬所在，其意義與作用也極為類似，都可見「堂」、「壇」二字的相互遞變與關係緊密；同時，甲骨文字中只有「堂」而不見「壇」字，直至《左氏傳》始見「室不崇壇」之意，都可見「堂」與「壇」具有高台大屋的象徵，並符合文獻所載「世室」與「重屋」的特質與內涵。

至於《大戴禮記》言及明堂則稱「明堂之作，其代未得而詳也。按：淮南子言神農之世祀於明堂，明堂有蓋四方；又，漢武帝時有獻黃帝明堂圖者，四面無壁，中有一殿，然其由或始于此也。凡九室，一室而有四戶八牖，三十六戶七十二牖，以茅蓋屋，茅取其潔質也。上圓下方，明堂者所以明諸侯尊卑。」〔註40〕另外，《白虎通義‧辟雍》則記「天子立明堂者，所以通神靈、感天地、正四時、出教化、宗有德、重有道、顯有能、褒有行者也。明堂上圓下方，八窗四闥，布政之宮在國之陽；上圓法天，下方法地，八窗象八風，四闥法四時，九室法九州，十二坐法十二月，三十六戶法三十六雨，七十二

〔註39〕晁福林，〈試釋甲骨文「堂」字並論商代祭祀制度的若干問題〉，《北京師範大學學報》，1995 年第 1 期，頁 43～51。

〔註40〕漢‧戴德撰，《大戴禮記》，《景印文淵閣四庫全書》，第 128 冊，卷 8，頁 21、22，台北：台灣商務印書館，1986。

牖法七十二風。」〔註41〕可見遲至西漢時，明堂不僅是祭天祀地的場所，更是彰顯品德以及布政的地方，其形制並可與天地四時之象相互應和。

只是，至西漢時，前人的習俗與制度雖仍然留存，而其源流則已不詳。然而，值得注意地是「漢武帝時有獻黃帝明堂圖者，四面無壁，中有一殿，然其由或始于此也。」這種取象四方，據稱為黃帝時期的明堂形制，和牛河梁「亞字形」墓的構築形式竟然極為吻合，並影響殷商大墓的建造，其流傳有緒，就不是「巧合」一詞所可以涵蓋的了。

3. 「敬天」、「法祖」祭祀場所的分合

另外，晁文中又考證「總之，殷王陵區的公共祭祀場所是殷墟考古發掘所見的面積最大、使用時間最長、祭祀神類最多、用牲數量最多的祭祀場所。在卜辭中能夠在各個方面和這個祭祀場所相符合的只有關於堂的前一類卜辭。」並謂「卜辭表明，商代的堂是宮室類的建築。堂有門，卜辭有『堂門』（合集 13602 片）、『堂賓（？）戶』（合集 18803 片）的記載。堂上有神主牌位，稱為『堂示』（合集 22289 片）、『堂宗』（合集 13538 片）。作為宏大祭祀場所的堂應當是高敞的，所以卜辭有『陟于堂』（《英國所藏甲骨集》第1969 片）的說法，指登於堂上。康丁時期，堂的建築規模可能已經擴大，所以三期卜辭裏有『堂西室』（合集 30372 片）的記載。根據卜辭資料，可以說堂是殷王陵公共祭祀場所裏舉行祭祀和各種儀式的主要所在，綿延數萬平方米的祭祀葬坑只不過是堂的附屬區域。」因此，從甲骨文的記載，都明顯可見殷商時期的「堂」，其形制高敞，並是殷商國君多功能的祭祀場所，其意義與作用自然非比尋常。

類似的觀點也可見於文㞧發〈從古文字看商周祭祀制度的演變〉〔註42〕一文，並稱「到了商代，儘管其宗教祭祀還相當原始，但已有了很大的發展，對自然神的祭祀場所應少了許多，如祭日可能有了相對固定的地點，河南東部杞縣鹿台崗龍山遺址或許就是祭日的場所，甲骨文有一片祭日卜辭，較詳細地記載祭日的一系列祭儀，其地點在湡，這個祭日地的選定，可能起自夏代。祖神祭祀多在宗廟舉行，不過當時的宗廟概念與今天不同，

〔註41〕漢・班固撰，《白虎通義》，《景印文淵閣四庫全書》，第 850 冊，卷上，頁 63，台北：台灣商務印書館，1986。
〔註42〕文㞧發，〈從古文字看商周祭祀制度的演變〉，《西南師範大學學報》，2000 年第 5 期，頁 110～115。

不少是直接建在墓地上面的。隨著宗廟制度進一步發展，這些宗廟又集中建在一起，而在裡面放置不同的祖先神主，商代大約就處在這樣的演變時期。卜辭中有不少關於宗的記載，如：大乙宗、祖乙宗、祖辛宗、祖丁宗、父丁宗、祖甲宗、武乙宗、姒庚宗、母辛宗、河宗、岳宗。這些宗既是藏主之所亦是祭祀之所。」

同時，文中也指出「殷商時期由于其宗教在某種程度上的原始性，所以其祭祀場所也較為繁多，除了祖神之外，天神、地祇的祭祀場所一般都不大固定。」在這一段文字中，經由這些細密的觀察和發現，除了更肯定殷商時期「壇」、「廟」合一的祭祀習俗和制度。另外，有關於「宗」的世系發展也意見明確，事實上，這種「宗族」的觀念，個人以為即是牛河梁墓葬群各據岡巒的由來所致，不同的「宗」或其「分支」各自獨立，卻又都在「祖廟」的庇佑之下向南延伸，衍生為紅山文化尊卑有序的社會制度，這種在建築中強調倫常和秩序的觀念和形式，早在牛河梁遺址群中即已成熟呈現。

因此，「從商至周祭祀地點進一步轉向室內，就室內祭祀而言，商代的宗是主要祭祀建築，到周代，它的意義再也沒那麼具體了，且經常與室連用，成為習語，泛指宗廟建築，偶爾也指在同一宗廟祭祀的族群。宮在商代卜辭中極為少見，是指一般祭祀場所，可在周代就大不相同了，它既是周王朝或貴族的聽政場所，又是祭祀場所，同時也是宴享場所，建築複雜，規模龐大，宮中有大室。」是以「金文常見之宗室應即藏神主之室，亦可能就是大室，如此，則周代的宗當在宮內。」

另外，雒三桂〈《詩經》祭祀詩與周代貴族政治思想〉〔註43〕一文中，也曾指出「夏代的祭祀已不可知，商人王室的祭祀中，祖先崇拜已居於主導地位，先祖和上帝合二而一（參見侯外廬：《中國思想通史》第 1 卷上編第三章）。周人的先祖卻與上帝（天）分立而又相互配合，于是「敬天」、「保民」等思想也就隨之而生。天既與先祖神分離，則天意未可盡憑，維德維業方能保其宗族和後嗣的繁昌。所以『德』成為周人祭祀所反覆強調的觀念。」且「《國語・魯語》載周人之制祀典，有資格被祀的先祖和神靈分為『法施于民』、『以死勤事』、『以勞定國』、『能御大災』等類，『非是族也，不在祀典。』它說明周人的祭祀更注重被祭者的功績和對人類的貢獻，《詩・周頌》中的

〔註43〕雒三桂，〈《詩經》祭祀詩與周代貴族政治思想〉，《北京師範大學學報》，1995年第 3 期，頁 25～31。

〈豐年〉、〈潛〉、〈載芟〉等詩便具有這種明顯的特點。」

典籍文獻中的記述極為詳實細密，近世學者的闡發也極見幽微細密，並可於出土文物中見其端倪。戰國中山王國墓有「殯堂」建築，所謂的「殯堂」即應是文獻中「明堂」、「享堂」的意義與作用；另外，又有「兆域圖」青銅圖版（圖1-17）的出土，其形制規劃一如宮室，印證前言《周禮·春官·小宗伯》所載小宗伯一職「職掌建國之神位，右社稷，左宗廟。兆五帝於四郊，四望、四類亦如之。」注曰「兆為壇之塋域」又稱「鄭司農云：四望，道氣出入；四類，三皇、五帝、九皇、六十四民咸祀之。」也都可見「兆域圖」、「明堂」、「殯堂」的祭祀意義與作用，以及與「亞字形墓」的關係密切了。

圖 1-17　戰國中晚期，兆域圖銅版及銘文、釋文

（銅版）

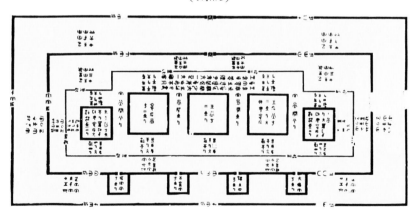

（銘文）

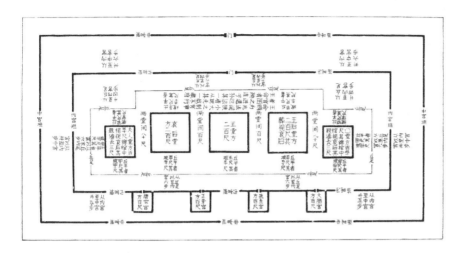

（釋文）

長 94、寬 48、厚約 1cm，圖示陵墓平面，中為王堂，兩旁為哀后堂、王后堂、
大夫人堂等，有宮垣環繞，圖間並有說明文字，共 443 字，1977 年河北平山
三汲出土，河北省文物研究所藏。自《中國美術全集・青銅下》頁 96。

五、結　論

　　古禮中的「五禮」，變動最少的即是吉禮與凶禮，這是因為先民對自然
崇拜、祖先崇拜信仰的執著，以致在長久的思想與儀式累積下，不敢任意有
所變動。

　　而牛河梁遺址群的重要性，正是西遼河流域的先民，在生活的經驗中孕
育出宗族世系與祖先的密切關係，並在重視方位、風水的觀念下，強調人與
自然的合諧；同時，聚落或宗族制度的形成，墓葬有序的排列，壇、廟、冢
思想的合一，這都是中國建築重視倫理與秩序的行為表現，並是中國建築美
學的極致與濫觴。

　　而且，不可忽略地是，祭祀行為中，玉器在壇祀文化的儀節中佔有極為重
要的地位，並是祭祀天地必備的器物，先民對玉器的重視與講究，將「玉」視
為與天地、祖先同樣的等級並列，這是玉文化內涵最高的指標與準則。那麼，
後人在研究玉器或玉文化的當下，又怎能不細細體會先民的思想與用心呢？

（原文載 2007「中國・朝陽牛河梁紅山文化國際論壇」，中國玉器研究委員會、
朝陽市牛河梁紅山文化研究院，2007.7）

二、鴞鷺文化考
——兼論高壇立鳥的「公尸」象徵

【內容提要】

　　自然崇拜與祖先崇拜，這是生民自古以來信仰最為久遠，且最深信不疑的信念，因此，表現於行為或形式上，也必定有其特殊的規格與典範，《禮記·郊特牲》所謂「萬物本乎天，人本乎祖，此所以配上帝也。」正是此意。至於本文則是以祖先崇拜為根本，並運用二重辯證法，藉出土文物以及典籍文獻中所載先民「立尸」以祭祖的制度，及先民祭天時「祖考以配天」的習俗，進而探討玉器上「高壇立鳥」的符號象徵與寓意，尤其是其中所寓含的祖考意義與「敬天」、「法祖」等思想，對於探討先民的禮俗與制度，都有極為深遠的影響，同時，在考古挖掘和祭祀符號的相互比附下，也更見高壇、祖廟以及鳩杖首等問題的相關形制與發展，進而更能闡明鴞鷺文化的源流與變革。

　　關鍵詞：鴞鷺、高壇立鳥、公尸、尸祭、鳩杖首

一、鴟鴞的「公尸」象徵

敬天法祖的思想，自先民時期即已流傳，並是長久以來君臣、庶民所共有的觀念，其影響並直至清朝。而且，地不分南北，人不分種族，即使是滿清入關，歷代帝王也都極為重視這個傳統的思想與制度，並因循前賢，不敢有所怠慢。《清史稿・聖祖本紀》即載康熙五十六年詔曰「帝王之治，必以敬天法祖為本。合天下之心以為心，公四海之利以為利，制治於未亂，保邦於未危，夙夜兢兢，所以圖久遠也。」〔註1〕另外，《清史稿・穆宗本紀》也載及同治十二年，丙午，上親政，詔曰「恪遵慈訓，敬天法祖，勤政愛民。」〔註2〕也都可見當時的民情風俗。

敬天與法祖，這原本即是兩件完全不同的行為與儀式，然而，無論是對國家或宗族來說，甚或在古往今來的典籍文獻中，敬天與法祖，卻又都是極為敬慎的重大事件。

《禮記・郊特牲》有所謂「萬物本乎天，人本乎祖，此所以配上帝也。郊之祭也，大報本反始也。」〔註3〕的記載，在這段經文中，即明確論述「敬天」與「法祖」的重要性和關聯性。尤其是國之大事，甚或祭祀中的大祭，莫不以祭天為首，這都是因為「天」是宇宙間的主宰，也是萬物之始，是以在舉行祭祀儀式時莫不虔誠而慎重；至於祖考，則是生民之本，先民以祖考之德配祀上帝，不僅可見先民不忘本的美德，也可見其敬天之誠。因此，敬天與法祖的思想，二者不僅關係密切，且「法祖」的行為更是依附著「敬天」的儀式而進行，考諸文獻典籍，即可得其印證。

在這種「敬天」、「崇天」觀念的影響下，因此，古之帝王在舉行郊祭之時，必須恪遵禮制，所謂「卜郊受命于祖廟，作龜于禰宮，尊祖親考之義也。」疏「正義曰：郊事既尊，不敢專輒，故先告祖後乃卜，亦如受命也。故禮器云：魯人將有事於上帝，必先有事於頖宮是也。」〔註4〕說明郊祭與告祖之間關係的密不可分，而帝王以受命之尊，也更見其祭天之旨與對祖先的崇敬之情。

祭天與祭祖的儀式極為慎重而又繁複，然而，祭天時抬頭即可見天，至

〔註1〕趙爾巽等編，《清史稿》，卷8，頁292，台北：國史館，1993。
〔註2〕《清史稿》，卷22，頁842。
〔註3〕《禮記》，卷26，頁7。
〔註4〕《禮記》，卷26，頁4。

於祭祖時，祖先的形貌則又何在？因此，先民為了對逝去久遠的「祖考」表示尊敬之意，又特別訂定「尸祭之禮」的制度，並設「尸」以示祖考在廟，置「公尸」以像祖考神祇，並藉「鳧鷖」的形貌以示祖考或公尸的象徵，以便在祭祀儀式進行中有具體的形象可為依循。

這樣的習俗，典籍文獻中都頗有記述，其中，又以《儀禮‧特牲‧饋食禮》中所載的「尸祭之禮」最為詳贍。並在「筮尸如求日之儀」句下有疏云「是以有北面事尸之禮，如是則天子諸侯宗廟之祭亦用孫之倫為尸，而云大夫士者，但天子諸侯雖用孫之倫，取卿大夫有爵者為之。故鳧鷖詩祭尸之等皆言公尸。又，曾子問云：卿大夫將為尸於公，若大夫士祭尸，皆取無爵者，無問成人與幼皆得為之。故曾子問孔子曰：祭成喪者必有尸，尸必以孫，孫幼則使人抱之是也。」〔註5〕詳盡的序等輩分，都可見先民對於「事尸之禮」早已有一套完整的儀節與制度，長久以來並遵行無誤，至於其濫觴則可見於《詩經》中的鳧鷖守成之旨，並以鳧鷖作為公尸的象徵，其思想內涵與文化寓意並最具代表性，也最有啟發性。

《詩‧大雅‧生民之什‧鳧鷖》所謂「鳧鷖，守成也。大平之君子，能持盈守成，神祇祖考，安樂之也。鳧鷖在涇，公尸來燕來寧，爾酒既清，爾殽既馨，公尸燕飲，福祿來成。鳧鷖在沙，公尸來燕來宜，爾酒既多，爾殽既嘉，公尸燕飲，福祿來為。鳧鷖在渚，公尸來燕來處，爾酒既湑，爾殽伊脯，公尸燕飲，福祿來下。鳧鷖在潀，公尸來燕來宗，既燕于宗，福祿攸降，公尸燕飲，福祿來崇。鳧鷖在亹，公尸來止熏熏，旨酒欣欣，燔炙芬芬，公尸燕飲，無有後艱。」〔註6〕疏「正義曰：作鳧鷖詩者，言保守成功不使失墜也。致大平之君子成王，能執持其盈滿，守掌其成功，則神祇祖考皆安寧而愛樂之矣！故作此詩以歌其事也。」詳盡的文字記載，都可見先民藉「鳧鷖」的形象以謝祖考神祇的儀式，這樣的習俗，不僅可以突顯「祖考」的鮮明特徵，並可使「尸祭之禮」更為具體且形制完備。

類似的文字闡釋，以及鳧鷖符號的象徵與影響，本人另有〈陶匏祭天的鳥紋符號探析──兼論良渚文化與大汶口文化的交流〉一文於後，並闡述杭州灣地區鳧鷖鳥紋符號的演變及遷移，也可做為參考佐證。

〔註5〕《儀禮》，卷44，頁5。
〔註6〕《詩經》，卷17～2，頁15～22。

二、高壇立鳥的符號象徵闡釋

圖像學作為一門研究的學科,是就圖像本身外在的形式、作用,探討圖像內在所蘊含的思想與情感。因此,所有的圖像呈現,尤其是在宇宙洪荒,先民與自然、萬物共存的年代中,文字的結構尚未成形,於是,望文(紋)生義的圖像形式,便成為人們生活中重要的工具與憑藉,無論是傳情達意,甚或重要的儀式與祭祀,都有賴圖像的圖寫或刻畫,以便完成心意的傳達,是以陶器、玉器、青銅器等器物上都留下許多前人思想與行為的軌跡,而本文所欲探討的「高壇立鳥」符號,其精美的紋飾與象徵意義,則不僅反映了新石器時代以降先民的思想與活動內涵,而其獨具特色的文化符號,便也成為後人研究當時社會思想的重要標的。

(一)既有的研究成果

自從良渚文化的出土考古大量發掘後,關於「高壇立鳥」的符號象徵,討論的文章即不在少數,許多研究者並分別就出土文物以及世界各博物館所收藏之玉件予以論述,並各有不同的觀點和發現。今依其發表年代先後序,略舉數篇如下:

鄧淑蘋〈良渚玉器上的神秘符號〉〔註7〕與〈中國新石器時代玉器上的神秘符號〉〔註8〕等文字,則是以 1915 年至 1992 年所公佈 12 件玉器(安溪出土玉璧 1 件(圖 2-1)、私人收藏品 1 件、餘皆為館藏品)的刻符為本,探討其中「立鳥」或「神鳥」的符號象徵,兼及「金烏」、「鳩杖」的習俗與源流,並將歷來學者對於這個主題的研究成果予以條理。只是,每位學者都有各異的觀點與見解,並對立鳥的看法與結論也並不統一。及至近年來,鄧淑蘋又有〈刻有天象符號的良渚玉器研究〉〔註9〕一文,並仍是以玉璧上的鳥紋符號為研究重點,且歸納出:1、璧的造形,源自古人觀察太陽在天上行移的軌跡。所以玉璧是祭祀天神與祖先的重要禮器。2、所刻的符號,應與古代華東地區的鳥生神話有關。3、璧與琮可能為對等的,可組配的禮器。並稱「由前述單項圖像的審查,筆者認為祭壇既然是可以獨立存在的單元,

---

〔註7〕《故宮文物月刊》,卷 10:9,頁 26~47,台北:故宮博物院,1992。
〔註8〕《故宮學術季刊》,卷 10:3,頁 1~49,台北:故宮博物院,1993。
〔註9〕鄧淑蘋,〈刻有天象符號的良渚玉器研究〉,宋文薰,李亦園、張光直主編,《石璋如院士百歲祝壽論文集——考古·歷史·文化》,頁 123~145,台北:南天書局,2002。

不一定需要上面站著一隻鳥，所以祭壇內頭戴象徵神祖法力的『介』字形冠頂，背著太陽的神鳥，應就是江南古氏族『陽鳥』的圖像了。至於最上面站著的鳥，應是古老傳說中天帝的使者，也就是天帝的化身—玄鳥。《詩經·商頌·玄鳥》：『天命玄鳥，降而生商。』以及《詩經·商頌·長發》：『帝立子生商』，都明文記載了古老的鳥生神話的宗教信仰。《史記·殷本紀》、《呂氏春秋·初音篇》、《史記·秦本紀》中，更明言商族與秦族的祖先，都是人間女子吞食了玄鳥之卵受孕所生。」

圖 2-1　新石器時代，良渚文化，浙江餘杭安溪鄉出土玉璧圖紋

自《故宮學術季刊》，卷 10：3，頁 1～49。

　　雖然，鄧文中所引之典籍文字無誤，然而，仔細考證，《詩經·商頌·玄鳥》所稱之「玄鳥」，和筆者引「鳧鷖」為「公尸祖考」的形象並無太大差別，因為，鳧鷖的羽毛正是青色，與「玄鳥」之玄色青黑，正可相互吻合；至於所謂「商族與秦族的祖先，都是人間女子吞食了玄鳥之卵受孕所生。」

這樣的史料文字，的確有其文化淵源的信仰來源，因為，所謂的「玄鳥」正是「公尸祖考」的形貌象徵，只是，在《詩經・商頌》中以「玄鳥」稱之，以致與「鳧鷖」一詞錯失交臂，終至於形同陌路，至於將商民族與秦民族的祖先共稱為「玄鳥」，也只是「祖先」一詞的泛稱與象徵，而且，「鳧鷖」既非「神鳥」，也非「陽鳥」，只是極其普遍並隨處可見的水鳥而已！其性情平和並隨處可見，是以先民藉寓為「公尸祖考」的文化符號象徵。

　　至於饒宗頤〈中國古代東方鳥俗的傳說兼論大皞少皞〉〔註 10〕一文，則是就出土文物與「鳥俗」之傳說，詳加比附，並闡述與大皞、少皞之淵源。文中並稱「一般說中國東方沿海和東南地區古代文化中特別盛行對鳥的崇拜，表現在遺物上的圖像，新石器時代考古學的遺存，資料極為繁多。重要的像大汶口文化陶器上的紋飾，作群鳥相連續飛翔的圖案，有的僅作簡單輪廓。浙江河姆渡文化的陶器、牙骨上雕刻的雙鳳朝陽的紋樣，或連體各擁一日，或分體共拱一日。形形色色，石興邦先生首先作詳細的分析（見《中國原始文化論集》），其後討論者紛繁，大抵說明從七千年前河姆渡開始，下至越族的『鳥田』、『鳥書』，為鳥的崇拜流行的地區。和傳說中少昊氏以鳥名官的習慣正相應。大汶口、龍山與良渚都有陶器的鳥形規及鳥足鼎，真的以鳥為紀，非常普遍。」只是，更值得注意地是，文中又指出「近見高明在論古代陶器圖像，舉出仰韶期山西華縣、與廟底溝彩陶上的紋樣，正作飛鳥負日之象（參附圖，原載《學術集林》第 2 輯），可見日和鳥在古代圖文表現當時的太陽神話，東、西方大都相同，事實上不能說僅限於東方，西方實亦有之。周人以赤鳥興，《國語》則云獄旅鳴於岐山。《佚周書・王會解》記西申以鳳鳥、氐羌以鸞鳥，巴人以比翼鳥；足見西方亦有鳳鳥的傳說。」從文字中詳盡的舉證，都可見關於「鳥」的神話和傳說並不只是侷限於「東夷」地區的分布而已！而且，其中所舉之「鳥紋」，並印證高明先生的說法，則無論是仰韶時期山西華縣或是廟底溝彩陶上的鳥紋紋樣，的確和河姆渡、良渚或是大汶口文化的「鳥紋」頗有近似之處，應是良渚風格與習俗之遺緒，至於在饒先生文中所言之「鳥」，則又另有鳳鳥、鸞鳥、比翼鳥以及鳥名官等，其所包含的內容繁複不一；同時，鳥紋的形貌與作用也並不一致，強加比附，反而模糊了「鳥紋」之意義與作用。

〔註 10〕饒宗頤，《中國神話傳說學術研討會論文集》，上冊，頁 61〜75，台北：漢學研究中心，1996。

　　另外，董楚平〈良渚文化祭壇釋義——兼釋人工大土台和安溪玉璧刻符〉
〔註11〕一文，則是以出土發掘報告為本，並就祭壇出土的形制和現象（圖2-2），
作詳盡的分析與描述。文中並指出良渚文化中：大墓與祭祀遺址共存的現象、
墓葬打破祭壇的問題以及祭壇形制的基本特徵，分析細密，極具參考價值，
至於對鳥紋的闡述，則釋為「太陽鳥」、「祖先鳥」、「鳥祖卵生日月山」，並是
「良渚文化的圖騰」或「中國最早的創世神話」，同時，文中又有許多細密的
整合與分析，只是，論證則嫌不足，並頗多「假設」或「可能」之詞，殊為
遺憾，再加上董文對於壇祀的意義與作用，仍侷限於出土所見，對文獻的認
識與闡述則多匱乏，殊為可惜，本文並分別於各節有所詮釋，此處不予贅言。

圖2-2　新石器時代，良渚文化燎祭祭壇遺跡平、剖面示意圖

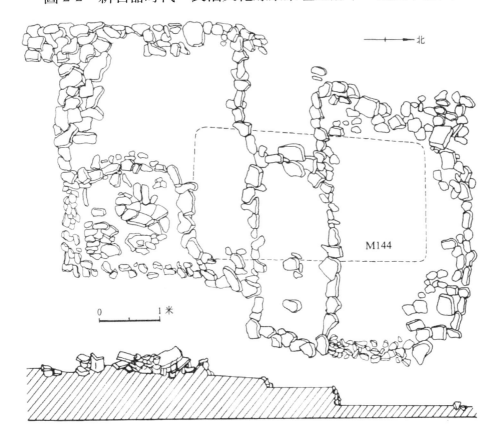

自《福泉山——新石器時代遺址發掘報告》頁68。

〔註11〕董楚平，《故宮文物月刊》，卷18：12，頁60～75，台北：故宮博物院，2001。

（二）上古時期鳧鷖鳥紋舉隅

當然，本文中所要討論的鳥紋是指鳧鷖，而非鳳鳥、鸞鳥、比翼鳥等其他飛禽，同時，這些鳥類的特質並不相同，形貌也頗有差距，不可混為一談。至於鳧鷖水鳥，其生長地域並遍佈於華西與巴蜀地區，這樣的現象，證諸文物出土亦然，因為，即使是仰韶文化中的彩陶紋飾，如：河南廟底溝、山西芮縣大禹渡村遺址出土的彩陶紋飾上，也都可見飛鳥紋樣，而其圖形則不僅和「鳧鷖」的形貌相似，且其分布地區也與《詩經》中所稱「在涇、在沙、在渚、在潀、在亹」，以及《後漢書》所載「河海、江漢」地區等也都相當吻合。

至於鳧鷖作為「祖考」文化符號的象徵，其紋飾之分佈及影響，據筆者自文物的出土和紋飾、形制的比附，於〈陶匏祭天的鳥紋符號探析——兼論良渚文化與大汶口文化的交流〉一文剖析：「及至良渚晚期，杭州灣地區——良渚人的文化中心，或因地貌改變，也或許是不可抗拒的災難，良渚人已有向外遷移的現像。向北走，是上海福泉山、花廳等地，再往北上，則與大汶口文化相融合；向西走，影響大溪、屈家嶺文化甚或仰韶；向南，則促成海上絲路的發展並兼及百越之地。」

事實上，出土文物中關於鳥紋的圖案，除了長尾有冠羽的鳳鳥之外，即是以尖喙翹尾的鳧鷖水鳥最為常見，且其紋飾早已盛行於黃河、長江中下游地區，並以東南沿海地區為最盛，至於鳧鷖紋飾在貴重材質上之分佈，如：牙骨、玉器、陶器、青銅、金器等，以及紋樣發展之自成體系並脈絡分明，則都是不爭之事實。只是，鳧鷖的確是太通俗而又隨處可見的水鳥，一般文字對鳧鷖水鳥紋飾的內涵與作用少有專文研究，並多認知不足，是以難見其文化發展之軌跡，本文則略作條理，以見其材質、紋樣之演變，並在時、空的轉換之餘，進而窺其源流與奧秘，並期得見原貌。茲依據《凌家灘玉器》〔註12〕、《河姆渡——新石器時代遺址考古發掘報告》〔註13〕、《河姆渡文化精粹》〔註14〕、《良渚文化玉器》〔註15〕、《良渚文化特展》〔註16〕、《三星

〔註12〕安徽省文物考古研究所，《凌家灘玉器》，北京：文物出版社，2000。

〔註13〕浙江省文物考古研究所，《河姆渡——新石器時代遺址考古發掘報告》，北京：文物出版社，2003。

〔註14〕河姆渡遺址博物館編，《河姆渡文化精粹》，北京：文物出版社，2002。

〔註15〕浙江省文物考古研究所、上海市文物管理委員會、南京博物院編著，《良渚文化玉器》，文物出版社、兩木出版社，1989。

〔註16〕上海博物館珍藏，《良渚文化特展》，財團法人國立自然科學博物館文教基金會、上海博物館主辦，1997。

堆古蜀王國的聖地》〔註17〕等書所載，略舉出土文物中有關「鳥紋」之大要，
並依原文所載，羅列如下，以為參酌：

1. 牙骨上的鳥紋──河姆渡文化為主

（1）河姆渡文化出土的「象牙匕形器」（T25，3：20），殘存中部鳥身一
段，從殘形器看，與第一期文化出土的同形器近似。

（2）河姆渡文化出土的「象牙鳥形器」（T226，3B：79）（圖2-3），連體
雙鳥太陽紋象牙雕刻殘片，上下部已殘損，兩角圓弧。

圖2-3　新石器時代，河姆渡文化二期，象牙鳥形器 T226 （3B）：79

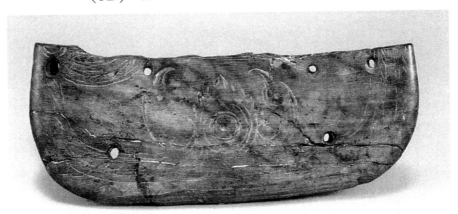

長 16.6、殘寬 5.9、厚 1.2cm，1977 年浙江餘姚河姆渡遺址出土，浙
江省博物館藏。自《河姆渡文化精粹》頁 63。

（3）河姆渡文化出土的「象牙鳥形器」（T18，3：14），上端略殘，正
面精磨素面無紋，僅兩翼中部雕有近似月形的鏤孔及部分小圓窩。背腹中部
有二道縱向突脊，間距 5cm，可惜已殘，兩翼之上半部也有橫向突脊，脊上
各對鑽有縱向孔三個，孔上部已使用致殘。

（4）河姆渡文化出土的「象牙鳥形器」（T224，3B：82），為體型較小
的鳥形器，略殘，正面磨光。

（5）河姆渡文化出土的「象牙鳥形器」（T211，3C：91），殘，但製作
規整，短翼，正面刻有同心圓紋小圓窩，多以重弧線串連成一幅圖案。

〔註17〕陳德安，《三星堆古蜀王國的聖地》，四川：四川人民出版社，2000。

（6）河姆渡文化出土的「鳥形器」（T211，3C：133），係動物之盆骨（髖骨）為原料，骨質輕薄，加工簡單，僅將全器修磨近似鳥形。

2. 玉器上的鳥紋──凌家灘、良渚文化為主

（1）安徽省含山縣凌家灘出土「玉鷹」（98M29：6，應作玉鳥）（圖2-4），呈展翅飛翔狀。鷹首側視，眼睛以對鑽孔眼表現。胸腹部飾以八角星為主體的紋飾。雙翼展翅呈豬首形。器物上有六個穿孔，器形以圓雕和陰線刻表現，顯示對稱、和諧、神秘的審美意識，在五千年前極為可貴。整體上突出表現鷹首和兩翼的造型，重點突出了腹部八角星紋。

圖2-4　新石器時代，凌家灘文化，玉鷹（98M29：6）

長8.4、寬3.5、厚0.3cm，1985年安徽含山出土。自《凌家灘玉器》頁12。

（2）浙江省餘杭縣反山出土「玉鉞」（M12：100）（圖 2-5），在玉鉞刃角的下方為淺浮雕的鳥紋。神徽和鳥紋的雕琢技法、形象、大小均與同墓所出的大玉琮上神徽、鳥紋如出一轍。

圖 2-5　新石器時代，良渚文化，玉鉞（反山 M12：100）

鉞高 17.9、上端寬 14.4、刃寬 16.8、厚 0.8cm，鉞體上雕琢神徽和鳥紋，為
所有良渚玉鉞所僅見 1986 年浙江餘杭反山出土，浙江省文物考古研究所藏。
自《良渚文化玉器》頁 179。

（3）浙江省餘杭縣反山出土「玉琮」（M12：98）（圖 2-6），在獸面紋的
兩側各雕刻一鳥紋，鳥的頭、翼、身均變形誇張，刻滿卷雲紋、弧紋等，可
稱「神鳥」。

（4）浙江省餘杭縣反山出土「玉琮」（M12：93），獸面紋兩側對稱琢
刻一鳥紋，鳥頭向外，尖喙細頸，橢圓形鳥翼，中間有一單圈，鳥身內收。
獸面紋和鳥紋均刻有卷雲紋、弧曲線、短直線等繁縟圖案。

（5）浙江省餘杭縣反山出土「玉琮」（M20：124），獸面紋兩側對稱琢有
鳥紋，鳥頭向外，尖喙細頸，橢圓形鳥翼，中部有一單圈，鳥身內收。全器
製作工整，雕琢精細。

（6）上海市青浦縣福泉山出土「玉琮」（M9：21），在人面和獸面的兩側
各刻一隻飛鳥，以卷雲紋、長短弧線、橫豎直線刻出鳥的頭、身、翼。每一
組神人獸面紋飾佈列四隻飛鳥，全器四組十六隻飛鳥，這一圖案可稱為神人
神獸神鳥紋。

圖 2-6　新石器時代，良渚文化，玉琮（反山 M12：98）

高 8.8、射徑 17.1～17.6、孔徑 4.9cm，1986 年浙江餘杭反山出土，浙江省
文物考古研究所藏。自《良渚文化玉器》頁 9。

（7）浙江省餘杭縣反山出土「玉冠形器」（M22：11），上端的兩角各以
淺浮雕雕琢鳥紋，鳥頭向外，單圈小圓眼，尖喙細頸，橢圓形鳥翼，翼中有
重圈，鳥身短小內收，翼及身部亦刻織細圖案。

（8）浙江省餘杭縣瑤山出土「玉冠形器」（M2：1），上側兩角各刻一鳥
紋，鳥頭朝外，引頸昂首，尾翼舒展，振翅欲飛。是良渚文化玉器中難得的
精品。

（9）浙江省餘杭縣反山出土「玉三叉形器」（M14：135），左右兩叉上端
陰紋細刻一對鳥紋。背面四個凸塊上均以陰紋細刻卷雲紋、弧曲線和重圈眼
紋等繁密圖案。

（10）浙江省餘杭縣反山出土「玉璜」（M23：67）（圖 2-7），鳥紋頭向
朝外，單圈小圓眼，尖喙細長頸，橢圓形鳥翼，其上有一單圈，鳥身短小內
收。整器製作規範，琢刻精緻。

圖 2-7　新石器時代，良渚文化，玉璜（反山 M23：67）

高 5.6、寬 13.8、厚 0.7cm，1986 年浙江餘杭反山出土，浙江省文物考古研究所藏。自《良渚文化玉器》頁 119。

（11）浙江省餘杭縣反山出土「玉鳥」（M16：2、M15：5、M14：259、M17：60），器形基本相同，雕琢成平展的鳥形，尖喙短尾，兩翼外張，作振翅奮飛狀。鳥頭微凸起，雙眼微凸或淺管鑽成重圈，鳥背微凸或淺凹。背面均有一對或兩對小隧孔，用於穿綴。造型簡練，形象逼真。

（12）浙江省餘杭縣瑤山出土「玉鳥」（M2：50）（圖 2-8），扁平體，上端尖突，下端舒展，尾端平凸，底面平整有三對小隧孔。正面尖端用淺浮雕和陰刻線琢出獸面圖形。如將鳥嘴向下，猶如俯沖而下的青鳥，又似挺角露齒的牛首。

（13）上海市青浦縣福泉山出土「玉鳥」（M126：3）（圖 2-9），乳白色。器體呈扁平側立鳥形，鳥作鳴叫狀，鳥尾上翹。鳥目以一小透孔代替，淺刻細線象徵羽毛。造型逼真，栩栩如生。

（14）四川省廣漢市三星堆遺址一號祭祀坑出土的「玉璋」，形似戈，全器大半被火燒，呈雞骨白，另一半呈灰黑色。設部一側呈弧形拱起，另一側內曲。射端部鏤刻呈鳥形，鳥尾部已殘。

圖 2-8　新石器時代，良渚文化，玉鳥（瑤山 M2：50）

長 3.2cm，1987 年浙江餘杭瑤山出土，浙江省文物考古研究所藏。自《良渚文化玉器》頁 146。

圖 2-9　新石器時代，良渚文化，玉鳥（福泉山 M126：3）

長 1.8、寬 2.7、厚 0.3cm，1988 年上海市青浦縣福泉山出土，上海市文物管理委員會藏。自《良渚文化玉器》頁 146。

3. 陶器上的鳥紋──良渚、仰韶、大汶口文化為主

（1）上海市青浦縣福泉山出土「黑陶細刻紋高圈足豆」（福泉山 M101：90）（圖 2-10），器身上下及盤內細刻花紋，刻工精細，母題為鳥紋與蛇紋。鳥紋以三或四只鳥作為一個單元，兩邊是兩隻側面相向的飛鳥，圓首，尖長喙，曲體，長尾上翹，兩鳥之間又有一或二隻正面展開雙翼的翔鳥。這兩種不同的鳥身均填刻雲紋與短直線。形象栩栩如生，在良渚文化陶器的細刻鳥紋中最為生動。

圖 2-10　新石器時代，良渚文化，陶豆（福泉山 M101：90）

高 18.8、口徑 17.7cm，1983 年上海市青浦縣福泉山出土，上海市青浦博物館藏。自《福泉山──新石器時代遺址發掘報告》彩版 36。

（2）上海市青浦縣福泉山出土「黑陶細刻紋闊把壺」（福泉山 M65：2）（圖 2-11），這是闊把壺中最精緻的一件。壺身經過打磨，烏黑光亮，其上滿刻精細花紋：流部是雙翼展開的飛鳥正視形象；腹部的主題紋飾是數隻圖案化的飛鳥，雙腳下垂，鳥尾分叉。鳥身填刻雲紋與縱橫相對的平行短線。壺身的地紋是線條纖細如髮絲的折線紋，刻工絲毫不苟。

圖 2-11　新石器時代，良渚文化，闊把壺（福泉山 M65：2）

高 15cm，1983 年上海市青浦縣福泉山墓葬出土，上海博物館
藏。自《中國美術全集·陶磁上》頁 47。

（3）上海市青浦縣西漾出土「黑陶鳥紋尊」，腹部細刻四隻形態各異的
鳥紋，頗具韻味：一隻外形酷似鴕鳥，長頸前傾，拱背，長腿，正向前疾走；
一隻是棲息的小鳥。與這兩隻鳥間隔的是展開雙翼飛翔的大鳥正面形象。這
些以簡練線條勾勒的鳥，或動或靜，或大或小，栩栩如生。鳥紋在良渚文化
玉器和陶器上經常出現，為當時先民崇敬的動物。

（4）上海市金山區亭林出土「黑陶細刻鳥首蛇身紋陶片」。

（5）上海市金山區亭林出土「黑陶細刻鳥紋陶片」。

（6）至於在仰韶與大汶口文化中也出土有許多彩繪的「鳥紋」，其形貌
或飛或立，並多呈現「簡化」的鴟鴞形象，關於這部分的範例，則參考本文
前述「既有的研究成果」一節，此處不予贅言。

4. 青銅器上的鳥紋──三星堆文化為主

（1）四川省廣漢市三星堆遺址二號祭祀坑出土的「神樹」（圖 2-12），青銅神樹由樹座和樹幹兩部分組成。樹幹上有三層樹枝，每層為三枝捆，枝亞端部長有果實，一果枝上揚，果上站立一鳥，兩果枝下垂。

圖 2-12　商代晚期，神樹（線圖）

樹幹高 384cm、通高 396cm，1986 年四川廣漢三星堆遺址二號祭祀坑出土。
自《三星堆·古蜀王國的聖地》頁 62。

（2）四川省廣漢市三星堆遺址二號祭祀坑出土的「青銅三羊三鳥尊」，喇叭口，束頸，斜肩，深腹，底寬平，高圈足。頸部有三周凸弦紋，肩部有三羊頭，羊頭上站立一鳥，鳥已殘。

（3）四川省廣漢市三星堆遺址二號祭祀坑出土的「青銅三牛六鳥尊」（圖 2-13），肩部正中鑄三鳥和三牛頭相間而立，牛頭上也鑄有一立鳥，立鳥已殘。

圖 2-13　商代晚期，青銅三牛六鳥尊

高 44.5、口徑 41.8cm，1986 年四川廣漢三星堆遺址二號祭祀坑出土。
自《三星堆‧古蜀王國的聖地》頁 95。

（4）四川省廣漢市三星堆遺址二號祭祀坑出土的「青銅四羊四鳥罍」，肩部正中立有四鳥，將花紋隔成四組，每組為雲雷紋組成的象鼻龍紋。

（5）另外，在傳世品當中，世界許多重要博物館也都收藏有商周時期彝器，其上並也有「鳧鷖水鳥」紋飾，其範例則可見於「尸祭的意義與作用」一節，如：「禽形飾魚獸帶龜文盤」及「作冊大鼎」等。

5. 金器上的鳥紋──三星堆文化為主

四川省廣漢市三星堆遺址一號祭祀坑出土的「金杖」（圖 2-14），係用純金皮包卷而成，其上端有 46 cm 長的平雕紋飾圖案，內容有人物、魚鳥和箭

等,圖案分三組:最下一組為前後兩對稱的人頭,人頭上戴冠,耳飾有三角形耳墜。前後人頭上下各有兩周線紋,人頭間用雙鉤形紋飾相隔。上端的兩組圖案相同,下方為兩背相對的鳥,上方為兩背相對的魚,在魚的頭部和鳥的頸部上壓有一支箭,似表現鳥馱負著被箭射中的魚飛翔而來。該金杖可能是蜀王魚鳧氏的權杖。

圖 2-14　商代中期,金杖

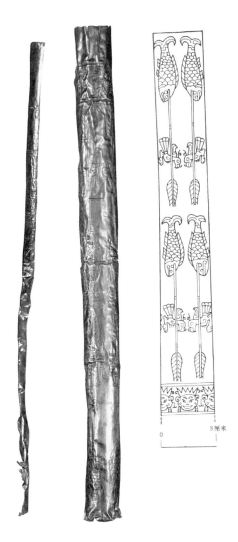

長 143、直徑 2.3cm、重 463 克,1986 年四川廣漢三星堆遺址一號祭祀坑出土。自《三星堆·古蜀王國的聖地》頁 98。

從這些出土文物的紋飾來看，這許多「鳧鷖鳥紋」的出土地點，除了仰韶文化的出土報告資料略嫌不足之外，其餘具有「鳧鷖紋飾」器物的出土地點，則都是在各地區文化發展中重要的「祭祀坑」之屬，且依文獻並考古資料印證，其作用都應是作為「祭天」之旨，至於其內涵及源流，則是真實呈現自太古時期以至於先秦以來，先民在重大的祭天或祭祖儀式時，均能恪遵禮制，並在敬天之時，謹守「祖考以配天」的古老習俗，進而輔以鳧鷖圖像作為「公尸祖考」的象徵，以示禮敬之意。

（三）高壇立鳥與鳧鷖形貌特徵比較

鳧鷖既是「公尸」的象徵，且先民又藉「鳧鷖」以喻「公尸」之旨，並以鳧鷖在水中高處，象徵公尸之在宗廟而舉行祭祀之禮，這樣尊貴且重要的比擬，的確非比尋常。只是，鳧鷖究竟是為何物？鳧鷖何以具備「公尸」的寓意內涵？

鳧鷖，是為水鳥之屬，典籍文獻中關於水鳥的記載不在少數，只是，對於鳧鷖一詞的描述，歷來卻略有出入，以致後人在認知上頗有歧異之處。

《詩・大雅・生民之什・鳧鷖》有言「鳧鷖，守成也。大平之君子，能持盈守成，神祇祖考，安樂之也。鳧鷖在涇，公尸來燕來寧，爾酒既清，爾殽既馨，公尸燕飲，福祿來成。鳧鷖在沙，公尸來燕來宜，爾酒既多，爾殽既嘉，公尸燕飲，福祿來為。鳧鷖在渚，公尸來燕來處，爾酒既湑，爾殽伊脯，公尸燕飲，福祿來下。鳧鷖在潀，公尸來燕來宗，既燕于宗，福祿攸降，公尸燕飲，福祿來崇。鳧鷖在亹，公尸來止熏熏，旨酒欣欣，燔炙芬芬，公尸燕飲，無有後艱。」〔註18〕疏「正義曰：作鳧鷖詩者，言保守成功不使失墜也。致大平之君子成王，能執持其盈滿，守掌其成功，則神祇祖考皆安寧而愛樂之矣！故作此詩以歌其事也。」則是闡述鳧鷖祖考的象徵寓意，君子太平守成，以謝祖考。

然而，鳧鷖的象徵寓意究竟為何？據「鳧鷖在涇」句下注曰「鳧，水鳥也；鷖，鳧屬。太平則萬物眾多。箋云：涇，水名。水鳥而居水中，猶人為公尸之在宗廟也，故以喻焉。」這樣明確且鮮活的比擬，可知先民是藉「鳧鷖」之形貌與特質以喻「公尸」之旨，並以鳧鷖常在水中高處，象徵公尸之在宗廟而舉行祭祀之禮。

至於其形貌，「鳧鷖在涇」句下疏則稱「正義曰：釋鳥鶹沈鳧某氏曰：

〔註18〕《詩經》，疏卷 17 之 2，頁 15～22。

詩云：弋鳧與鴈。郭璞曰：似鴨而小，長尾，背上有文，今江東亦呼為鸍。陸機疏云：大小如鴨，青色，卑腳，短喙，水鳥之謹愿者也。鷖與鳧俱在涇，故知鳧屬。蒼頡解詁云：鷖，鷗也；一名水鴞。太平則取之以時，不妄大殺，故萬物眾多，萬物多而獨言鳧者，舉鳥之得所，則餘者皆然可知。」這樣細膩的描述，證諸器物上「鳥紋」之刻畫，的確十分神似，並是舉鳧鷖之得其所，象徵萬物眾多的太平景象寓涵。

另外，詩中稱鳧鷖得所之處，則有：在涇、在沙、在渚、在潨、在亹，並都是水邊居高之處。是以疏曰「因以鳥之所在，取其象類為喻，故不依尊卑之次焉。」這是以鳥居高地作為祭祀之所的象徵。雖然，鳧鷖大多於水邊地棲止，然而，依詩中所述，卻也可以是在高地或山崖的絕水之處，分布極為廣泛，這樣的生活型態和環境，證諸《中國鳥類圖鑑》〔註19〕也可得到相當的印證，許多水鳥如：普通燕鴴、海鷗、銀鷗、灰背鷗、北極鷗、紅嘴鷗、小鷗、黑嘴鷗、須浮鷗、白翅浮鷗、普通燕鷗、白額燕鷗等，其生態分布可遠自東北境內以至於黃河、長江流域，甚至於整個中國東南地區，都可見水鳥的蹤跡，是以山崖、水邊都可見「鳥紋」的圖案，這個現象也和前言高明先生所舉飛鳥負日的圖像不僅見於東方，西方實亦有之的事實相合；至於居高之地，其形式則應是有若壇丘之旨，以示祭祀的恭敬之意而已！可見「鳧鷖」只是一個文化象徵的符號，以水鳥「鳧鷖」有太平守成、眾多並廣佈的美好寓意，是以借喻為「尸」，並寄託祖考福澤綿延的太平象徵。

至於《爾雅》有「舒鳧」一詞，為鶩；又有「鸍，沉鳧」的記載，注曰「似鴨而小，長尾，背上有文，今江東亦呼為鸍，音施。」疏則曰「鸍，沉鳧。釋曰：鸍一名沉鳧。郭云：似鴨而小，長尾，背上有文，今江東亦呼為鸍。陸機云：大小如鴨，青色，卑腳，短喙，水鳥之謹愿者也。大雅云：鳧鷖在涇。」〔註20〕這樣的「鸍」是為沉鳧，然而，若就文字比附而言，「鸍」應該就是《詩經》中的「鷖」，只是，鳧為短尾，而鷖則是長尾而已！

這樣的現象相較於玉器紋飾中「立鳥」的尾巴則是有長有短，而且，這樣的事實與差距的確存在，因為，這正是鳧與鷖的差別所在。鳧、鷖雖然是同種同科，但是，鳧好沒水中，短尾；至於鷖雖也是鳧屬，江東呼之為鸍，

〔註19〕中國野生動物保護協會主編，《中國鳥類圖鑑》，頁 148～160，河南：河南科學技術出版社，1995。

〔註20〕晉‧郭璞注，宋‧邢昺疏，十三經注疏《爾雅》，卷 10，頁 6，台北：藝文印書館，1993。

然而，根據《爾雅》所載，卻是長尾，這樣的文字記載可以完全解釋玉器上鳥紋刻畫符號的差距，並也可以完全印證新石器時代，良渚文化玉器中「高壇立鳥」刻畫祭祀符號的意義與緣由。

其他，和鳧鷖相關的記載又有《說文》載「鳧，舒鳧，鶩也。」注「釋鳥曰：舒雁、鵝，舒鳧、鶩。內則注同舍人李巡云：野曰雁，家曰鵝；野曰鳧，家曰鶩。」又稱「詩弋鳧與雁，以及他言鴻雁鳧鷖，皆謂野鳥，非舒鳧、舒雁也。大雅傳曰：鳧、水鳥也，鷖、鳧屬也。然則說文於鳧下舉舒鳧，蓋謂統言可不別，但云舒鳧則固析言之矣。尋許意不以鳧入鳥部而入几部，此句屮二部之例，鴨之羽短不能飛，故其字從几，豈知野鴨亦短羽而能飛乎。」〔註21〕可知鳧之特色是為野生之水鳥，並短羽善飛。

至於《說文》又稱「鷖，鳧屬也。」注曰「大雅鳧鷖傳曰：鳧，水鳥也；鷖，鳧屬也。按此謂鳧屬，非謂舒鳧屬也。周禮王后之五路安車，彫面鷖緫，故書鷖，或為緊。鄭司農云：緊讀為鳧鷖之鷖，緊緫者青黑色，以繒為之，按於此知此鳥青黑色也。陸孔皆引倉頡解詁曰：鷖，鷗也，一名水鴞。許云鷗，水鴞而不云鷖鷗也，則許不謂一物也。鳧屬者似鳧而別其釋鳥之爾，沉鳧乎。」〔註22〕各異的見解，可見後世的學者對鳧鷖的認知到了漢代已經頗有差距，然而，鷖是為鳧屬，青黑色；且許慎以為鷖與鷗非同一物，而段玉裁則以為鷖應是沉鳧，則是可以肯定的事實。

另外，《方言》所謂「野鳧其小而好沒水中者，南楚之外謂之鸊鷉，大者謂之鶻蹏。」〔註23〕

及至後世，《本草綱目》稱鳧「釋名野鴨、野鶩、鸍、沉鳧。」時珍曰「鳧從几音殊，短羽高飛貌，鳧義取此。爾雅云：鸍，沉鳧也，鳧性好沒故也。俗作晨鳧，云鳧常以晨飛亦通。」「集解」則稱「時珍曰：鳧，東南江海湖泊中皆有之，數百為群，晨夜蔽天，而飛聲如風雨，所至稻粱一空。陸璣詩疏云：狀似鴨而小，雜青白色，背上有文，短喙、長尾、卑腳、紅掌，水鳥之謹愿者，肥而耐寒。或云：食用綠頭者為上，尾尖者次之，海中一種

〔註21〕 漢·許慎著、清·段玉裁，《說文解字注》，三篇下，頁29，台北：蘭臺書局，1977。

〔註22〕《說文解字注》，四篇上，頁47。

〔註23〕 舊題漢·揚雄撰、晉·郭璞注，《方言》，《景印文淵閣四庫全書》，卷8，頁7，台北：商務印書館，1986。

冠鳧，頭上有冠，乃石首魚所化也，並宜冬月取之。」〔註24〕

　　同時，《本草綱目》中不見鷖字，卻有鶩字「釋名鴨、舒鳧、家鳧、末鴄。」至於「鶩」究竟是家鴨或野鴨，歷來解說頗見紛歧，並各有所執。只是，「正誤」中說得好「蓋鶩有舒鳧之名，而鳧有野鶩之稱。故王勃可以通用而其義自明；案：周禮庶人執鶩豈野鴨乎？國風弋鳧與雁豈家鴨乎？屈原離騷云：寧與騏驥抗軛乎？將與雞鶩爭食乎？寧昂昂若千里駒乎？將汎汎若水中之鳧乎！此以鳧鶩對言，則家也？野也？益自明矣！」〔註25〕可見在古人的心目中，鳧、鷖、鶩等水鳥都是同類的禽鳥之屬，或有家養及野放之分，然而，由於其形貌、特質都極為近似，是以古人於詩文中也時時綴聯成詞，以便於運用。

　　《詩經》是中國現存最早的詩歌總集，其體例並是以賦、比、興之手法完成，因此，文字中隱喻、藉喻的手法也極為豐富。至於《詩經》中有關鳥之意象的詩句非常繁多，這許多各式各樣的「鳥」也都分別寓意祖考或先人的象徵與內涵，除了前言〈大雅·鳧鷖〉中的鳧鷖之外，其餘則如：〈大雅·旱麓〉中的鳶飛戾天、〈小雅·四月〉中的翰飛戾天、〈小雅·小宛〉中的鳴鳩、〈小雅·菀柳〉中的有鳥高飛、〈邶風·燕燕〉中的燕燕（鳦也）等，也都有以「鳥」作為祖考象徵的比擬，而後人在解詩之餘，多作序以探究其詩旨，雖未必盡如原意，卻也可見前人或當代對「鳥」和「祖考」二者間關係與內涵之闡述。

　　《詩經》中的鳧鷖果真就是玉器中高壇立鳥的真實寫照？也是牙骨、金銅、陶器上所刻繪鳥紋圖飾的寓意象徵？雖然，從圖案或紋飾的本質來看，二者的確極為近似，且其形貌、刻繪的器物與材質都極為珍貴，再加上作為祭天的意義和作用也都能完全符合典籍文獻中的記載，同時，《詩經》中的其他篇章也頗有以「鳥」作為祖考象徵的案例，可見這樣的觀念在當時是極為普遍的現象，流風所及，自然認為是理所當然的風俗習尚了。

三、新石器時代高壇的形制與作用

　　早在新石器時代，祭祀的習俗早已形成，其壇祀形制與內容雖不見於典冊文字，然而，出土文物中卻時時可見壇祀遺址，尤其是在歸納上古時期考

〔註24〕明·李時珍，《本草綱目》，《景印文淵閣四庫全書》，卷47，頁16，台北：商
　　　　務印書館，1986。
〔註25〕《本草綱目》，卷47，頁12、13。

古發掘的祭壇遺址特色後，則更可見新石器時代先民對祭祀一事的看重與講究，因此，即使是文獻中不見新石器時期的壇祀記載，然而，從十三經等重要的古典經籍中，仍可見前人民風之遺緒，尤其是「五禮」中——吉、凶、軍、賓、嘉，變動最少的禮俗即是吉禮（祭禮）和凶禮（喪禮），是以根據禮俗的記載，自然可以一窺前人之堂奧，今就上古時期壇祀習俗的共同特徵，略條理如下，並與文獻相互印證，以見先民壇祀習俗的流傳以及典籍文字之有所本，並進而印證「高壇立鳥」的真實性與淵源。

（一）高壇的地理特徵

祭壇是對神祇禮敬膜拜的場所，尤其是祭天，這是大祀，唯有天子才可以主持祭天儀式，並是祭祀中的最高規格，因此，祭天時祭壇的構築，便益見其重要性，並有其一定的形制與內涵。本節則是個人在走訪祭壇遺址之餘，透過觀察與觀測，所累積之經驗，並驗證出土田野報告（許多報告並無出版或記錄）以及典籍文獻之敘述，予以條理歸納而成。

再加上有關祭壇文字探討的匱乏，許多祭壇在挖掘後都予以回填，以致後之研究者頗有資料不足之嘆，不僅錯失許多研究的先機，也易於造成考古工作者錯誤的判斷，殊為可惜，個人並以為，對祭壇文獻的認知可以作為出土考古挖掘之依據，或是文物禮俗之判斷。今將祭壇相關資料略梳理如下，以便就教於方家，並作為出土挖掘時之參考：

1. 依山傍水，坐北朝南

關於祭壇的位置，據《尚書・虞書・舜典》「帝曰俞咨伯汝作秩宗」句下疏曰「郊謂祭天南郊，祭地北郊，廟謂祭先祖。即周禮所謂天神、人鬼、地祇之禮是也。」〔註 26〕說明古人在祭祀天地時，其祭祀方位也都各有定制，並是以王之都城為中心，呈南北向走勢。

《禮記・禮器》則稱「是故昔先王之制禮也，因其財物而致其義焉爾，故作大事必順天時，為朝夕必放於日月，為高必因丘陵，為下必因川澤，是故天時雨澤，君子達亹亹焉。」又稱「是故因天事天，因地事地，因名山升中于天，因吉土以饗帝于郊，升中于天而鳳凰降、龜龍假，饗帝于郊而風雨節、寒暑時，是故聖人南面而立，而天下大治。」〔註 27〕這樣詳盡的文字，

〔註26〕《尚書》，卷 3，頁 25。
〔註27〕《禮記》，卷 24，頁 6、7。

除了說明古帝王對順天時（因為敬天是以適時祭祀）一事的看重之外，更明確指出祭祀天地的「吉土」，必依於山川，且饗帝于郊，至於聖人則須南面而立，此為天地間「陽氣」所在之處，然後才能天下大治。

是以《禮記‧郊特牲》所謂「郊之祭也，迎長日之至也。大報天而主日也，兆於南郊，就陽位也。掃地而祭，於其質也，器用陶匏，以象天地之性也。於郊，故謂之郊，牲用騂尚赤也，用犢貴誠也。」〔註28〕正是此意。這樣「郊祭」的過程，和《禮記‧郊特牲》所稱「社祭土而主陰氣也，君南鄉於北墉，下荅陰之義也。日用甲，用日之始也，天子大社，必受霜露風雨，以達天地之氣也。」〔註29〕的作用也是相當，除了說明南北向的祭祀位置之外，也言明天子大祭必露天郊祀，且不以宮室遮蔽，其必受霜露風雨，則是為了要與天地之氣相通達。

因此，祭壇的位置多是依山傍水，風景秀麗之處，證諸良渚遺址群位於苕溪、天目山遺緒視野之開闊處；凌家灘遺址座落於裕溪河中段北岸的一條長帶形灘地上，與灘地相連的則是一條北高南低的山崗；至於紅山文化晚期的牛河梁遺址，則是分布在努魯兒虎山山谷間的三道黃土山梁上，而其活動範圍：北有西遼河流域，南到大凌河流域、渤海灣；從這些上古時期的祭壇遺址來看，其空間遼闊，氣象恢弘，也可見先民對祭壇位置之講究。

至於壇墠何以要有所依傍？其旨則可見於《儀禮‧聘禮》有言「為壇墠畫階，惟其北，無宮。」的記載，注曰「墠土象壇也，惟其北，宜有所鄉依也，無宮不壇土，畫外垣也。」〔註30〕則是更進一步明確肯定壇墠南北的走向，並構築內壇、外壇以為標誌，俾便使其形制「有所鄉依」。

這種強調「地理方位」以及「有所鄉依」的習俗和觀念，應和「風水」的作用有關（直至現今不仍如此？），然而，這個現象在筆者親自走訪了紅山文化、良渚文化、凌家灘文化以及三星堆文化等遺址之餘，對於當地的祭壇遺址也曾做過相當的測量，其方位也都相當吻合，只有少數祭壇遺址的中軸線略為偏斜，作東北—西南走向，都可見先民對祭壇遺址之用心。

2. 人工夯土，壇高三重

祭祀典禮中的最敬禮就是祭祀天地。這在文獻資料中也早有記載，並是

〔註28〕《禮記》，卷26，頁1、2。
〔註29〕《禮記》，卷25，頁20。
〔註30〕《儀禮》，卷19，頁11。

天子和聚落首領之職責，諸侯以下等官員不可隨意僭越，同時，就文獻所載「蒼璧禮天，黃琮禮地。」的文字敘述，以及出土考古中的文物觀察，也可知許多置放璧、琮的遺址，也都是規格相當高的墓葬或祭壇，尤其是祭祀遺址，大多有其特定的地貌形式，並自新石器時代以來，都以石塊壘築而成，而且，不論祭壇大小，並都有外壇、壇墠以及中央高起的祭壇，總計分為三層，其形式分明，規格頗有定制，直至明、清時期依然如是，即使是現存之北京天壇及圜丘（圖2-15），是祭祀建築中重要的代表，然而，作為明清帝王祭天的場所，其地貌規格也仍多依循古制；只是，大部分的發掘報告卻多將壇墠的石壘建築當作城牆遺址，或將祭壇上之墓葬視之為一般居民的墓葬群，則是忽略了祭壇的既有形式與作用，以及和王城建築間的依附關係，以至於在結論或判斷上自然有所偏差。

　　祭壇的地理位置及週遭環境都極為重要，然而，祭壇地理位置的選擇，其地貌卻未必都能盡如人意，因此，必要的人工建築則是理所當然。尤其是高土台的設置，或小山丘的選擇，都必須事先卜吉擇定，至於在地形上若未能完全配合，則是以人工夯土的方式堆築完成，以示禮敬，至於出土遺址中，由於江南地區的地勢較為平坦，因此，良渚文化的祭壇如：反山、瑤山、匯觀山遺址，據出土研究分析，其土塊甚至是從遠地刻意運送而至，再加以夯土壘實而成。

　　另外，《周禮・春官・都宗人》載都宗人一職「掌都宗祀之禮，凡都祭祀，致福于國。」然而，「若有寇戎之事，則保群神之壇。」疏則稱「釋曰：此經所云，據寇戎從外而入，故先保在郊之神位而言。是以鄭云：守山川丘陵墳衍之壇域也。按小宗伯云：兆山川丘陵於四郊，彼惟不言墳衍，墳衍之位，亦在四郊，皆須保之。言壇者謂於中為壇，四畔為墠，舉墠則壇見矣。」〔註31〕此段文字記述的雖是諸侯祭祀山川之禮，然而，值得注意地是：祖先墳衍亦在王城四郊，並也以壇為祀，且壇之四周也都有墠作為標誌，是以有築高台或人工夯土之舉，至於若國有寇戎，則須先保護壇墠，也都說明壇墠建築的重要性及其作為國家種族象徵的文化意涵。

〔註31〕《周禮》，卷27，頁20、21。

圖 2-15　北京天壇鳥瞰及圜丘

天壇是明清兩代皇帝祭天及祈豐年之處，天壇建築群是祭祀性建築中的代表作，始建於明永樂十八年，此地原為都城南郊，並由祭天的圜丘以及祈穀豐年的祈年殿分據南北兩端，是天壇建築群的主體。自《中國美術全集·建築》頁 1、3。

3. 王城近郊，祭於野土

　　天子肩負祭祀天地的重責大任，又貴為萬民之首，因此，對於祭祀場地的選擇，必須格外審慎地考量。除了祭壇的位置與形制必須符合壇祀文化的規格及習俗之外，即便是祭祀者在道路行進或儀節過程之中，其安全性與完整性，也不可有所差池，是以擇於「王城近郊」，也是祭壇位置的最佳首選。

　　《周禮》中載有「大馭」一職，即是專門掌理王出巡以及祭祀山行之事，疏所謂「祭天在近郊，雖無險難，審慎故也。」〔註32〕這樣的見解，的確是一語道破其中奧秘，因為，在祭天時不僅要場地空曠，以便與天地之氣相通達應和，同時，由於這是天子親自主持祭祀，更須顧及個人安全及國家整體利益著想，是以「若天子祭天之時，則通夜而行。」這樣的文字記載，早於《周禮·司寤氏》「禦晨行者，禁宵行者、夜遊者。」〔註33〕句下疏中即已明確闡述，而這種天子夜行出郊以告天的行為模式，除了大隊人馬不干擾老

〔註32〕《周禮》，卷 32，頁 15。
〔註33〕《周禮》，卷 36，頁 22、23。

百姓的生活之外，也的確有其安全上的考量與必要。

至於「郊」之所在，《尚書‧周書‧召誥》言及成王欲宅洛邑，「甲寅位成」句下疏則曾言明「郊」之位置，並稱「郊者，司馬法，百里為郊；鄭注：周禮云近郊五十里，禮記祭天于南郊，祭地于北郊，皆謂近郊也。其廟，案小宗伯云：建國之神位，右社稷，左宗廟。」〔註34〕也都具體且詳實地記錄了郊祭的位置，以及社稷、宗廟與王城距離遠近之關係。

因此，依文獻所載，祭祀天地的場所多在王城近郊百里的「野土」，俾便天子在空曠且不受干擾的空間與天地溝通，這樣的文字記述也都可以和出土壇埠遺址相互比附，並成為典籍文獻的重要依據與印證。因此，部份研究者如：良渚遺址、三星堆遺址的考古挖掘人員，以為祭祀遺址即是邦國或聚落中心的位置所在，甚至因為對壇祀位置的認識不足，進而否定祭祀遺址存在的合理性，則都是因為忽略了祭壇位置應是設於王城近畿郊野，而不是在王城內部權力政治的中心或民眾居住聚集所在地的緣故。

前言，《禮記‧郊特牲》所謂「萬物本乎天，人本乎祖，此所以配上帝也，郊之祭也，大報本反始也。」此段經文原本是在於論述以祖配天之精義，然而，郊祭於天，則不僅是為報謝於天，並更兼具反其初始以謝祖的重要意義，於是，「郊祭」的重要性與必要性，便不可任意曲解並恣肆輕忽了。

（二）高壇的意義與作用

《周禮‧天官‧大宰》有言「作大事，則戒于百官，贊王命。」其句下注「春秋傳曰：國之大事，在祀與戎。」〔註35〕類似的文字與觀念，也可見於《左氏‧隱‧五》以及《國語‧周語上》的記載，同時，典籍史料中對於壇祀的文字記載都極為細密詳盡，都可見先民對祭祀一事之慎重，並視為國之大事。

典籍中關於祭祀的文字不在少數，例如：依祭祀的規模來分類，即有大祀、次祀、小祀等。《周禮‧肆師》所謂「肆師之職掌立國祀之禮，以佐大宗伯。立大祀用玉帛牲牷，立次祀用牲幣，立小祀用牲，以歲時序其祭祀及其祈珥。」〔註36〕則是明確說明祭祀等級的不同，是以歲時次第，供品也大不相同。這樣的制度，除了可以確認祭祀的等級之外，也可與祭祀中隨葬坑、

〔註34〕《尚書》，卷15，頁2、3。
〔註35〕《周禮》，卷2，頁23。
〔註36〕《周禮》，卷19，頁12。

牲畜坑的內容相互印證。

　　至於祭祀中的大祭，據前言《禮記・郊特牲》所稱「郊之祭也，迎長日之至也。大報天而主日也，兆於南郊，就陽位也。掃地而祭，於其質也，器用陶匏，以象天地之性也。於郊，故謂之郊牲，用騂尚赤也，用犢貴誠也。」正義曰「天之諸神莫大於日，祭諸神之時，日居諸神之首，故云日為尊也。凡祭日月之禮，崔氏云一歲有四：迎氣之時，祭日於東，祭月於西，故小宗伯云：兆五帝於四郊，四望四類亦如之，是其一也；春分朝日，秋分夕月，是其二也；此等二祭，日之與月各祭於一處，日之與月皆為壇而祭，所謂王宮祭日，夜明祭月，皆為燔柴也。夏正郊天之時，而主日配以月，祭義云：大報天而主日，配以月，是其三也；孟冬大蜡之時，又祭日月，故月令孟冬，祈來年于天宗，是其四也；此二祭並祭日月共在一處，則祭日於壇，祭月於坎，壇則實柴，坎則瘞埋也，其牲皆用犢。」〔註37〕這樣詳盡的文字，說明祭祀日、月的次數一年總計有四。

　　然而，隨著祭祀時令的不同，祭日與月或各自為壇燔柴而祭，或共在一處，同時，祭日於壇實柴，祭月於坎瘞埋，這樣的文字記載，和出土考古中的發掘也極為吻合，以圓形的「壇」是為祭日（天）所設，而方形的「坎」則是為祭月（地）而瘞埋，至於純淨的「灰坑」則是祭日時焚香茅所餘，掩埋時仍須潔淨，以示對天地神祇的尊崇。因此，不同的壇、坎、坑，其形制和作用各異，並能充分解釋祭祀天地、日月的異同，證諸祭壇遺址，牛河梁如是、反山、瑤山、福泉山也莫不如是。

　　至於類似的文字，典籍記載頗富，如：「燔柴於泰壇，祭天也。瘞埋於泰折，祭地也，用騂犢。」注曰「壇折，封土為祭處也。壇之言坦也，坦，明貌；折，炤晢也，必為炤明之名，尊神也。」疏曰「燔柴於泰壇者，謂積薪於壇上，而取玉及牲置柴上燔之，使氣達於天也。」另外，又有「埋少牢於泰昭，祭時也；相近於坎壇，祭寒暑也；王宮，祭日也；夜明，祭月也；幽宗，祭星也；雩宗，祭水旱也；四坎壇，祭四方也；山林川谷丘陵，能出雲為風雨見怪物皆曰神，有天下者祭百神，諸侯在其地則祭之，亡其地則不祭。」都明確記述祭祀的規格、意義與作用。

　　　　尤其是「取玉及牲置柴上燔之，使氣達於天也。」這樣的紀錄，
　　　說明古人在祭天之時，有以玉和犧牲共同置放於柴上燔燒的習俗，

這樣的習俗正可以解釋凌家灘文化以及良渚文化中，部分玉器出土時，因為經過大火焚燒，結構遭受破壞，質地也產生變化，是以在出土後不是易於粉碎斷裂，便是浸泡在水中後成為粉末以至於溶解，這都是因為玉器焚燒後質變所造成的結果。古人祭天是以燎祭（火祭）的形式完成，甲骨文字中仍保有「燎」之祭名，即是前人習俗流傳於後世的最佳明證。

　　至於郊祭所用的「特牲」，其內容也各有定制，不可隨意逾越。例如：《尚書·周書·召誥》言及成王在豐，欲宅洛邑，於乙卯三日用牲告立郊位於天。經云「越三日丁巳，用牲于郊，牛二。」〔註38〕另外，《詩·周頌·清廟之什·我將》「我將我享，維羊維牛，維天其右之。」句下疏也稱「禮稱郊用特牲。祭法云：燔柴於泰壇，祭天用騂犢，則明堂祭天亦當用特牛矣。而得有羊者，祭天以物莫稱焉，貴誠用犢。」又稱「夏官羊人云：釁積共羊牲注云：積，積柴以祭天，有羊牲者，彼釁在積上，明所云積柴非祭天，當謂槱燎祀司中、司命之等有羊也。」〔註39〕都可知祭天之禮當用特牛，且以毛色純紅的小牛為最禮敬；至於其他和祭天有關的次祀，如：祭祀日月風雨等，則是以羊為犧牲，以示區別，這樣的文字記載，也和祭壇附近的牲畜坑中有許多牛、羊骨的出土可以互相印證，甚或因此而可辨明祭祀的等級和作用。

四、尸祭的祖考寓涵

　　渚上鳧鷖具有「公尸祖考」的寓意象徵，可詳見於《詩經》等典籍文字。然而，若欲探討玉器上「高壇立鳥」的公尸象徵，則仍須先明瞭古人「尸祭之禮」以及「壇祀」之俗，始可見其真章，尤其是經籍文字和史料典籍，多是前人禮俗與生活經驗的累積和紀錄，頗具參考價值。至於本節，則是先行探討「尸祭」的寓意、作用及其源由，俾便解析與出土文物間的相關問題。

（一）尸祭的意義與作用

　　所謂「尸」，《說文解字》稱「尸，陳也，象臥之形，凡尸之屬皆從尸。」〔註40〕而《說文通訓定聲》則稱「尸，神像也，象臥之形。案：憑几曰臥。」其本意只是象臥之形，至於人死長臥不起也稱尸，這是因為古人有「立尸」

〔註38〕《尚書》，卷15，頁3。
〔註39〕《詩經》，卷19之2，頁4。
〔註40〕《說文解字注》，八篇上，頁70。

之禮藉以祠祀祖先，是以祭祀之尸，以人為之，並所以別昭穆之序。以至於後世从尸之字，多言人事，如：居，蹲也；屋，居也；展，轉也；屏，蔽也。及至戰國以降，由於周天子權力式微，禮俗墮壞，以致「立尸」之舉廢弛，「尸」之本意也日漸衰頹，其引申意遂益見通行。

至於「立尸」的源起，《禮記・檀弓下》有言「虞而立尸，有几筵，卒哭而諱。生事畢而鬼事始已。既卒哭，宰夫執木鐸以命于宮曰舍，故而諱新。自寢門至于庫門。」正義曰「此一節論葬後當以鬼神事之禮，未葬，由生事之，故未有尸，既葬，親形已藏，故立尸以係孝子之心也。前所云既窆而祝宿虞尸是也。」〔註41〕則是詳盡地說明「立尸」的意義與目的，並為使孝子心有所繫，進而凝聚祖考之氣，是以「立尸」。

《公羊・宣・八》「繹者何，祭之明日也」句下注則稱「祭必有尸者，節神也。禮：天子以卿為尸，諸侯以大夫為尸，卿大夫以下以孫為尸。夏立尸，殷坐尸，周旅酬六尸。」〔註42〕則是更進一步說明「立尸」的意義與形式，且其習俗自夏朝以來便已形成制度，並尊卑有序，蘊含良善，是以能夠傳世久遠。

同時，先民以生人為「尸」的習俗，也寓涵深刻的思想與軌範，《禮記・曲禮上》所謂「禮曰：君子抱孫不抱子，此言孫可以為王父尸，子不可以為父尸。」注曰「以孫與祖昭穆同」，疏則曰「正義曰：此一節論立尸用人相尊敬之法，各依文解之。抱孫不抱子者，此以明昭穆之例。凡稱禮曰者皆舊禮語焉。」是以「此直言禮曰不言曲者，從略可知也。抱孫不抱子者，謂祭祀之禮必須尸，尸必以孫。今子孫行並皆幼弱，則必抱孫為尸，不得抱子為尸。」至若「無孫，則取於同姓可也。」〔註43〕這種抱孫不抱子的習俗，並藉「立尸」以明昭穆之意，正是先民所以別父子遠近、長幼親疏之序的禮制；至於若無孫，以同姓代之，則是權變之意，這樣的禮俗擘畫頗為周詳而又完善，並見其尊卑有序的思想與制度。

當然，這樣的禮俗和制度，純樸良善，行之有年，並可明確見於青銅銘文中有關「柝子孫」的圖例，據《書道全集1・甲骨文與金文的書體》一文所載「殷代金文有圖畫文字，也有符號文字，是兩者並存的。這種圖畫文字

〔註41〕《禮記》，卷10，頁15。

〔註42〕漢・何休注，唐・徐彥疏，十三經注疏《公羊傳》，卷15，頁17，台北：藝文印書館，1993。

〔註43〕《禮記》，卷3，頁2。

裏，例如枑子孫形父乙鼎的枑子孫（圖 2-16），前為祭壇，上有作為神替身的抱兒童形，可能是殷代大部族多子族氏族的標識。和祭亡父名父乙結合而成的一個銘文。殷代金文中大多數圖形文字，都是這類氏族的標識。多子孫的枑子孫形，是表示這一族祭祀殷朝祖先時，代替祖先承受祭肉的『尸』。」〔註44〕這樣的解說已提出「尸祭」的意義與作用，只是，「尸祭」的對象應是指祭祀祖先而非專指亡父，且所謂的「枑子孫」（文中或作「析子孫」）一詞不知語出何故，則是可以修正之處；至於類似的圖例，也同樣可見鑄刻於「婦□卣」（圖 2-17）、「小子魯卣」等殷商青銅器物。

圖 2-16　枑子孫形父乙鼎拓本　圖 2-17　西周初期，「婦□卣」拓本

自《書道全集・1》頁 16。　　　自《書道全集・1》圖版 41。

同時，前言梟鷟有「公尸祖考」的寓意象徵，是以藉「梟鷟」形象置於器物或鑄刻於銘文中的圖例，在青銅器物中也頗有可見，如：「禽形飾魚獸帶龜文盤」（圖 2-18）及「作冊大鼎」（圖 2-19）等，另外，與祭祀相關的圖例，在銘文中除了表現「立尸」的圖像之外，又有如「坐尸」形象的圖例，這許多明確的鑄刻與記述，不僅完全符合文獻所載祭祀的習俗與制度，也可見殷人對「尸祭」一事之慎重，這樣的習俗，證諸紅山文化、凌家灘文化（圖 2-20，圖 2-21）以及良渚文化早就有玉人的出土，都可見「尸祭」文化的流傳。

〔註44〕《書道全集1殷・周・秦》，頁16，台北：大陸書店，1975。

圖 2-18　殷代，禽形飾魚獸帶龜文盤，芝加哥，布倫達治收藏

此器於口沿處，飾有六隻禽鳥，內有動物紋大龜仰瞰形居中，邊為禽鳥、
虺龍等回文。自《書道全集・1》圖版 21。

圖 2-19　西周初期，「作冊大鼎」拓本，華盛頓費里亞博物館

此器記召公奭鑄祀武王成王之祭器，為康王時代作無疑。最後之鳥紋亦見
於令廄。自《書道全集・1》圖版 47。

圖 2-20　新石器時代，凌家灘文化，玉人正反面（98M29：14）

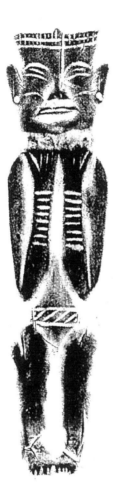

高 8.1、肩寬 2.3、厚 0.5cm，1985 年安徽含山出土。自《凌家灘玉器》頁
48、49。

圖 2-21　新石器時代，凌家灘文化，玉人（87M1：1）

高 9.6、肩寬 2.3、厚 0.8cm，1985 年安徽含山出土。自《凌家灘玉器》頁 52。

（二）尸祭的典儀

設「尸」之舉，是古人宗廟、祭祀中必備的儀節之一。之所以有「尸」，其意義與作用即是以真人扮作祖先神像，並作為祖考神祇的替代，告主人以嘏辭；至於「祝」則是傳達主人與神祇間的辭令而已！二者的地位與身分都極為崇高，尤其是「尸」，更在祭祀的儀式中扮演著極為特殊且重要的角色，因此，為人臣者即使是在路途中見到國君之尸，也必然下車以示禮敬。《禮記‧曲禮》所謂「為君尸者，大夫、士見之則下之，君知所以為尸者，則自下之。尸必式，乘必以几，齊者不樂不弔。」〔註45〕這樣虔敬的態度，都可

────────────

〔註45〕《禮記》，卷 3，頁 2。

見世人對「尸」之尊崇，是以上自君王、下至臣民，見之無不肅穆致意，以
示禮敬。

　　至於尸祭之道，其法則嚴明並有定制，不可隨意逾越。《詩‧大雅‧既醉》
「令終有俶，公尸嘉告。」句下疏曰「祭統云：夫祭之道，孫為王父尸，所
使為尸者，於祭者子行也，父北面而事之。彼說天子諸侯之法則，天子諸侯
宗廟之，祭其尸，用同姓也，於同姓之中用其適者。故祭統注云：必取同姓
之適知者。士虞記云：男、男尸，女、女尸，必使異姓，不使賤者。注云：
異姓，婦也。尸配尊者必使適也，雖虞時男女別尸，既祔，則夫婦其尸，唯
此為異，其用適則同也。曲禮曰：為人子者不為尸。注云：然則尸必卜筮無
父者，然則尸又用適，而無父者也非其宗廟之祭，則其尸不必同姓。」〔註46〕
則可見「尸祭」有其特定之規格與身份要求，因此，在立尸之前必須先卜筮
其適者，以求慎重並符合尸祭之道。

　　尤其是「男、男尸，女、女尸，必使異姓，不使賤者。注云：異姓，婦
也。」這種以「異姓」即婦女為尸的觀念，不僅可以完全解釋紅山文化祖廟
中「女神像」何以是女性的疑惑，並可以再次印證女神像做為公尸祖考文化
象徵的內涵無誤。

　　至於儀式進行中，《禮記‧郊特牲》則載「古者，尸無事則立，有事而后
坐也。尸，神象也；祝，將命也。」疏曰「古，夏時也，夏立尸唯有飲食之
事時乃坐，若無事則倚立也，由世質故耳。」〔註47〕另外，《禮記‧曾子問》
也載曾子問曰「祭，如之何則不行旅酬之事矣！」其句下疏曰「虞是既葬之
後，形體已去，鬼神事之，故立尸以象神也。又，按特牲云：祝延尸於奧，
尸即席坐，主人拜妥尸，尸荅拜，尸左執觶，右取菹擩于醢，祭于豆，間佐
食取黍稷，肺祭授尸，尸祭之，祭酒啐酒，祭鉶乃食九飯，主人洗角升酌酳
尸，尸卒爵，祝酢授尸，尸以酢主人，主人卒爵，筵祝南面，主人酌獻祝，
祝受卒爵，主人酌獻佐食，佐食受卒爵，此是主人之獻也。特牲又云：主婦
洗爵獻尸，尸卒爵，尸酢主婦，主婦卒爵，主婦酌獻祝，祝卒爵，酌獻佐食，
佐食卒爵，此是主婦之獻也。賓三獻，獻于尸，尸三爵止。注云：尸止爵者，
三獻禮成，欲神惠之，均於室中。」〔註48〕則是具體且詳實地記述「尸祭」
的儀式及過程，並在主人、主婦、賓客恭敬的三獻禮，表達祭祀者的虔敬心

〔註46〕《詩經》，卷17～2，頁11、12。
〔註47〕《禮記》，卷26，頁23～30。
〔註48〕《禮記》，卷18，頁11、12。

意後，始成。

這樣的禮俗和儀式，尤其是三獻禮，在現今許多重要的祭祀典儀中也仍然可見，這是真正的古禮，直至南宋的《朱子家禮》也依然遵循，只是，自清季以降，三獻禮便再也不見主婦的參與，這的確是有違古禮並令人深思之處。

（三）尸祝與鴞鸞的祖考象徵和內涵

祭祀時，與天地、祖考的交流，或祈求神祇降福，都必須有專人職司其責，以便完成祭祀的儀式和祝禱，而這位與人、神、鬼溝通的中介者，早已著錄於文字典籍，那就是甲骨文中的「貞人」、經籍中的「尸祝」和「巫覡」。

至於尸祭之道，前言「夫祭之道，孫為王父尸，所使為尸者於祭者子行也，父北面而事之。彼說天子諸侯之法，則天子諸侯宗之祭其尸，用同姓也，於同姓之中用其適者。故祭統注云：必取同姓之適知者。」

另外，《禮記·曲禮》也進一步指出「禮曰：君子抱孫不抱子，此言孫可以為王父尸，子不可以為父尸。」注曰「以孫與祖昭穆同」，疏則曰「抱孫不抱子者，此以明昭穆之例。凡稱禮曰者皆舊禮語焉。」是以「此直言禮曰不言曲者，從略可知也。抱孫不抱子者，謂祭祀之禮必須尸，尸必以孫。今子孫行並皆幼弱，則必抱孫為尸，不得抱子為尸。」至若「無孫，則取於同姓可也。」〔註49〕這種抱孫不抱子的習俗，藉以明昭穆之例，並所以別父子遠近，長幼親疏之序的禮制，除了明載於典籍文獻之外，並可見於前言青銅銘文中「𣓀子孫」的圖例，以及現代學者的研究論述。

葛英會〈說祭祀立尸卜辭〉〔註50〕一文中即指出「卜辭之尸是商王宗廟祭祀所立之尸，實為生人而非死屍，是以活著的人充作亡故先人的神像。〈禮器〉云：『夏立尸而卒祭，殷坐尸。』又云：『周坐尸。』鄭注云：『夏禮，尸有事坐，殷無事猶坐，周因于殷。郊特牲曰：古者尸無事則立，有事而後坐也。』」這裡的「事」，義為受祭。鄭注所言，夏代宗廟祭禮，尸受祭時坐，不受祭時立。殷周兩代宗廟祭禮，尸受祭與不受祭時皆坐。此所謂坐，不是席地坐，而是居處之坐。」因此，作者認為「〈禮器〉所謂『坐尸』，是尸坐于几。卜辭之尸字，我以為即坐勢之人形。」

這樣的觀點也可見於《禮記·郊特牲》所謂「古者，尸無事則立，有事而后坐也。尸，神象也；祝，將命也。」疏曰「古者，尸無事則立，有事而

〔註49〕《禮記》，疏卷3，頁2。
〔註50〕葛英會，〈說祭祀立尸卜辭〉，《殷都學刊》，2000年第1期，頁4～8。

后坐也者。古，夏時也，夏立尸唯有飲食之事時乃坐，若無事則倚立也，由世質故耳。」〔註51〕

　　至於葛文中又提出卜辭中有「筮尸」和「卜牲」的內容，「即通過卜筮來確定立尸人選及祭祀用牲的方式及犧牲種類的。以上兩項大體相當周禮『筮尸』與『卜牲』兩個儀節。」不僅完全符合典籍文獻所載，並都說明古人祭祀先祖態度的慎重與虔敬；至於卜辭中又設有男女共尸的祭祀，則是與周代的禮制有所不同處。這樣的觀點的確頗有闡發與見地，個人以為並可因此完全解決紅山文化、凌家灘文化、良渚文化等玉人的形貌與作用等問題，因為，這些質地美好且雕工精細的玉人，下肢或屈或直立，上肢則雙手屈肱置於胸前，有虔敬肅穆之意，且無論是「坐尸」與「立尸」之姿，應都是尸的身分與作用。

　　類似的現象也可見於台灣原住民排灣族的祖先木雕與石雕（圖 2-22、圖 2-23）〔註52〕，同樣的腿部和手部姿勢，莊嚴肅穆，而雕刻品則置放於家屋或會所建築中重要的位置，並都是「祖靈」的符號象徵，其目的則是祈求祖先庇祐族人，這樣的形象和作用完全與「尸」的意義相符，因此，這種純樸的民風與習俗，不應視為巧合。至於台灣原住民文化受中國東南沿岸文化的影響甚深，後文仍將述及，此處不予贅言。

　　另外，《儀禮‧士虞禮》也載有詳實明確的「尸、祝」禮儀。並稱「男，男尸；女，女尸。必使異姓，不使賤者。無尸，則禮及薦饌皆如初。」注曰「異姓，婦也；賤者謂庶孫之妾也。尸配尊者必使適也。」至於仍有無尸之祭，則是「無孫列可使者也，殤亦是也。」〔註53〕同時，這樣完整的「尸祭」禮節以及特牲、饋食之事，生者唯有畢恭畢敬並卒哭，始能稱之為「孝」。石渠論云「周公祭天用太公為尸，是用異姓也。白虎通又云：周公祭太山用召公為尸，蓋天地山川得用公也。」〔註54〕

　　因此，雖然「公羊說：祭天無尸。左氏說：晉祀夏郊以董伯為尸，虞夏傳云舜入唐郊，以丹朱為尸，是祭天有尸也。許慎引魯郊祀曰：祝延帝尸，從左氏之說也。」〔註55〕則是可知古帝王祭天也有立尸之舉，而這種以「尸」

〔註51〕《禮記》，疏卷 26，頁 23～29。
〔註52〕陳奇祿，《臺灣排灣群諸族木雕標本圖錄》，台北：南天書局，1961。
〔註53〕《儀禮》，疏卷 43，頁 2。
〔註54〕《詩經》，疏卷 17 之 2，頁 12。
〔註55〕《禮記》，疏卷 3，頁 3。

為祖考文化象徵的儀式，並都是「祖考以配天」思想觀念的延伸。

圖 2-22　太麻里村頭目 Mabariu　　圖 2-23　木雕祖先像，古樓村
　　　　　家屋祖先立柱雕刻　　　　　　　　　　Tsiagaran 家主柱圓雕

 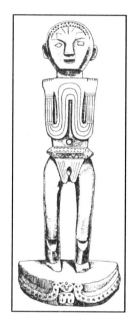

祖先雕像有保護族人的作用。　　　　　本標本放置在石板柱前，現藏
自《臺灣排灣群諸族木雕標本　　　　　天理參考館。自《臺灣排灣群
圖錄》圖版 XXVI。　　　　　　　　　諸族木雕標本圖錄》頁 156。

　　《禮記・曲禮上》言及「尸」之意，其「齊者不樂不弔」句下疏說得好「天子祭天地、社稷、山川、四方、百物及七祀之屬，皆有尸也，故鳧鷖並云公尸，推此而言。」〔註 56〕則更是傳神而又巧妙地指出鳧鷖與公尸間的緊密關係，以及二者不可分隔的內涵寓意了。

五、鳩杖首的再辯證

　　關於「鳩杖」與「鳩杖首」的文字論述，研究者的篇目略為有限，雖然其文字與觀點各有所見，然仍是頗有乖合之處，且其論述多是以商志談《中國文物報》〈鳩杖新考〉〔註 57〕一文為據，再略作闡述；至於本文，也仍以商

〔註 56〕《禮記》，疏卷 3，頁 2。
〔註 57〕商志醰，〈鳩杖新考〉，《中國文物報》，1991 年 2 月 10 日。

文為本，並將鳧鷖形象與鳩杖之意略為梳理，以明其流變，得其大要。

商文中，言及鳩杖的源流，即曾明確指出「古代的杖首何以置鳩，自東漢以來就充滿著神秘的色彩，王充提出了『著鳩于杖末，不著爵，何杖？』的疑問，雖然有人如應劭《風俗通義》、范曄《後漢書》及劉昭注等都試圖揭開他的秘密，有的還將劉邦與項羽交戰、鳩鳥救沛公的民間傳奇故事加以渲染，然而都不能給人以滿意的答覆，清朱駿聲《說文通訓定聲》指出：『望文生義，未有所據』。」

同時，文中並稱「今以文獻、簡牘互校，說明典籍所記『玉杖』應為『王杖』之誤。我們還以考古資料為證。在考古發現中，不僅在背山頂墓發現鳩杖，與此墓遙遙相望的早年被盜的青龍山墓中，在劫後餘存的器物裏，也發現一件殘破的銅杖鐏，說明青龍山墓亦有鳩杖，其時代為春秋中晚期。與之時代相近的還有原浙江紹興縣的銅杖鐏。這是目前所知在江浙一帶，同時也是全國地區所發現最早的鳩杖。」

另外，出土文物中的鳥形杖首，據商文所載，則有：江蘇丹徒縣背山頂墓出土春秋晚期吳國木杖一副（圖 2-24），杖首、杖鐏皆為銅質；滿城一號漢墓出土一件銅質杖首；雲南晉寧石寨山墓出土一件木制杖首；武威磨嘴子漢墓、旱灘坡漢墓；廣西樂平銀山嶺漢墓等。而銅質杖首的傳世品可見於錢坫《十六長樂堂古器款識考錄》、羅振玉《古器物小錄》等著錄。

至於其結語，商文則稱「根據上述論述，我們認為鳩杖的使用始于吳越之地。其後，楚滅越，佔據江南，形成以楚為中心的文化圈。劉邦入主關內，不僅將楚文化帶入中原，也將這種鳩杖制度帶到黃土高原。」只是，這樣的論點令人疑惑地是，若「鳩杖」的使用果真是在吳越、荊楚之地盛行，其習俗並直可延續至西漢而成為制度，這樣長久而又廣泛的流佈，然而，墓葬中鳩杖及鳩杖首的出土何以又如此有限？是人們對此習俗毫不重視？抑或是後人的論述有所偏差？以致這樣的結語仍有其未盡之意並可多加斟酌。

鳩杖的意義與作用究竟為何？根據電腦資料檢索，「鳩杖」一詞在二十五史全文中凡十七見，其內容自《魏書》以迄《清史稿》，其作用則多為功臣長者告老還鄉時，皇帝、皇太后御賜之物，其意義並多是酬庸性質的實用器。同時，根據出土所見，墓葬中無論死者年壽，即使是年長者，也少見「木杖」、「梬杖」與「玉杖」等支拄物陪葬，若果真如《漢書》所稱以「王賜玉杖」陪葬屬實的話，則墓中出土的玉杖或鳩杖就應有許多前例為是，只是，事實

卻與出土完全相反，因此，墓葬中所出土之「鳩杖」或「鳩杖首」，且無論其材質為何，都不應視之為實用器物，而是屬於象徵性質的祭祀用器。

圖 2-24　春秋晚期吳國，鳥形木杖首

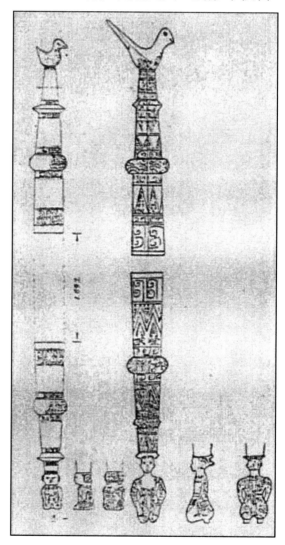

江蘇丹徒縣背山頂墓出土。自《中國文物報》1991 年 2 月 10 日。

事實上，出土文物中的鳩鳥（鳩杖首），除了前言商文所載之外，又可見於西安市文物保護考古研究所庫房所收藏的兩件鳩鳥，這兩件文物均是西漢時期出土，一件玉質、一件錯金，質地俱佳，而其形貌則有如梟鷙，呈平視棲止狀，底部並平坦無爪，製作極為精美，這樣的形象，與背山頂墓銅鐓上

莊重凝斂的鳥紋形制可以說完全不謀而合；同時，值得注意地是，江蘇丹徒背山頂墓出土的銅鐏，其杖末飾有紋身跪坐的人像，這樣的紋飾與形制，無論是就其意義與作用而言，鳩杖的內涵都應與祭祀有關，至於其形制有如「鳩鳥」，也與良渚文化中「高壇立鳥」的形貌極為類似，因此，銅鐏上的鳥紋形制，其目的應是「鳧鷖」的寓意與象徵，置於全長 229.4cm 的木杖首端，也更見其崇高的地位與作用，這樣的「鳩杖」，顯而易見地，並不是作為實用器或木杖之用，而是精神的支柱與目標，作為「公尸祖考」的內涵與作用，不僅可以完全符合「鳧鷖」的形貌和象徵，並因此更見其出處與源流，以及完全承續自新石器時代以降，並至商、周時期的祭祀習俗，這樣的習俗，自戰國時期禮壞樂崩後，終致潰散難全，是以西漢初期雖仍可略見一二，卻因後人所知有限，認識不足，以致日漸式微。

　　至於現藏於咸陽博物館，傳為西漢元帝渭陵附近所發現的「玉鷹」，其形如飛，底部並飾有勾爪，和西安市文物保護考古研究所庫房所收藏兩件底部平坦的鳩鳥，年代雖然接近，形制、神態卻大不相同，尤其是寫實而生動的神態，是為圓雕造型，與玉熊等均為肖生玉之屬，和崇奉於祭祀儀式上的象徵物，強調肅穆靜止的莊嚴氣氛，大不相同，是以不應視為鳩杖首的意義與作用。

　　前言，《詩經》中有各式的「鳥」以作為先人祖考的象徵，而「鳩」即是其中之一。〈小雅・小宛〉第一章即稱「宛彼鳴鳩，翰飛戾天。我心憂傷，念昔先人。明發不寐，有懷二人。」〔註58〕這是以「鳴鳩戾天」來比擬怨天、詛天的思想，並以飛鳥戾天的形式表達對祖先的思念或懷想之情，類似的意義與作用也可自《詩經》中的其他篇章見其端倪；另外，〈小雅・菀柳〉第三章有所謂「有鳥高飛，亦傅于天。彼人之心，于何其臻？曷予靖之，居以凶矜？」〔註59〕的詩句，也是藉鳥之高飛可以極至於天，以便傳達人心之怨怒，這和《禮記・郊特牲》所謂「萬物本乎天，人本乎祖，此所以配上帝也。」的觀念也完全符合，以人心之怨怒除了要愬天之外，也必須要先告祖，並不可任意造次，商周時期青銅器上之銘文，也正是遵照這樣的體例而完成，因此，藉「鳥」（祖考之化身）高飛之形象將個人的祈求與祝禱傳達於天，其中所蘊含的便是先民敬天法祖之思想與習俗。

　　戰國以降，禮壞樂崩，風俗隳墮，制度傾頹，人們對禮俗的認知也不再

〔註58〕《詩經》，疏卷12之3，頁1。
〔註59〕《詩經》，疏卷15之1，頁16。

如此嚴謹，而鳧鷖一詞的名稱歷經更迭，以及經籍文字在焚書坑儒的摧殘下，也更加劇人們對「鳥文化」祖考象徵內涵的理解，即使偶一見之，卻也不甚了了！雖然，生活中的習俗、風尚在代代相傳中仍時有保留，然而，後人對「鳥文化」的認知，卻終究如江河日下，難以溯其源頭。

西漢早期的鳩杖首便是在這個過渡時期禮俗遺風下的產物，至於其後則少見，這樣的脈絡發展也和歷史文化的存續有著緊密的關聯，並從此宣示「鳧鷖」與「公尸」關係的終止，因為，即使唐、宋以來仍有以「鳧鷖」作為詩詞文獻中祖考的象徵，然而，其文字則多是歌頌祖考，延續前賢的典故而已，至於祠祀祖考的文物則在「神主」、「木主」興起後，便再也不易看到以「鳧鷖」或「鳥文化」做為祖考文化象徵內涵的鮮明器物了！

六、結　論

生命的延續，以及先民對血緣或生命發源的祖先所寄予的崇敬之意，是種族命脈形成及發展的重要關鍵，這是世界各民族所共有的必然現象，也是人們祈求祖先能夠庇蔭並福佑子孫的重要信念。因此，人們對「祖考」或「先人」的崇拜與祭祀，便成為生活中不可或缺的生命儀式，其象徵的意義與寓涵思想的重要性更是不可言喻。

至於「公尸」的形象則更寄寓了對不可知或不可見的「祖先」莫大的禮敬之意。同時，「鳧鷖」形象的借喻，也早在《詩經》中即已是「祖考」的象徵，並寓意太平守成之旨，這樣美好的期待與憧憬，其淵源久遠流長，並可遠溯自新石器時代的河姆渡文化、良渚文化與大汶口文化。

太古時期的禮俗與制度乏人研究整理，而鳧鷖「公尸祖考」的內涵與象徵，則是先民生活經驗習俗的具體例證，作為禮俗與制度的傳承，的確有其不可忽視的重要性與文化特質，當然，在太古時期文字仍不明確的年代，考古出土的文物便成為學術研究的一手資料，如何還其原貌並作正確的詮釋與解讀，則需更多的研究，以及更豐富的出土考古發掘，才能畢竟全功，這需要各個領域學者的勠力合作，和更寬廣的研究視野，才能終有所成。

希望這篇文字也的完成，能激發出拋磚引玉的效果，並期待更多的研究者投入，讓生命的源頭、文化的濫觴，得到更多的重視與迴響。

（原文載「第五屆中國玉文化玉學江陰研討會」，中國玉器研究委員會、南京博物院、江陰市文化局，2005.9）

三、陶匏祭天的鳥紋符號探析——
兼論良渚文化與大汶口文化的交流

【內容提要】

　　陶匏是祭天的禮器，這樣的文字屢見於文獻典籍；至於在新石器時代出土考古的遺址中，如：紅山文化、良渚文化、大汶口文化等，也時有如「缸」或「尊」這樣的陶製品出土，其上並有許多彩繪或刻畫紋飾，這樣的紋飾都與祭祀有關，尤其是鳧鷺鳥紋，這是「公尸祖考」的符號象徵，更經常出現在良渚文化、大汶口文化遺址的文物上，個人以為這兩處文化遺址不僅有地緣鄰近的關係，更有歷史、文化上接續的因果效應，是以在生活習俗、器用紋飾的表現上都極為接近。因此，本文藉著鳧鷺鳥蚊的比對，除了說明良渚文化的去向，更因此探討良渚文化與大汶口文化間的交流，期望對新石器時代晚期的文化現象能有更多的認知與剖析。

　　關鍵詞：良渚文化、大汶口文化、陶匏、鳧鷺、祖考

一、前　言

　　據出土考古發掘，上古時期在不同的材質及器形上，常有鳥紋符號的刻畫及塑造，這樣的習俗流傳，直至商、周時期的器物上也仍然可見，同時，這些器物就其出土的位置、意義與作用而言，大都與「祭祀」或「信仰」有關，並應與「祖考」的寓意有相當程度的關聯。尤其是在這些出土的器物中，最令人注目的是新石器時代所出土的陶器，因為，在典籍文獻中，即曾載及「器用陶匏」以祭天的習俗，這是本文所欲探討的重心，也是古代祭祀禮俗形成不可或缺的重要關鍵。

　　在新石器時代晚期，尤其是位處於長江下游的杭州灣地區，良渚文化的崛起是當時文化發展的重心之一，再加上其地理位置近海，因此，海上對外的交流十分頻繁。個人在〈從良渚文化談海上絲路的發展〉〔註１〕一文中，即曾提及良渚文化南向的推進，對海上絲路的交流有決定性的影響；至於良渚文化北向經由陸路的行進，則因地理形勢的阻隔而呈現文化分歧的現象，這一部份較為複雜，仍須更多的考古資料來印證其發展，然而，可以肯定地是，良渚文化北向的路徑除了陸路之外，經由近海航行或海路的傳播，良渚文化對山東大汶口地區的交流卻早已成形，並在相當程度上開啟了山東大汶口文化的興盛與發展。

二、陶匏祭天的習俗

　　關於陶匏祭天習俗的文字記載，典籍文獻中屢見不鮮，只是，後之研究者對於「陶匏」的認知頗有歧出，或有作「陶器」之旨，或釋為「葫蘆匏」器物，以至對陶匏的研究大多付諸闕如，同時，證諸考古挖掘報告也從未見載及「陶匏」或「葫蘆匏」這樣的文字記述，這是因為破碎之故？抑或是不識之故？

　　至於典籍中，前人的注疏如《周禮》、《禮記》、《公羊傳》等文獻，言及「陶匏」一詞，也都釋之為陶、瓦之屬，並從未見記述有形如「匏瓜」之類的器物，因此，所謂的「陶匏」應是專指陶、瓦之旨，至於其形貌則未必盡如「匏」之意為是！這樣的器形，證諸出土考古挖掘，則不免令人聯想到大汶口文化中出土的陶質大甕，其出土時，大甕並相互套疊有如「匏」之意，

〔註１〕俞美霞，〈從良渚文化談海上絲路的發展〉，「良渚文化學術討論會」，《浙江學刊》增刊，頁 109～124，浙江省社會科學院歷史研究所，2003.10。

而且，值得注意地是，在這些陶器上都刻畫了許多符號，其意義與作用也都與祭祀有關，再加上陶罍出土的位置與器形，和典籍中記載先民祭祀天地的器物特色相符合，因此，可以認定地是，「陶匏」是上古時期祭祀天地的質器，並是重要的禮俗文化象徵。

典籍中《禮記·禮器》言及「有以素為貴者」之意，其句下疏云「祭天既用陶匏，蓋以瓦為尊，畫犧羽於上，或可用犧為尊，是夏、殷禮也，用陶也。」〔註2〕《周禮·冬官·考工記》也稱「有虞氏上陶，夏后氏上匠，殷人上梓，周人上輿。」疏則曰「云舜至質，貴陶器者。按禮記表記云：虞夏之文不勝其質，殷周之質不勝其文，謂上代質，後代文，若以文質再而復而言，則虞又當質，故云至質，瓦器又至質。故禮記郊特牲云：器用陶匏是祭天地之器，則陶器為質也。以代當質，故用質器也。」〔註3〕這樣詳盡的記述，都說明在太古之時，尚質不尚文的風氣，是以祭祀天地時，則以陶、瓦質器作為禮器的習俗與意義。

另外，《周禮·瓬人》「瓬人為簋」句下疏也稱「釋曰：祭宗廟皆用木簋，今此用瓦簋，據祭天地及外神尚質器，用陶匏之類也。」又稱「若祭天地外神等，則用瓦簋，故郊特牲云：掃地而祭，於其質也，器用陶匏，以天地之性，是其義也。」〔註4〕都可見陶匏在祭祀中的地位與作用，而祭祀天地與宗廟有異，也是強調器用陶匏以象天地及其尚「質」之本性。

至於《禮記·郊特牲》則稱「器用陶匏，尚禮然也。三王作牢用陶匏。」注曰「此謂大古之禮器也。言大古無共牢之禮，三王之世作之，而用大古之器，重夫婦之始也。」〔註5〕則是更進一步闡明運用陶匏質器，是太古之禮，並有「重夫婦之始」的寓意與作用。

這樣的習俗，直至《公羊·僖·三十一》「天子祭天」句下疏仍稱「器用陶匏，以象天地之性也，大圭不琢，美其質也，大羹不和，貴其質也。」〔註6〕都可見器用「陶匏」有崇尚本質，不飾紋樣雕琢的意義與作用，以其象天地之性，是以作為祭祀天地的禮器。

〔註2〕《禮記》，卷23，頁15。
〔註3〕《周禮》，卷39，頁8、9。
〔註4〕《周禮》，卷41，頁12。
〔註5〕《禮記》，卷26，頁19。
〔註6〕《公羊傳》，卷12，頁19。

　　太古時期，以陶匏作為祭祀天地禮器的習俗，典籍文字中的記載已如前述，至於考古挖掘中，則可以大汶口文化中出土的陶罍最為代表。至於其內涵及寓意，雖然，在新石器時代文字尚未成形，也無相關文獻可以印證的情況下，然而，作為祭祀儀式的刻畫符號，在陶匏的器形上卻是頗有發現，並最能具體呈現當時祭祀的意義與作用。

　　尤其是關於陶器上祭祀符號的論述文字，相關的研究不在少數。即以大汶口陶器上的符號為例（圖 3-1），自 1960 年代出土發掘以來，陶器上的刻畫符號即引起很大的爭議與討論，至於其形則有植物狀、斧頭狀、山形（或作火形）及日、月紋飾，只是，這些符號的意義，許多研究者或以為文字，或以為圖畫，莫衷一是，論述極為紛歧。

圖 3-1　新石器時代，大汶口文化，陶尊及刻符

（整體）　　　　　　　　　　　　　　（局部）

高 59.5、口徑 30.0cm，山東莒縣陵陽河出土，中國歷史博物館藏。自《中國美術全集‧陶磁上》頁 34。

　　即以陶器上植物狀、斧頭狀的紋飾為例，自有其象徵的寓意與文化內涵，由於形貌分類不同，並非本文所要探討的宗旨，是以不擬深入，將另文剖析。至於莒縣陵陽河遺址出土有關山形（或作火形）及日、月紋飾的闡述，討論者極為繁複，王吉懷〈再論大汶口文化的陶刻〉〔註 7〕一文中的注 1，以及

〔註 7〕王吉懷，〈再論大汶口文化的陶刻〉，《東南文化》：2000，7，頁 6～14。

劉德增〈祈求豐產的祭祀符號——大汶口文化陶尊符號新解〉〔註8〕的內文中，都曾歸納許多學者各異的觀點並加以論述。今據劉文所載，將此紋飾的釋意羅列如下，以為讀者參酌：

（1）于省吾：「旦」字的繁寫。

（2）唐蘭：「昊」字的繁寫。

（3）汪寧生：代表個人或氏族的形象化的圖形標記。

（4）龐樸：日、月與火星三者合一的標誌。

（5）李學勤：「昊山」二字的合文。

（6）王樹明：「晅」字的祖型。

（7）陸思賢：「熄」字的最初寫法。

（8）裘錫圭：可能有兩種用途。有的用作性質接近後世的氏族或人名的標記，有的用作器主或所屬之族的職務或地位的標記。

（9）饒宗頤：在壇上祭祀日月。

（10）宋兆麟：日、月在山中交媾，是一幅祈求生育的圖畫。

（11）趙國華：男女性結合的象徵。

（12）王桓杰：匠人的地望或是祭日。

（13）張文：表示日出天門之意。

（14）鄭慧生：「懸」字與火的結合。

（15）陳勤建：太陽鳥在山頂升起或太陽鳥在海上升起。

這許多說法不一而是，然而，個人以為，就其內涵圖釋，則應是指刻畫在三層高的祭壇上（其形如山之高起），舉行祭天的儀式（以圓形的太陽「日」為圖示），至於祭祀時，由於時、空的關係，不可能是日、月同祭，而必是晝夜分隔，壇坎分離，且春分朝日，秋分夕月，二者在祭祀的形制、儀式，據《詩經》、《周禮》、《儀禮》等典籍記載也大不相同，因此，圖形中間如「飛鳥」之形的符號，必不可能為「月」之意，而應是祭天時以「鳧鷖祖考」圖像作為陪祀上帝的象徵。

《詩經·棫樸》「文王能官人也」句下疏所謂「禮云：祭天燔柴，祭地瘞。注云：燔柴祭天謂祭日也，則祭地瘞者為祭月也。」〔註9〕可見古人早已認定

〔註8〕劉德增，〈祈求豐產的祭祀符號——大汶口文化陶尊符號新解〉，《民俗研究》：2002，4，頁59～69。

〔註9〕《詩經》，卷16之3，頁2。

「祭天」即是「祭日」的觀念，而樣的闡述不僅完全吻合符號的形象特徵，並可與典籍文獻相互印證，是以陶尊上所刻繪的鴞鷙圖像，即是經籍中以祖考配祀上帝的祭天習俗呈現，圖刻於質器陶匏（陶尊）上，其圖像內涵所呈現的象徵性與完整性，表示此器非實用器，而是具有祭祀內涵與作用的器物，其意義自然顯而易見，毋庸置疑。

陶尊，出土報告中又有大口尊、缸、深腹圜底缸、直筒缸等稱呼。研究者大多同意作為禮器或祭器之用。而其特色則是完全出土於大型墓葬中，刻畫符號也多位於陶尊肩部的明顯地位。王吉懷〈論大汶口文化大口尊〉〔註10〕一文並指出「大口尊這種器形卻表現了與其他生活器具不相融合的現象，一是它的出現具有一定的時間性，二是它的分布又具有一定的區域性。」這樣的觀察和出土位置陳設，的確符合典籍文獻所載先民禮敬天地的祭祀特質，而其器尚質，也符合古禮以陶匏象天地的質性，因此，出土報告中所謂的「陶尊」或「大口缸」等名稱，實應正名為「陶匏」，才能符合典籍中所載的原始名稱。

三、鴞鷙的「祖考」象徵

敬天與法祖，這原本即是兩件不同的事情，無論對國家或宗族來說，也都是極為敬慎的重大事件。只是，這兩者之間的關聯為何？且其影響又是如何呢？

《禮記·郊特牲》所謂「萬物本乎天，人本乎祖，此所以配上帝也。郊之祭也，大報本反始也。」〔註11〕這樣簡明的陳述，不僅指出上天與祖考的重要性，並明確闡述祭天時祖考以配上帝的精義，同時，帝王郊祭於天，除了有報謝於天的作用之外，同時，以祖考配天，也寓意著反其初始以謝天的內涵。因此，敬天與法祖的思想，二者不僅關係密切，形式慎重，且「法祖」的行為更是依附著「敬天」的儀式而進行，並終極於敬天。

只是，敬天之時，抬頭即見天，所謂舉頭三尺有神明，因此，古之帝王祭於野土，並能適時於王城近郊舉行祭天大典，在空曠的野土上向天祈福，一切行禮如儀；然而，敬祖之時，又當如何表現對逝去祖先的禮敬之意？同時，祖先的形貌又在何處？當如何致敬？對於禮制中實際形式的質疑與考量，

〔註10〕王吉懷，〈論大汶口文化大口尊〉，《中原文物》：2001，2，頁45～54。
〔註11〕《禮記》，卷26，頁7。

證諸典籍文獻，關於祭祀的文字不在少數，然而，細究其旨，與祖考神主相關的祭祀儀節中，卻只有少數字詞別具特殊意涵，俾便祭祀的儀節可以順利進行，例如：「尸」字以示祖考在廟，而「公尸」一詞則示祖考神主，至於又有「鳧鷖」一詞則是「祖考」的符號象徵。

關於「尸」、「公尸」以及和「鳧鷖」之間的關係，典籍文獻中的記述不在少數，其中，又以《儀禮·特牲·饋食禮》中所載的「尸祭之禮」最為詳贍，並可見先民對「事尸之禮」早已有一套完整的儀節與制度，長久以來並遵行無誤，由於此意並非本文所欲探討的重心，且〈饋食禮〉中又已闡述詳盡，是以略而不載，至於「鳧鷖」的形象鮮明且完整，並寓意祖考的文化內涵，其符號象徵有所淵源並流傳久遠，然而卻少人述及，是以本文不辭羅縷，詳加考證，俾便得其真相。

案：《詩·大雅·生民之什·鳧鷖》有言「鳧鷖，守成也。大平之君子，能持盈守成，神祇祖考，安樂之也。鳧鷖在涇，公尸來燕來寧，爾酒既清，爾殽既馨，公尸燕飲，福祿來成。鳧鷖在沙，公尸來燕來宜，爾酒既多，爾殽既嘉，公尸燕飲，福祿來為。鳧鷖在渚，公尸來燕來處，爾酒既湑，爾殽伊脯，公尸燕飲，福祿來下。鳧鷖在潨，公尸來燕來宗，既燕于宗，福祿攸降，公尸燕飲，福祿來崇。鳧鷖在亹，公尸來止熏熏，旨酒欣欣，燔炙芬芬，公尸燕飲，無有後艱。」〔註12〕疏「正義曰：作鳧鷖詩者，言保守成功不使失墜也。致大平之君子成王，能執持其盈滿，守掌其成功，則神祇祖考皆安寧而愛樂之矣！故作此詩以歌其事也。」則是明確且具體地闡述先民藉鳧鷖作為神祇祖考的象徵寓意，並在祖先的庇祐下，得以太平並君子守成；至於公尸燕飲，則是意味著祖考在接受子嗣的祭祀禮敬後，將降福祿於宗族。

《詩經》中鳧鷖祖考的象徵寓意極為鮮明，已見於文字所載，只是，在眾多事物中，何以只有「鳧鷖」才具備祖考的象徵？其寓意究竟為何？關於這樣的文字記述，則可見於「鳧鷖在涇」句下所注「鳧，水鳥也；鷖，鳧屬。太平則萬物眾多。箋云：涇，水名。水鳥而居水中，猶人為公尸之在宗廟也，故以喻焉。」則是可知先民藉「鳧鷖」祥瑞的形象以喻祖考神像「公尸」之旨，並以鳧鷖在水中高處，藉喻「公尸」之在宗廟正位而行祭祀之禮的象徵。

至於《詩經》中稱鳧鷖得所之處，依其所載先後次第則有：在涇、在沙、在渚、在潨、在亹，並都是居高之處。是以疏曰「以鳧鷖水鳥居水是常，故

先言在涇；既以水為主，然後從下而漸至於高，鳥不常處或出水傍，故次在沙；而水中高地，鳥亦往焉，故次在渚；水外高地，鳥又時往，故次在潨；山之絕水，鳥往最稀，故以為末。因以鳥之所在，取其象類為喻，故不依尊卑之次焉。」這樣的文字敘述是以「詩之六藝」中「比」的手法，藉喻鳥居高地並作為祭祀之所的象徵。雖然，鳧鷖大多依於水邊地而棲止，然而，依詩中所述，卻也可以是在高地或山崖的絕水之處，且其所在的位置及地域分布也都極為廣泛。

當然，這種以鳧鷖作為祖考象徵的習俗，流傳極為久遠，且相關的文字不只見於《詩經》，也可見於《後漢書・班彪列傳》所謂「玄鶴白鷺，黃鵠鵁鸛，鶬鴰鴇鶃，鳧鷖鴻雁，朝發河海，夕宿江漢，沉浮往來，雲集霧散。」〔註13〕的記載，尤其值得注意地是，在這許多飛鳥的記述中，其間的鵁、鴰、鳧、鷖等並都是水鳥之屬，至於「朝發河海，夕宿江漢」的形容，也可見鳧鷖飛行的迅速並多棲止在河海、江漢地區，也就是現今黃河下游與長江中下游地帶，這樣的地域分布，與《詩經》中稱鳧鷖之在涇、在沙、在渚、在潨、在亹等文字，也都相互契合，並可以互為印證。這樣的習俗流傳，是以《舊唐書・音樂志三》載有「開元十一年玄宗祀昊天於圜丘樂章十一首」，其首章〈降神用豫和〉即稱「至矣丕構，蒸哉太平。授犧膾籙，復禹繼明。草木仁化，鳧鷖頌聲。祀宗陳德，無媿斯誠。」〔註14〕而《宋史・樂志九》載及「寧宗朝享三十五首」中〈迎神，興安〉之三也有「太簇為徵。穆穆紫幄，璜璜清宮。旱麓流詠，鳧鷖協工。道閟詒燕，業綿垂鴻。神其來兮，以康以崇。」〔註15〕的記述，從這些經籍文字和史料中所記載的祭祀制度來看，都說明鳧鷖祖考習俗的影響深遠並盛行不輟，因此，即使是降及唐、宋時期，鳧鷖也仍然是「祀宗陳德」、「以康以崇」的祖考象徵。

只是，鳧鷖既是「公尸」的祖考象徵，其地位極為尊崇，並寓意隆顯，那麼，鳧鷖究竟是為何物？且其形象又是如何？疏「正義曰：釋鳥藹沉鳧某氏曰：詩云：弋鳧與鴈。郭璞曰：似鴨而小，長尾，背上有文，今江東亦呼為爾。陸機疏云：大小如鴨，青色，卑腳，短喙，水鳥之謹愿者也。鷖與鳧俱在涇，故知鳧屬。蒼頡解詁云：鷖，鷗也；一名水鴞。太平則取之以時，不妄大殺，故萬物眾多，萬物多而獨言鳧者，舉鳥之得所，則餘者皆然可知。」

〔註13〕南朝宋・范曄撰，《後漢書》，卷40上，頁1348，台北：鼎文書局，1993。
〔註14〕五代・劉昫等編撰，《舊唐書》，卷30，頁1095，台北：鼎文書局，1993。
〔註15〕元・托克托等撰，《宋史》，卷134，頁3149，台北：鼎文書局，1993。

則是具體且鮮明地描述鳧鷖水鳥的形象與特徵。

典籍文獻中對「鳧鷖」的形貌及象徵寓意，闡述極為明確詳贍，並可見「鳧鷖」只是一個象徵的符號，以水鳥「鳧鷖」有太平守成、眾多並廣佈的美好寓意，是以借喻為「公尸」，並寄託祖考福澤綿延的太平象徵，這種「比擬」的手法，也是古籍史料中所擅用的「借喻」形式。至於鳧鷖居水中高地，其形式則是有若宗廟之旨，是以居高之處也宛如壇高三層，表示祭祀的恭敬之意！這樣的思想和觀念，印證文獻與出土文物相互比附，也並非空穴來風，無的放矢之舉，而是具有實質意義的文化內涵，因此，鳧鷖雖然只是極為尋常的禽鳥而已！然而，長尾、卑腳、短喙的水鳥形象，不僅符合《詩經》中祖考寓意的濫觴，相較於新石器時代良渚文化玉器中「高壇立鳥」的圖像，以及河姆渡文化中象牙鳥形器的刻繪，自能明白其刻畫祭祀符號的由來、作用與內涵。

四、河姆渡、良渚地區的鳥紋圖像

事實上，透過分析與比較研究，考證良渚文化與大汶口文化之間的異同，則無論是在地理位置、文化思維、禮俗制度甚或生活用具等各方面，都頗有相似之處，例如：拔牙（或稱為鑿齒）的習俗、黑陶的製作、陶器刻畫符號的祭祀象徵、對鳧鷖鳥紋的敬重與規格隆顯等等，這許多生活中的習俗，證諸兩地區域文化的發展，的確頗有承先啟後的銜續之處。尤其值得注意地是，這些習俗的留存，具有強烈的地方性風格，除了在良渚、大汶口文化地區周遭範圍略有影響之外，並少見於其他文化區域（如：拔牙習俗與黑陶的製作）。由此，也可見其間文化交流的密切性，至於這一類習俗的文字闡述，相關研究的學者不在少數，且出土考古的案例也頗有所聞，都是印證兩地文化交流的最佳舉隅。

至於在良渚、大汶口地區的文化生活中，又有在陶器上大量使用刻畫符號的習俗（圖3-2，圖3-3），這種特殊裝飾的陶製器皿，如：陶缽或陶尊，都是生活中作為祭祀的禮器，其具備祭天贄器的功能，是以在其上刻畫具有象徵寓意的符號，以便傳達祭祀的內涵與作用，這樣的習俗早在良渚文化的前身—河姆渡文化中便已存在，並藉細膩而又特殊的黑陶作為祭器的材質，以示尊崇，這是在新石器時代唯有河姆渡、良渚地區和大汶口地區所特有的表達手法（圖3-4，圖3-5，圖3-6），並和西北、華北地區的彩陶，強調以彩繪作為陶器裝飾的風格大相逕庭。

圖 3-2　新石器時代，大汶口文
　　　　化，彩陶盆

圖 3-3　新石器時代，良渚文化，
　　　　黑陶貫耳壺

高 18.5、口徑 33.8cm，泥質紅陶，腹
部繪有八角星紋圖，是大汶口文化特
有的風格，1963 年江蘇邳縣大墩子遺
址出土，南京博物院藏。自《中國美
術全集・陶磁上》頁 36。

高 15.0、口徑 7.2cm，黑皮陶，高圈
足，外壁打磨光亮，是良渚文化具有
代表性的器型之一，江蘇吳江縣梅堰
出土，南京博物院藏。自《中國美術
全集・陶磁上》頁 46。

圖 3-4　新石器時代，河姆渡文
　　　　化，刻花陶盆

圖 3-5　新石器時代，大汶口文
　　　　化，黑陶杯

高 16.2、口徑 31.6cm，夾炭黑陶，侈
口、平底，外壁飾魚藻劃紋，樸拙有
趣，1977 年浙江餘姚河姆渡遺址出
土，浙江省文物管理委員會藏。自《中
國美術全集・陶磁上》頁 30。

高 7.8、口徑 7.5cm，細泥黑陶，侈
口、平底，光亮漆黑，不施紋飾，山
東泰安縣大汶口出土，中國歷史博物
館藏。自《中國美術全集・陶磁上》
頁 33。

圖 3-6　新石器時代，龍山文化，黑陶蛋殼杯

高 26.5cm，細泥黑陶，輕巧秀緻，蛋殼陶的製作技術極為精良，
山東日照縣出土，山東省博物館藏。自《中國美術全集·陶磁
上》頁 39。

　　杭州灣地區的河姆渡文化、良渚文化，不僅有其文化上時間先後的接續
關係與發展，同時，在鳥紋圖像上也有其密切的歷史淵源。尤其是河姆渡文
化中象牙鳥形器上所刻繪的雙鳥朝日或雙鳳朝陽圖像，以及 1990 年浙江餘
杭安溪百畝山出土的一件安溪玉璧，其刻符外圍都是三層高臺，至於其內部
則明顯是一隻飛鳥，並有極為傳神的鳥紋圖案在其中。

　　至於這些鳥紋的形貌與《詩經》所述鳧鷖「長尾、卑腳、短喙」的水鳥
形象的確極為近似，只是，河姆渡文化的祭祀符號多是刻在象牙鳥形器上，

而良渚玉器的符號刻繪，據鄧淑蘋〈刻有天象符號的良渚玉器研究〉〔註16〕一文所統計，「1999年，再發表了台灣藍田山房藏第二號鳥符璧，而今相關資料共累積了二十三件：十三件璧、九件琮與一件鐲。符號的種類不一，但以與鳥、日、雲等天象有關的母題為多；符號在玉器上分布的部位也多相似。」這些玉器中，雖多為私人收藏或館藏品，且不乏圖像模糊有所爭議者，然而，玉器刻符器形之大宗者即是璧，且安溪刻符的器形也是璧，則是毋庸置疑之事實。

《周禮・春官・大宗伯》所謂「以玉作六器，以禮天地四方。以蒼璧禮天，以黃琮禮地，以青圭禮東方，以赤璋禮南方，以白琥禮西方，以玄璜禮北方。」〔註17〕璧，自古以來即是禮天之重器，也是財富、地位的象徵，其意義與作用並可作為禮玉、瑞玉、喪葬玉等。古之天子以璧禮天，因此，若要區分祭天之璧與其他作用之璧有所不同，以至於在玉璧上刻繪特殊祭祀符號的圖像也是自然；至於瑞玉是身分地位的象徵，人死或離職之後必然繳回；而喪葬玉的出土位置則必然與屍首骨骸關係密切，且無須刻繪特殊紋飾。因此，玉璧上若刻有紋飾則應是為祭天而設，同時，鴞鷲祖考紋飾的符號象徵，也和典籍中「萬物本乎天，人本乎祖，此所以配上帝也。」的習俗完全可以吻合，由此也可知，安溪玉璧上所刻繪的鳥紋飾，自有其文化淵源與文獻印證。

至於河姆渡文化所出土的鳥紋飾或「雙鳥朝日」圖案，則可說是鴞鷲文化的濫觴，而其恭敬、朝奉的意味，也更明確點出和「太陽」之間的關係非比尋常，事實上，這正是寓意鴞鷲的祖考象徵以陪祀上天的祭祀內涵。

「陶匏祭天」的習俗屢見於三禮與史籍記載，只是，在河姆渡或良渚文化中卻不見在陶匏上所刻繪的祭天圖飾，這並非是個人論斷有誤，而應是由於時、空的不同以至於文化發展的特色也有所差異。尤其不可或忘地是，河姆渡及良渚文化中早已出現許多刻繪動、植物紋飾的陶缽、陶釜或陶盆等器物，其數量與器形也都極為龐大，應有部份是具有特殊意義與作用的器物才是，且其作為陶、瓦之屬的質器之意，也十分明確，應都是祭天的禮器才是！

〔註16〕鄧淑蘋，〈刻有天象符號的良渚玉器研究〉，《石璋如院士百歲祝壽論文集——考古・歷史・文化》，頁123〜145。

〔註17〕《周禮》，卷18，頁24。

　　只是，遺憾地是，河姆渡報告中並未述及鳥形象牙器出土的位置，個人以為：這些象牙器應是出於這些陶器之中，由於象牙器極為珍貴，其上並已刻繪有祭天的祭祀符號，是以無須再刻繪於陶器之表，反而更能彰顯象牙器的精美與作用，並呈現陶匏「質器」的風格，這樣的特色並完全符合典籍中所載的「太古之禮」，以至流傳於良渚文化中也同樣有類似的習俗，只是，良渚文化更為繁榮富裕，並以精緻的玉璧來刻製祖考形象的符號，這樣的習俗後來傳入蘇北、魯南地區，則日益簡化，並少見牙器、玉器之屬，而是直接將祭祀符號刻繪在陶器之上，然而，就其內涵與精神而言，其理念則仍是一以貫之。

　　事實上，就出土文物與民情風俗來看，大汶口文化應是良渚文化的一支或其遷移，由於同宗同源，是以適時舉行祭天告祖的儀式，也表示對祖先的崇敬與追念之意，這樣的祭祀信仰與圖像紋飾，不僅保留了美好的習俗與文化，也是二者文化交流或遷移下的具體證據與產物。

五、良渚地區與大汶口地區鳥紋符號特徵

　　不可否認地，良渚地區與大汶口地區不僅有地緣上鄰近的關係，其文化發展也有許多類似的層面。尤其值得注意地是：大汶口陶尊上的刻畫符號與良渚文化玉器上「高壇立鳥」的符號，雖然在刻畫的材質、器形以及紋飾上都略有差異，然而，其意義與作用卻頗為近似，隨葬品的規格也相當高，並都寓意祭天以及祭祀祖考之旨；同時，二者就其紋飾發展而言，其意義也可視為良渚文化與山東大汶口文化交流的軌跡，當良渚文化向四川、河南等地發展，或沿著東南沿岸以陸路或水路而向山東半島交流，良渚文化中鳧鷺祖考的觀念便與當地的文化思維相互融合，甚或不排除良渚聚落的一支也曾因某種因素遷徙至山東地區，以至影響山東大汶口地區的文化發展，以及其禮俗圖像紋飾的形成。

　　鳥紋飾是良渚地區極為普遍的動物形紋飾，並早在河姆渡文化中即已大量出現，過去，許多研究者將鳥紋飾作為南方部落的圖騰象徵，這樣的觀念雖然不易推翻，卻也含意籠統很難讓人信服。只是，若將鳥紋飾視為祖考的符號象徵，這一切疑難則都將迎刃而解，因為，作為鳧鷺形象的鳥紋飾正是杭州灣地區自古以來作為公尸祖考的圖案象徵，其意義重大，流傳自然既深且遠，並隨著聚落的遷移而輾轉流佈至其他地區。

　　至於梟鷔圖像的流變，從河姆渡文化、良渚文化以至大汶口文化，作為祭祀符號的象徵，其圖像已略有變異，今依其形貌及年代先後序，則可大別為三：一是鳥形「側立舉翅」（圖 3-7），作蓄勢而昇的情狀，而其「側立」又有左側、右側之分，如：河姆渡文化的象牙鳥形器，一般文字多稱此圖像為「雙鳥朝日」或「雙鳳朝陽」，其形象較為寫實，至於其中所刻繪之「太陽」則應是指「上天」之意，這個時期正是梟鷔文化的初始，表現梟鷔「以祖配天」的恭敬形象，應是梟鷔祭祀符號的萌芽階段。其二是鳥形「側立繁寫」（圖 3-8）的棲息靜止狀，其刻繪細密，神情則多莊重肅穆，高高立於祭壇之上，如：餘杭反山、瑤山墓地所出土的玉器刻符，以梟鷔象徵「公尸祖考」的莊重內涵，這是梟鷔文化極盛時期的代表。三則是鳥形「展翅簡寫」（圖 3-9）的高空飛翔狀，其形貌活潑有飛離遠去的意味，如：良渚晚期福泉山墓葬以及大汶口文化出土的陶紋刻符，此時期的圖像多呈現由繁而簡、由寫實而抽象的簡約風格，並象徵梟鷔文化的勢力逐漸衰頹，則是式微期。

圖 3-7　新石器時代，河姆渡文化二期，象牙鳥形器 T226（3B）：79

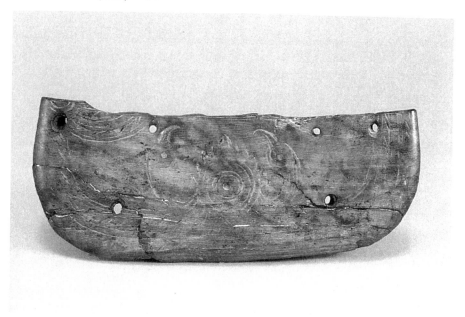

長 16.6、殘寬 5.9、厚 1.2cm，鳥紋「側立舉翅」，作蓄勢而昇狀，1977 年浙江餘姚河姆渡遺址出土，浙江省博物館藏。自《河姆渡文化精粹》頁 63。

圖 3-8　新石器時代，良渚文化，冠形器（反山 M22：11）

鳥紋「側立繁寫」，作棲息靜止狀，象徵「公尸祖考」的莊重內涵，1986 年
浙江餘杭反山出土，浙江省文物考古研究所藏。自《良渚文化玉器》頁 86。

圖 3-9　新石器時代，良渚文化，陶豆（M101：90）線圖

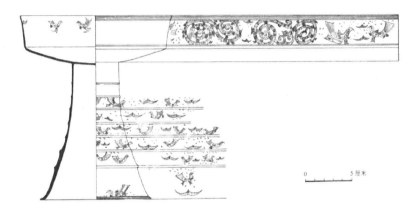

鳥紋有「側立舉翅」或「展翅簡寫」作高空飛翔狀，象徵遠離之意，1983
年上海市青浦縣福泉山出土，上海市青浦博物館藏。自《福泉山——新石
器時代遺址發掘報告》頁 104。

　　至於梟鷙的圖像隨著時間的變遷而略有差異，個人以為除了有其先後承
續的特質之外，並與祭祀的規格和等級有關。例如：一、二類的圖像刻畫均
極為繁複，且象牙與玉質的材質也極為堅韌，並都是「側寫」梟鷙或飛、或

立之狀，這樣的意義應與「公尸」或坐、或立之旨類似，並與鴞鷺「在祖廟則立，遠祖廟則飛」的形象可以相互呼應；同時，這樣「繁複」的鴞鷺圖案，其刻畫的器形是在鉞、璧、琮、璜、冠形器上，甚或直接刻成玉鳥形制，而這些器物的特質都是權力、地位顯貴的象徵，應是君王或聚落首領所擁有。而且，最重要的是，這些器物出土的地點都是在祭祀坑之屬，且從其祭祀規模和出土文物來看，祭壇的台高三層，多玉璧，且在祭壇上或其四周又有整齊排列的墓葬，墓葬的規格極高，並有墓葬打破祭壇的現象，這種種跡象，都說明反山、瑤山與福泉山祭壇，甚或早期的河姆渡遺址，都應是良渚人以及河姆渡人的「祭天」場所，而器物上所刻繪的鴞鷺及太陽祭祀符號（圖3-10，圖 3-11），也說明其中早已蘊含「祖考以配天」的儀式內涵，而這一切祭祀符號並都是其族人禮俗文化發展的重要根據與精神依歸。

圖 3-10　新石器時代，河姆渡文化一期，瓦形刻紋陶片
　　　　　T33（4）：98

殘長 21.4、周殘徑 13.8cm，1973 年浙江餘姚河姆渡遺址出土，浙江省博物館藏。自《河姆渡文化精粹》頁 163。

圖 3-11　新石器時代，河姆渡文化二期，太陽紋象牙蝶
　　　　形器 T224（3B）：82

殘長 8.3、殘寬 5.4、厚 0.9cm，1977 年浙江餘姚河姆渡遺址出土，河姆渡
遺址博物館藏。自《河姆渡文化精粹》頁 62。

　　及至良渚晚期，杭州灣地區──良渚人的文化中心，或因地貌改變，也
或許是不可抗拒的災難，更甚或只是因為地緣近海，以至涵養出冒險犯難、
堅毅卓絕的精神，良渚人已有向外遷移的現象。向北走，是上海福泉山、花
廳等地，再往北上，則與大汶口文化相融合；向西走，影響大溪、屈家嶺文
化甚或仰韶；向南，則促成海上絲路的發展並兼及百越之地。類似的文字雖
然少見於文字著述，卻仍可自文物的考古出土和紋飾、形制的比附，進而窺
其影響與發展。

　　尤其是前言第三類「展翅簡寫」的鴞鷺形狀，這是良渚晚期的祭祀符號，
其分布並多在上海福泉山地區以及蘇北、魯南的大汶口地區，這個現象意味
著良渚文化已因不可抗拒的因素而向四方遷移，至於良渚文化的極盛時期，
或良渚祭壇的根據地反山、瑤山則不見此類「展翅簡寫」的圖像，這應是良
渚人的分支在遷移之際，仍然保留了其先祖「祭天」的習俗與符號象徵，以
至於這些部落的「分支」在四處遷徙時，仍謹守著禮制，無所逾越，只是，
由於時空變遷，又遷移在外，是以一切從簡，而祖考圖像也予以簡化，並不
若反山、瑤山圖飾的繁複肅穆；至於鴞鷺圖像表現展翅高飛，甚或呈正視遠

行之貌，也應是在身處權力中心之外的異地，遙相祭拜，並象徵祖考遠來庇護之意，這樣的思想完全符合《詩經》文字所稱鳧鷖「在涇、在沙、在渚、在潀、在亹」之意，是以「公尸燕飲，無有後艱。」其形象與作用並和鳧鷖文化中「遠行」之旨可以相互呼應，這樣美好的期許並祭祀之，即使是宗族遷移也不可或忘，至於其祭祀規格略低，圖形簡化，也是宗族在遷移過程中必然的結果，並是驗證良渚人遷移軌跡的具體例證。

另外，就圖像學的發展來看，作為符號象徵的紋飾，其前後期之發展必有主、客之差異，以及地方性「客屬」之獨特變遷，至於紋飾在發展達到了巔峰之後，則必然由繁而簡，或由細密以至粗略，這是紋飾或符號發展的自然趨勢，也是聚落部族衰微頹敗的必經過程。

六、結　論

「萬物本乎天，人本乎祖。」對祖先的敬重與思念是世界各民族或聚落與生俱來即有的信念，而這種強調「慎終追遠」的民族精神，不僅淵源久遠並始終是中華民族子民既有的人文情懷與終極依歸，而這種對宗族血緣的認同，以致凝聚強烈而又團結的民族性，在在都牽繫著人們禮俗制度或行為模式的建構與傳承。

今日，從出土文物中鳧鷖紋飾分布的廣泛與深遠，不僅具體明確地呈現先民的信仰與思維，更可見良渚人的勢力與遷移，以及對大汶口文化興起與發展的影響。而出土考古中，良渚文物精美的玉器、陶器，刻畫符號的豐富內涵以及平實敦厚的善良民風，又在在引領著民俗、文化的傳承與流佈，並進一步奠定中華文化發展的深厚基礎與民族性，而這一切美好的特質與淵源，都與良渚文化有著密不可分的關連或牽繫，這是良渚文化的驕傲，也是良渚人走向四方的重要憑藉。

（原文載《良渚文化探秘》，人民出版社，浙江省社會科學院歷史研究所，2005.11）

四、從命樹論搖錢樹之內涵與源起

【內容提要】

　　搖錢樹或搖錢樹座是東漢時期考古挖掘中常見的出土文物，自從馮驥漢教授將之命名為「搖錢樹」之後，文物界或考古界即沿用此名稱直至現今，並以為這樣的隨葬品多和求財祈福有關。雖然，也有部分學者對「搖錢樹」的內涵及作用另有不同的看法，然而，卻仍有許多歧出或不足之處，並不能全面性地解決「搖錢樹」的根本問題或疑義。而本文則是從社會演化的角度重新予以詮釋，並以《太平經》為本，佐以出土文物，相互比附，說明後世民間所稱的「搖錢樹」應是早期道教思想中「命樹」的傳承和觀念，這種重視個人生命以及種族延續的觀念和墓葬形式，流傳久遠，其淵源並可追溯自新石器時代，於是，所謂「命樹」的意義和作用便值得我們重新思考和深入研究了。

　　關鍵詞：搖錢樹、命樹、太平經、畫像石、道教

一、搖錢樹的源起

　　這些年來，隨著出土考古的發現，文物中挖掘出許多樹枝狀、上繫瑞禽異獸、有孔圓璧（或謂日月、錢幣）、甚或西王母形象的器物，一般人稱之為「搖錢樹」，而其作用與內涵，各家解說極為紛歧，有釋為神樹、命樹、不死樹、搖錢樹、或以為是道教法器等不一而定。只是，當「搖錢樹」及「搖錢樹座」的器物出土越來越多，學術界也益為重視之際，所引起的反響也愈為雜沓，雖然，研究者都各自從不同的角度來抒發己見，或引經據典予以命名，然而，卻仍有未盡之意，以及難以自圓其說處。

　　至於本文則是從道教經典《太平經》以及民間信仰「樹崇拜」的觀念，重新詮釋所謂的「搖錢樹」應為通天命樹，這樣的剖析，不僅年代上更具淵源與歷史，且在器物的造型和特質上也更能符合文物的形貌與內涵，相信更能圓融地闡述「命樹」的意義與作用才是。另外，由於行文方便，本文對上述出土的文物考證，仍暫以坊間俗稱的「搖錢樹」一詞命名，以免讀者一時不察，有所歧異而混淆。

　　「搖錢樹」一詞不知語從何起？

　　《三國志‧魏書‧邴原傳》引《原別傳》有言「原嘗行而得遺錢，拾以繫樹枝，此錢既不見取，而繫錢者愈多。問其故，答者謂之神樹。原惡其由己而成淫祀，乃辨之，於是里中遂斂其錢以為社供。」〔註1〕在這段文字中雖不見「搖錢樹」一詞的出處，卻寓意古人有將「以錢繫樹」的形式視為祈福的習俗，而其緣由，則是望文生義，以訛傳訛，一般百姓誤將此樹視之為「神樹」，於是「繫錢」為祀，其目的應只是為了求神庇護，而並非為了求財，否則，便不必繫錢為祀了。雖然，類似的習俗至今在中國西南地區仍保有以紙錢繫樹以求神的風氣，只是，這樣的「錢樹」和字面上寓意著祈求財富的「搖錢樹」卻仍有一段距離；而且，從《三國志》這段文字的行文來看，這個習俗應該只是地區性的特例而已，並非全面性的流傳，邴原甚至以為惡習。

　　其後，唐段安節《樂府雜錄‧歌》也載及開元中，有許和子者，本吉州永新縣樂家女也。開元末，選入宮，即以永新名之，籍於宜春院，既美且慧，善歌，能變新聲。「後士人卒，與其母之京師，竟殞於風塵。及卒，謂其母

〔註1〕晉‧陳壽撰，《三國志》，卷11，頁352～353，台北：鼎文書局，1993。

曰：阿母，錢樹子倒矣！」〔註2〕則是說明在唐玄宗時期，時人有以娼家女作為「錢樹子」的稱謂，並寓意為斂財的俗稱。

事實上，「搖錢樹」固然並非真有其樹，而相關的神話、傳說也從未見於典籍記載，同時，若細究「搖錢樹」一詞，除了出處不明之外，在造詞、語彙及文法的結構上也多所不通，至於把「搖錢樹」視為聚集財富的象徵，則是遲至明、清以後才有的觀念和習俗。例如：明代話本小說《警世通言》卷三十二〈杜十娘怒沉百寶箱〉述及妓院的老鴇罵杜十娘道「別人家養的女兒便是搖錢樹，千生萬活，偏我家晦氣，養了個退財白虎！……」〔註3〕而清初李玉所著的《占花魁》也稱「被許多人口稱是萬俟府中把女兒搶去，可不把我一個搖錢樹活活的砍折了。」至於李漁的《憐香伴》傳奇劇本則謂「我周公夢的秀才是個搖錢樹，只求樹不倒，不怕沒錢搖。」在這些傳奇小說中，「搖錢樹」這個詞彙已成為一種「借喻」的形容和比擬，並是斂財工具的象徵。

至於在現實生活中，清富察敦崇在《燕京歲時記‧搖錢樹》中則言「取松柏之枝大者，插于瓶中，綴以古錢、元寶、石榴花等，謂之搖錢樹。」〔註4〕雖然，這段文字的記述與考古出土的搖錢樹實物頗有出入，卻也可視為燕京（即北京）歲時民俗的依據和流變，以及前人對「搖錢樹」一物的認知和體察，於是，在歲末新春之際，便以「搖錢樹」作為居家祥瑞的象徵而予以裝飾了。

二、古文獻中的神樹

植物，可食可用，並具有強韌的生命力，至於茂密結實的大樹，則不僅形體壯碩，可存活久遠，並是生命繁殖的有力象徵；同時，大樹的作用繁多，空間庇蔭、環境保護、木材運用等附加價值，其功能可以說不計其數，對人們的生命存活具有極佳的裨益與功效，自然成為人們景仰與崇拜的目標。

至於出土文物中的「搖錢樹」，則無論就其形式或內涵而論，都不是一般普通的植物，而應是有特殊意義或作用的「神樹」，這樣的課題也是本文所欲深入探討的宗旨之一。

的確，依據古文獻中所記載的「神樹」或「神木」，其種類與名稱之繁多，不在少數。例如：《後漢書‧方術列傳》謂章帝時有壽光侯者，能劾百

〔註2〕唐‧段安節撰，《樂府雜錄》，《景印文淵閣四庫全書》，冊839，頁992，台北：商務印書館，1986。

〔註3〕明‧馮夢龍編著，《警世通言》，卷32，頁633，台北：台灣古籍出版社，2003。

〔註4〕《筆記續編‧燕京歲時記》，頁143，台北：廣文書局，1969。

鬼眾魅，令自縛見形。史籍並載「又有神樹，人止者輒死，鳥過者必墜。」〔註5〕另外，夏侯湛〈朝華賦〉有「茲神樹之修異，實積陽之純精。」的記載，李邕〈沙羅樹碑〉也稱「巫者占于鬼謀，議者惑于神樹。」都顯示先民對「神樹」的神異功能予以肯定並相當崇拜。

雖然，在這些浩瀚的典籍、史冊記載之中，許多「神樹」、「神木」之所以令人稱奇，只是因為這些樹木具有特殊的能力，或一些不可知的特質，是以人們不免附會渲染，概稱之為「神」，這樣的文字多是地區性的表現，無法傳之久遠；然而，典籍中又可發現，另有一些「神樹」或「神木」，不僅具有一定的特異功能，且有特定的稱謂，以致廣為世人所熟知，例如：建木、若木、扶桑、桃都、拒格松等則都是《山海經》以及典籍文獻中經常提到的神樹，並在神話、傳說中都扮演著極為重要的角色和地位，其影響自然不可任意輕忽。

尤其是扶桑、若木與建木，這是典籍文獻中最常提到的「神樹」，然而，個人以為：所謂的日出「扶桑」、日落「若木」以及通天「建木」，這樣的傳說由於地域性的不同，以及神樹本身屬性、寓意上的差異，也應有所分野，絕對不可混為一談。因此，對於神樹的研究，雖然既有學者的論述文字已不在少數，然而，卻仍有許多可以發揮的空間及闡述，現就典籍文獻中有關扶桑、若木與建木的文字略作舉隅如下，並和出土文物中的搖錢樹相互比附，以便明其梗概。

1. 扶 桑

《爾雅·釋地》有言「岠齊州以南戴日為丹穴，北戴斗極為空桐，東至日所出為大平，西至日所入為大蒙。」句下疏「釋曰：即者即淮南子云日出扶桑，入於蒙汜是也。」〔註6〕

《史記·司馬相如列傳》「右以湯谷為界」句下注也稱「正義：言右者，北向天子也。海外經云：湯谷在黑齒北，上有扶桑木，水中十日所浴。張揖云：日所出也。許慎云：熱如湯。」〔註7〕

《山海經·海外東經》言及黑齒國，則稱「湯谷上有扶桑，十日所浴，在黑齒北，居水中，有大木，九日居下枝，一日居上枝。」〔註8〕郝懿行箋疏

〔註5〕《後漢書》，卷82下，頁2749。
〔註6〕《爾雅》，卷7，頁113、114。
〔註7〕漢·司馬遷撰，《史記》，卷117，頁3016，台北：洪氏出版社，1975。
〔註8〕晉·郭璞注，《山海經》，《景印文淵閣四庫全書》，冊1042，頁61，台北：商務印書館，1986。

「扶當為榑，說文云：榑桑，神木，日所出也。」而《淮南子》書中的〈覽冥訓〉、〈墜形訓〉以及《楚辭・嚴忌・哀時命》也都有「榑桑」一詞。

《後漢書・張衡列傳》則載「留瀛洲而採芝兮，聊且以乎長生。憑歸雲而遲逝兮，夕余宿乎扶桑。」注曰「扶桑，日所出，在湯谷中，其桑相扶而生。見淮南子。」〔註9〕

《晉書・樂志》載曹毗〈歌穆帝〉，則稱「孝宗夙哲，休音允臧。如彼晨離，燿景扶桑。垂訓華幄，流潤八方。幽贊玄妙，爰該典章。西平僭蜀，北靜舊彊。高猷遠暢，朝有遺芳。」〔註10〕

《晉書・成公綏》言及四極，則有「扶桑高于萬仞，尋木長于千里，崑崙鎮於陰隅，赤縣據於辰巳。」〔註11〕這樣的觀察。

《晉書・載記》述及赫連勃勃的功德，則有「是以偏師暫擬，涇陽摧隆周之鋒；赫斯一奮，平陽挫漢祖之銳。雖霸王繼蹤，猶朝日之升扶桑；英豪接踵，若夕月之登濛汜。自開闢已來，未始聞也。」〔註12〕

《宋書・樂志四》載及〈白紵舞〉歌詩三篇之二，則言「百年之命忽若傾。早知迅速秉燭行。東造扶桑游紫庭。西至崑崙戲曾城。」〔註13〕

《南齊書・禮志上》則稱「張衡賦云：皇輿夙駕，登天光於扶桑。」〔註14〕

《宋史・樂志八》載及〈紹興朝日十首〉之七「奉俎〈豐安〉」，則謂「扶桑朝暾，和氣肸飭。」〔註15〕

《明史・樂志三》奏纓鞭得勝蠻夷隊舞承應曲，其一〈醉太平〉有「玉宇無塵明月皎，銀河自轉扶桑曉，平平蕩蕩歸王道。」〔註16〕的記載。

《清史稿・樂志》則是大量運用「扶桑」一詞，例如：「耀金鋪，日擁扶桑。」、「瑞日麗扶桑，晴開上界金闔。」、「日重光，載冠抱珥出扶桑。」、「九賓設，形闈啟，扶桑初擁疃曨日。」、「來享來王，一輪紅日擁扶桑。」等〔註17〕，這許多美好的歌頌，都是以「日出扶桑」的寓意，作為個人或國

〔註9〕《後漢書》，卷59，頁1920、1921。
〔註10〕唐・房玄齡等撰，《晉書》，卷23，頁699、700，台北：鼎文書局，1987。
〔註11〕《晉書》，卷92，頁2372。
〔註12〕《晉書》，卷130，頁3210、3211。
〔註13〕梁・沈約撰，《宋書》，卷22，頁637，台北：鼎文書局，1975。
〔註14〕梁・蕭子顯撰，《南齊書》，卷9，頁148，台北：鼎文書局，1975。
〔註15〕《宋史》，卷133，頁3120。
〔註16〕清・王鴻緒等撰，《明史》，卷63，頁1577，台北：鼎文書局，1982。
〔註17〕《清史稿》，卷105、107，頁2979、2997、3030、3031、3043。

家光明祥瑞的象徵。

2. 若　木

《漢書·揚雄傳》有言「靡薜荔而為席兮，折瓊枝以為芳，噏清雲之流瑕兮，飲若木之露英，集虖禮神之囿，登乎頌祇之堂。」〔註18〕

《山海經·海內經》則更詳盡的記述「南海之內，黑水青水之閒，有木，名曰若木。若水出焉，有禺中之國，有列襄之國，有靈山，有赤蛇在木上，名曰蠕蛇木食。」〔註19〕

另外，《山海經·大荒北經》也稱「大荒之中，有衡石山、九陰山、洞野之山，上有赤樹，青葉、赤華，名曰若木。」〔註20〕

《淮南子·墜形訓》「若木在建木西，末有十日，其華照下地。」〔註21〕

《名義考·天部·扶桑若木》則稱「十洲記：扶桑在碧海中，樹長數千丈，一千餘圍，兩幹同根，更相依倚，日所出處。山海經：輝野之山，有樹青葉赤華，名曰若木。日所入處，夫日所出入，最為荒遠，桑曰扶，木曰若，亦以疑似言之耳。根幹花葉，孰從而見之耶？暘谷虞淵等稱，亦不過因義立名，非若職方可考而知也。」〔註22〕

《楚辭·離騷》「飲余馬於咸池兮，揔余轡乎扶桑。折若木以拂日兮，聊逍遙以相羊。」注曰「若木在崑崙西極，其華照下地。」〔註23〕

《宋書·樂志三》則有〈上謁〉、〈董桃行〉古詞，並謂「傳教出門來，門外人何求？所言欲從聖道，求一得命延。教敕凡吏受言，采取神藥若木端。白兔長跪搗藥蝦蟆丸，奉上陛下一玉柈，服此藥可得即仙。服爾神藥，無不歡喜。陛下長生老壽，四面肅肅稽首，天神擁護左右，陛下長與天相保守。」〔註24〕則說明若木是神木之屬，採藥服之，可以長生，與道教思想可以說十分吻合。

〔註18〕漢·班固撰，《漢書》，卷87上，頁3530，台北：鼎文書局，1993。

〔註19〕《山海經》，《景印文淵閣四庫全書》，冊1042，頁82。

〔註20〕《山海經》，《景印文淵閣四庫全書》，冊1042，頁80。

〔註21〕漢·劉安撰、高誘注，《淮南子》，《景印文淵閣四庫全書》，冊848，頁545，台北：商務印書館，1986。

〔註22〕明·周祈撰，《名義考》，《景印文淵閣四庫全書》，冊856，頁311，台北：商務印書館，1986。

〔註23〕漢·王逸撰，《楚辭章句》，《景印文淵閣四庫全書》，冊1062，頁9、10，台北：商務印書館，1986。

〔註24〕《宋書》，卷21，頁612。

《南齊書・張融列傳》則載張融浮海至交州，於海中作〈海賦〉，有言「西衝虞淵之曲，東振湯谷之阿。若木於是乎倒覆，折扶桑而為渣。」〔註25〕

《宋史・樂志十》寧宗郊前朝獻景靈宮二十四首之十七，則謂「詣飲福位，〈乾安〉若木露英，清雲流霞。蔓蔓芝秀，馮馮桂華。綿瑞無疆，產䖢孔奢。皇則受之，鞏我帝家。」〔註26〕

《清史稿・樂志五》則載「椒繁㱸衍瓊華紀，都從若木秀新枝。」又稱「紅瑟瑟，初陽生若木；白輝輝，晴雪在宮槐。」〔註27〕

都可見典籍中以「若木」作為日落之處的記載，而其意義和作用也極為單純，並和「扶桑」之意相同，分別表示日出東方以及日落西隅的象徵。

3. 建 木

至於有關「建木」的記載，《呂氏春秋・有始覽》稱「白民之南，建木之下，日中無影，呼而無響，蓋天地之中也。」注曰「白民之國在海外極內，建木在廣都南方，眾帝所從上下也，復在白民之南。」〔註28〕

《後漢書・張衡列傳》有言「顧金天而歎息兮，吾欲往乎西嬉。前祝融使舉麾兮，纚朱鳥以承旗。躔建木於廣都兮，拓若華而躊躇。超軒轅於西海兮，跨汪氏之龍魚；聞此國之千歲兮，曾焉足以娛余？」注曰「淮南子曰：建木在廣都，若木在建木西，末有十日，其華照地。山海經曰，廣都之野，后稷葬焉。楚辭曰：折若木以拂日。」〔註29〕

《魏書・陽尼列傳》載陽固著〈演賾賦〉以明幽微通塞之事。其詞有「蔭建木之長柯兮，援木禾之修莖。咀玉髓而充渴兮，嚼正陽以長生。參松喬而撫翰兮，侶浮丘而上征。」〔註30〕

《文選・張衡・思玄賦》則謂「躔建木於廣都兮，摭若華之躊躇。」〔註31〕按：廣都即都廣，地名。漢時有廣都縣，漢元朔二年置，屬蜀郡，在四川省華陽縣東南（見《漢書・地理志上》）。著名的廣都紙就是出於此地。

〔註25〕《南齊書》，卷41，頁722。
〔註26〕《宋史》，卷135，頁3182。
〔註27〕《清史稿》，卷105，頁2986、2989。
〔註28〕舊題秦・呂不韋撰，《呂氏春秋》，《景印文淵閣四庫全書》，冊848，頁364，台北：商務印書館，1986。
〔註29〕《後漢書》，卷59，頁1922。
〔註30〕北齊・魏收撰，《魏書》，卷72，頁1609，台北：鼎文書局，1993。
〔註31〕南朝梁・昭明太子，《文選》，卷15，頁7，台北：藝文印書館，1974。

《淮南子‧墜形訓》也稱「建木在都廣，眾帝所自上下，日中無景，呼而無嚮，蓋天地之中也。」注「建木，其狀如牛，引之有皮，若纓黃蛇，葉若羅。都廣，南方山名也。」〔註 32〕

《山海經‧海內經》則謂「有木青葉紫莖，玄華黃實，名曰建木，百仞無枝，有九欘，下有九枸，其實如麻，其葉如芒，大皥爰過，黃帝所為。」〔註 33〕

又，〈海內南經〉則言「窫窳，龍首，居弱水中，在狌狌知人名之西，其狀如龍首，食人。有木，其狀如牛，引之有皮，若纓黃蛇，其葉如羅，其實如欒，其木若蓲，其名曰建木，在窫窳西弱水上。」注「建木，青葉紫莖，黑花黃實。其下聲無響，立無影也。」〔註 34〕

在這些文獻典籍中，不僅對「建木」的形制、寓意、作用、內涵，甚至是地理位置，都有明確且詳盡的記述，並指出建木是「眾帝所自上下」的憑藉和管道。

事實上，扶桑、建木、若木的象徵意義極為豐富，並寓意著東方、西方和中原之地，再加上扶桑出日──指「天」、若木落日──指「地」，而位居中央的建木─則是天地、宇宙之間，「人」與天神溝通的管道。因此，扶桑、建木和若木實是天、地、人三才孕育的象徵和原形，這種強調「三才」的觀念和《山海經》、《淮南子》等書完成的時代背景的確相互吻合，也和早期道教思想以及求仙信仰的時代風氣極為相當。

三、搖錢樹與搖錢樹座

神樹既是「眾帝所從上下也」的管道，也是人們「通天地」的憑藉，於是，將神樹作成奉祀之器，成為膜拜的對象，便也是民間信仰或習俗形成的濫觴，這也是搖錢樹及搖錢樹座興起的原因。至於搖錢樹及搖錢樹座的出土，這些年來考古的發現不在少數，其材質並以陶器和青銅器物為盛。

即以青銅材質的搖錢樹出土為例，其分布地區據江玉祥〈關於考古出土的「搖錢樹」研究中的幾個問題〉〔註 35〕一文所載，則有：

四川─成都、雙流、新都、新繁、茂汶、彭山、郫縣、樂山、宜賓、新

〔註 32〕《淮南子》，冊 848，頁 545。
〔註 33〕《山海經》，冊 1042，頁 82。
〔註 34〕《山海經》，冊 1042，頁 62、63。
〔註 35〕江玉祥，〈關於考古出土的「搖錢樹」研究中的幾個問題〉，《四川文物》，2000.4，頁 10～13。

　　　津、蘆山、寶興、漢源、西昌、廣漢、綿陽、三台、遂寧、簡陽、
　　　廣元、忠縣、達縣、渠縣。

雲南—昭通、昆明、呈貢、大理、保山。

貴州—清鎮、赫章、興義、興仁。

陝西—城固、勉縣。

青海—大通。

甘肅—武威。

　　文中並認為「如果將這些地點連接起來，大略可知迄今出土的搖錢樹及錢樹座主要分布在古代西南絲綢之路三條主幹線上。」

　　且「四川出土的搖錢樹及搖錢樹座，一般都在東漢中晚期，晚至蜀漢後期。」而「搖錢樹流行的時期是東漢初至蜀漢後期（大約從公元 84 年至 253 年），流行的區域主要是以成都為中心的巴蜀文化圈內。值得注意的是：昭通、赫章和清鎮出土的搖錢樹時代最早。由此是否可以說『搖錢樹』這種明器最早興起於滇東北和黔西北地區呢？」

　　同時，江文在論及「青銅『搖錢樹』的文化內涵」一節時，又指出「從雲南昭通桂家院子東漢花磚墓出土青銅『搖錢樹』葉片上銘文『金花』二字推斷，它在漢代的名字也許叫『金花樹』。本世紀四十年代，著名考古學馮漢驥教授在彭山的崖墓中首先發現此物，將其定名為『搖錢樹』，得到考古界的認同。」

　　另外，作者又認為，「漢墓中出土的銅搖錢樹（金花樹）本是墓主生前當作偶像崇拜的一種祭器，其功能是供設在堂中（與湖南寧鄉民俗同），隨時祭祀，保佑家人（或族人）長命富貴。其次的用途才是作為明器，供墓主在陰間繼續享受富貴，『有錢可使鬼』，以便靈魂進入天國。」

　　這樣詳盡的論述，的確對文獻和文物的考證作了緊密且科學的結合。只是，作者雖也認定「搖錢樹」是盛行於漢代的民間習俗，然而，文字中卻忽略了民俗的養成有其地域性、文化性、延續性、融合性的功能與作用，以至於作者在論述「搖錢樹」的內涵上不免有所偏頗，且言及其源起與發展時則多所闕漏，以至其周延性略嫌不足。

　　同時，葉片上銘文「金花」二字，也並非意味著樹名即是「金花」，而應是墓主或隨葬者的名諱，因為，在早期道教典籍《太平經》中便已有「命樹」一詞（詳見後文），而且，早在上古時期，中國許多地區所流傳的民間信仰，

以及道教盛行的思想習俗中，即已認定「命樹」的存在，這棵命樹不僅是個人生命的象徵，也是人死後通天的憑據與依附。因此，在祭祀中對「命樹」頂禮膜拜，或在墓葬中置放青銅、陶器所鑄作完成的命樹，便是個人或家族生命延續的象徵，並具有濃厚的「長生」寓意，這是人們對不可知的「死亡」最深的期待與祝福，也是世界各民族文化常有的思想與內涵，因此，這樣的民間信仰具有深刻的實質象徵與文化寄託，於是，在墓葬及祭祀中的許多儀節和文物，就不再只是無的放矢，或毫無意義的思想和行為。

事實上，前文中所稱搖錢樹出土的分布地區，即是早期道教盛行的範圍，至於所謂的「搖錢樹」一詞，其出現也甚晚，完全不符合考古挖掘中盛行於東漢時期的出土年代。而且，最容易引起爭議，或令人望「文」生義的問題，就是「命樹」上懸掛著許多銅錢般或圓形玉璧的飾物，其意義與作用究竟為何？則仍然眾說紛紜、莫衷一是。因此，無論是就歷史發展或文化內涵來看，這樣的文物實不應稱之為「搖錢樹」而應稱之為「命樹」，這是因為「命樹」一詞不僅可以符合文物的意義與作用，也更能和典籍文獻《太平經》中的文字敘述相互映證。

史占揚〈四川古代搖錢樹及其一般性文化內涵〉即曾指出「每株鑄繪的銅錢少者一、二百枚，多者可達四、五百枚，圓形方孔錢有大有小，在廣漢、新津出土的錢樹上還可看到銅錢上鑄有『五銖』和『五后利』等文字，各樹上的銅錢外緣均鑄出稍彎曲的細線，表示光芒四射。」（圖 4-1）同時，文中也指出「在綿陽和原四川省忠縣出土之錢樹圖飾中可見大象足踏玉璧及單獨玉璧圖像，有的璧上遍刻鳥獸花紋，有的則把綢帶繫掛在璧上。可見，璧在我國古代之貴重。這裡的璧即是一種祭祀性的禮器，又是財富的象徵。」〔註36〕只是，這樣的「搖錢樹」所懸掛的飾物不盡相同，且不能完全解釋「銅錢」或「玉璧」的差異性和意義。

又，鮮明〈再論早期道教遺物搖錢樹〉一文也稱「搖錢樹的源頭應追溯到西南少數民族地區的巫教，追溯到原始的樹神崇拜。民族學資料表明，古代至近代四川及雲南少數民族中就有『高山折樏枝』以祭神的習俗；昆明東鄉的巫師即戴蔑笠，身披氈，以木削或樹枝插於地上而祭神。勉縣出土的搖錢樹樹幹即為木質。」又稱，搖錢樹形制的演變「枝葉間開始綴有方孔圓錢，

〔註36〕史占揚，〈四川古代搖錢樹及其一般性文化內涵〉，《四川文物》1999 年第 6期，頁 26～31。

以對應道教的貧富思想；並以漢族崑崙、蓬萊神話系統中的西王母等神仙取代巫教中的山神、樹神等。」〔註37〕這樣的論點固然有相當的真實性與可靠性，然而，出土「搖錢樹」或「搖錢樹座」的質地並非止於木質，青銅、陶器的數量更不在少數，且「神樹」的觀念並非僅止於四川、雲南地區而已，其淵源也並非肇始於西南地區，若因此而論定，則不免有武斷之嫌，仍欠周密。

圖 4-1　東漢時期，陶座銅制神樹

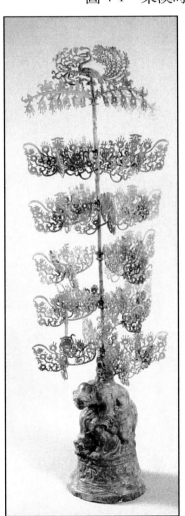 

高 149.1cm、台座徑 26.5cm，四川廣漢萬福鎮出土。自《三星堆·中國 5000 年之謎》頁 101。

〔註37〕鮮明，〈再論早期道教遺物搖錢樹〉，《四川文物》1998 年第 4 期，頁 29～33。

　　另外，張善熙、姜易德、屠世榮〈成都鳳凰山出土《太玄經》搖錢樹探討〉一文中則指出「成都鳳凰山出土的搖錢樹，錢形大小一致，錢文全系各種星相符號，故試命名為『太玄經搖錢樹』。」〔註38〕這是因為作者認為錢形符號的內涵與西漢晚期揚雄所著《太玄經》的卦爻涵意頗為相符，是以命之。只是，這樣的觀點若以現今出土考古而論，在所有的錢形符號中，無論是文字或圖飾的紋樣都極為豐富，並非止於星相符號而已，因此，若總稱為「太玄經搖錢樹」則頗有未盡之意，仍需多加斟酌。

　　當然，也有學者直截指出那並不是真正的錢幣，因為，在錢幣的反面還有許多紋飾，如：星斗、雙魚、龍鳳、斗劍、龜蛇、祥禽瑞獸等，同時，錢幣上除了有「五銖錢」等字樣外，又有許多吉祥語，如：千秋萬歲、天下太平、去殃除凶等，這樣詳細而又全面性的指證的確令人振奮鼓舞，因此，懸掛在搖錢樹上，刻鑄吉祥圖飾或文字，且「形似錢幣」的憑藉物，的確不是真正的貨幣，因此，不應視為財富之意，而應是古人所謂的「壓勝錢」，這是自古以來人們藉以祈福去禍的憑藉物之一，也是民間長久流傳的習俗，並在北宋時期仍見留存。

　　王黼等奉敕所撰寫的《宣和博古圖》一書中即有「厭勝錢」或「壓勝錢」的記述，並稱「今此錢一體之間，龍馬並著，形長而方。意有類於此，然下體蟠屈隱起粟文，似非漢武之制者，又李孝美圖譜有永安五男錢，體勢雖圓，輪廓皆著要文，與此少類，然孝美號之曰壓勝錢，則是錢殆亦用之為厭勝者邪？且錢謂之泉布，則取其流行無窮之意。而此龍馬者，蓋行天莫如龍，行地莫如馬，亦泉布流行之謂歟！」〔註39〕

　　的確，自兩漢以來，人們即盛行以「厭勝物」作為趨吉避凶的祥瑞物或避邪品，這樣的社會風氣與器物紋飾也同樣見於漢代的銅鏡、瓦當、建築等，或是藉著繫朱索、佩帶剛卯等物品以止惡，這是當時盛行的社會風氣，也是自古以來人們對不可知的事物，藉著「厭勝物」的止惡作用以尋求內心的平安與慰藉。

　　《史記·高祖本紀》載「蕭丞相營作未央宮，立東闕、北闕、前殿、武庫、太倉。高祖還，見宮闕壯甚，怒。」索隱曰「東闕名蒼龍，北闕名玄武，

〔註38〕張善熙、姜易德、屠世榮，〈成都鳳凰山出土《太玄經》搖錢樹探討〉，《四川文物》1998 年第 4 期，頁 23～28。

〔註39〕李學勤主編，《中華漢語工具書書庫》，冊 97，《重修宣和博古圖》，卷 27，頁 148，安徽教育出版社，2002。

無西南二闕者，蓋蕭何以厭勝之法故不立也。」〔註40〕另外，《後漢書·董卓列傳》「催乃自為大司馬」句下注也稱「獻帝起居注曰：催性喜鬼怪左道之術，常有道人及女巫歌謳擊鼓下神祭，六丁符劾厭勝之具，無所不為。」〔註41〕都說明自兩漢以來，即使是王公貴族，也對厭勝之術極有鑽研，並對其作用深信不疑，這樣的習俗直至清朝或現代也都不可免俗。

因此，所謂的「厭勝錢」並不是真正的貨幣，只是在祭祀或祈福儀式中的「厭勝物」而已！掛在「命樹」上以求個人的福份與吉祥。這樣的觀念和前言《三國志·魏書·邴原傳》中所記載的「神樹」意義相當，也和雲南、湖南地區所遺存的地方性祈神賜福的習俗相符合，且當地百姓也稱，掛錢幣並不是為求財，而是為祈福、敬神的作用而設。

直至今日，在中國大陸、台灣、東南亞，甚或鄰近的韓國、日本，民間的習俗中，若有人生病或發生意外，也仍然有許多人習慣在寺廟的大樹上掛紅布條、籤紙以祈福的習俗，這種對生命的尊重與期許，是社會大眾美好的期待與祝福，也寓意世俗良善的風氣與信念，人們樂於接受、承襲這樣溫馨且美好的思想與行為，世代相沿，自然就長久流傳了。

因此，後世所謂的「搖錢樹」其意義與作用初始並非是為聚財生錢而設，古籍中也並無此名稱，及至後人望文生義，將「錢樹子」、「搖錢樹」視為生財的寓意或象徵，「搖錢樹」一詞才流傳開來，成為民間習俗或商家求財必備的擺飾，這是另一層面的需求，與「命樹」的意義和作用自然大異其趣、毫無干涉了。

四、漢代畫像石與《太平經》中的命樹

至於「神樹」，除了青銅、陶器中出土了許多所謂的「搖錢樹」或「搖錢樹座」之外，東漢的畫像磚石中也出現許多繁枝茂葉的「大樹」，並都在畫像中佔據重要且顯著的地位，同時，就圖像而言，山東、河南、四川、陝北四大畫像分布地區的「神樹」都頗有差異，並有其地域性內涵的不同，應予仔細分辨才是。

即以山東畫像石的內容而論，其中的「神樹」大多與「太陽」或「射日」有關，這和《山海經》中所載日出「扶桑」之旨也都相當。因此，山東地區，

〔註40〕《史記》，卷8，頁385、386。
〔註41〕《後漢書》，卷72，頁2338。

尤其是武梁祠中的畫像，如：武梁石室第三石、武斑左石室九（圖4-2）、武榮石室前石室三（圖4-3），以及嘉祥南武山畫像第一石、嘉祥劉村洪福院畫像第一石、嘉祥宋山第二批畫像第一石等，其中的「大樹」無論是就樹葉的形狀，或是印證文獻典籍文字，都應是指「扶桑」之意。這和山東地區濃厚的道教思想，以及傳說中泰山是黃帝成仙的地方，以致於秦始皇、漢武帝，甚或後代許多帝王都要到泰山封禪的意義也都極為符合。

圖4-2　東漢時期，山東嘉祥武斑石室後壁下部小龕東壁畫像（原石編號一左石室九）

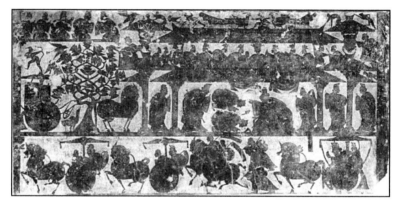

畫像石的左上方有一棵枝葉茂密的大樹，這是通天命樹的象徵。自《魯迅藏漢畫像一》圖版67。

圖4-3　東漢時期，山東嘉祥武榮石室後壁下部小龕東壁畫像（原石編號一前石室三）

畫像石的左上方有一棵枝葉茂密的大樹，這是通天命樹的象徵。自《魯迅藏漢畫像一》圖版42。

　　至於前言若木的所在地為「南海之內，黑水青水之閒，有木，名曰若木。」又「若木在建木西，末有十日，其華照下地。」以及「夫日所出入處，最為荒遠，木曰若，亦以疑似言之耳。」從《山海經》、《淮南子》等書的記述，都可見若木應是在極西的偏遠地方，也就是昆崙山（黑水、青水之間）的位置，這是西王母居處的所在，也是日所出入處，最為荒遠，其木曰若，自然不易得見，因此，文物中少有類似的器物或形象，也是自然。

　　雖然，許多學者及研究者在文字論述中都已經提及「神樹」、「神仙樹」或「命樹」、「生命樹」、「不死樹」等詞來詮釋這棵大樹或搖錢樹的作用，且其意義大多近似，而其文化淵源也多充斥於神仙思想典籍，只是，眾說紛紜，卻仍然無法真正解決有關「神樹」的所有疑難，當然，在這許多意見紛乘的舉證之中，許多研究者都忽略了一個事實，那就是所謂「命樹」一詞早在《太平經》中即已提及，並有其特殊的信仰作用、文化內涵和精神指標。

　　《太平經》這是現存早期道教的重要經典，也是研究中國早期道教發展及哲學思想的必備典籍。此書由於卷帙浩繁，且內容蕪雜，並非一人一時一地所作，《後漢書‧襄楷列傳》中即已見「道家太平經」一詞，並長久流傳於民間，至於所謂的《太平清領書》、《神書》等，則都是《太平經》的前身，〈襄楷列傳〉並載東漢順帝時「琅邪宮崇詣闕，上其師干吉於曲陽泉水上所得神書百七十卷，皆縹白素朱介青首朱目，號太平清領書。」〔註42〕這是當時盛行的民間信仰，並有經典文字相傳，只是其書內容多陰陽五行、巫覡雜語，有司視之為妖妄不經，不予認同而已！

　　及至靈帝即位，《太平經》始受帝王重視，其後，道教信仰又歷經黃巾之亂以及寇謙之的修訂，並在戰亂及佛、道交互興替的消長中，歷代相傳，直至明英宗正統九年（1444）重修《道藏》所錄《太平經》時，此書因散亂亡佚，甲乙辛壬癸五部都已遺佚，而其餘各部文字也多所闕漏，僅餘57卷，這是目前僅存的孤本。雖然，《太平經》一書至今已殘缺不全，其內容也和嗣後道教的發展有所出入，然而，作為道教思想發展的早期經典與文字紀錄，卻頗能反映自東漢時期以來，道教形成及盛行的關鍵階段與面貌，並作為後人學術研究的重要憑藉。

　　《太平經‧有過死謫作河梁誡》即言「人有命樹生天土各過，其春生三月命樹桑，夏生三月命樹棗李，秋生三月命梓梗，冬生三月命槐柏，此俗人

〔註42〕《後漢書》，卷30下，頁1084。

所屬也。皆有主樹之吏，命且欲盡，其樹半生；命盡枯落，主吏伐樹。其人安從得活，欲長不死，易改心志，傳其樹近天門，名曰長生。神吏主之，皆潔靜光澤，自生天之所，護神尊榮。」〔註43〕這樣詳盡的文字記載，並藉「命樹」消長以闡明個人生死榮枯之觀念，都可見在早期道教思想中，先民早已盛行且認定俗人各有「命樹」的信仰，並藉著神吏主樹之榮枯以便象徵個人生命短長的思維，至於其終極目標則是企求「長生」之旨。

這樣的思想流傳，並寓意早期道教長生思想的觀念，也同樣見於東漢時期的畫像石紋飾─這是中國早期道教思想發展中，墓葬制度與習俗的真實反映（見拙著《東漢畫像石與道教發展》〔註44〕一書），而畫像石上常見有通天大樹，枝葉茂密舒展，其旁又有禽鳥瑞獸等環繞，甚或天文星相，而這些圖飾都和「搖錢樹」上作為厭勝錢幣的紋飾相符合，並是墓主生命的象徵與祈福，人們期望藉此「命樹」以通天，俾便符合道教觀念中長生的思想。

山東、河南、四川、陝北這是畫像磚石流傳最為廣泛的地區，個人在書中，即曾歸納指出：畫像流傳分布最盛的時期、地域依序應是山東─河南─四川─陝北，甚至在黃巾亂後的三國時期，許多道教信徒因避亂而四處流竄，其所信仰的各種道教器物與隨葬物品也因此而蔓衍至江、浙、閩、粵等地，並大量遷移至雲南、貴州、陝西、甘肅、青海等地區，甚至經由敦煌、新疆，西出絲綢之路的沿線地點而流佈，這種信仰的遺跡，可從當地墓葬出土的許多道教思想遺物、文字、織繡（圖4-4，圖4-5，圖4-6）以及「搖錢樹」或「搖錢樹座」（圖4-7）等文物即可獲得印證，這也是「搖錢樹」或「搖錢樹座」多出土於西南、西北地區的重要原因，並在時間的先後接續上都相當吻合；而其淵源，則是濫觴於中國本土民間信仰的墓葬習俗和巫覡觀念，並融合早期道教思想中象徵個人生命榮枯的「命樹」形式，寓意道教信仰中「長生」的意義與作用。

〔註43〕王明編，《太平經合校》，卷112，頁578，中華書局，1992。

〔註44〕俞美霞，《東漢畫像石與道教發展──兼論敦煌壁畫中的道教圖像》，台北：南天書局，2000。

圖 4-4　漢晉（公元前 3～世紀），「五星出東方利中國」錦護膊

長 18.5、寬 12.5cm，錦為藍、黃、綠、白、紅五色織錦，紋飾則為孔雀、
仙鶴、辟邪、夔龍和虎等祥禽瑞獸，以及植物和花蕾作隔，其間織「五星
出東方利中國」隸書字樣，1995 年新疆民丰縣尼雅 1 號墓地 8 號墓出土，
新疆文物考古研究所藏。自《絲路考古珍品》頁 115。

圖 4-5　漢晉（公元前 3～5 世紀），錦帽

高 24、口徑 30cm，帽面織錦白地，以藍、綠、絳三色顯花，紋飾有茱萸、
雲氣、人物造型，以及德、宜、子、生等隸書字樣，1995 年新疆民丰縣尼雅
1 號墓地 8 號墓出土，新疆文物考古研究所藏。自《絲路考古珍品》頁 114。

圖 4-6　漢晉（公元前 3～世紀），「世毋極錦宜二親傳子孫」錦手套

長 35.5、寬 15cm，錦在藍色地上，顯黃色曲折紋，其間織「世毋極錦宜二親傳子孫」隸書字樣，1995 年新疆民丰縣尼雅 1 號墓地 3 號墓出土，新疆文物考古研究所藏。自《絲路考古珍品》頁 113。

圖 4-7　漢，陶神山西王母搖錢樹座

高 60.5、寬 42.0cm，四川成都市出土，成都市博物館藏。自《中國美術全集・陶磁上》頁 124。

至於相關思想的論述，個人已陸續於學術研討會中發表，如：〈從辭賦談敦煌壁畫中的道教圖像〉〔註45〕、〈談道教思想與民間信仰中的用玉問題〉〔註46〕、〈談玉器中的冊書〉〔註47〕、〈從絲織品看楚人墓葬習俗及其影響〉〔註48〕等文，都頗見道教思想在醞釀、成形以及發展的長久過程中，對社會制度、民間信仰以及民情風俗的各種影響，其中，並涵融許多美好的品德（如：孝親、敬師、重視女性等觀念）與民間盛行的巫覡文化，並在生活中普遍實踐，奉行不疑，其深入的層面更是無遠弗屆，影響中國文化內涵及生活行為甚至達數千年之久，此處不予贅言。

五、搖錢樹與佛陀的迷思

搖錢樹或搖錢樹座上有西王母、仙人及飛禽、瑞獸的圖像，這已是許多學者都已肯定的內涵，並因此而認定搖錢樹和搖錢樹座應是屬於道教思想的法器。雖然，前人在這些文章中並無法明確詮釋何以這些器物是屬於道教思想的範疇，然而，卻不能否認像西王母這樣鮮明的傳統中國神仙圖像，存在於搖錢樹和搖錢樹座上，的確是道教信仰內涵的反映。然而，在部分文章中，言及搖錢樹或搖錢樹座上除了有朱雀、西王母圖像者為道教思想外，又有將西王母圖像視之為佛陀圖像或肉髻、深衣、手印等裝飾，並認為這是佛教傳入中土的具體見證，這樣的解釋的確令人迷惑且混淆視聽，實有必要予以澄清才是。

有關搖錢樹或搖錢樹座上的佛陀圖像，言之者不在少數，這樣的文字尤以高文〈中國最早的佛像，記四川彭山縣漢代陶搖錢樹座〉〔註49〕及范小平〈四川漢畫及搖錢樹所反映的中國早期佛教藝術〉〔註50〕等文章最為詳贍且

〔註45〕〈從辭賦談敦煌壁畫中的道教圖像〉，「2000 年敦煌學國際學術研討會」論文集（中國：敦煌研究所，2000.7），頁 97～123。

〔註46〕〈談道教思想與民間信仰中的用玉問題〉，「海峽兩岸古玉學會議」論文集（台灣大學地質研究所，2001.9），頁 657～666。

〔註47〕〈談玉器中的冊書〉，「中國隋唐至清代玉器學術討論會」論文集（上海博物館，2001.11），頁 154～169。

〔註48〕〈從絲織品看楚人墓葬習俗及其影響〉，「2002 年中國語文教育『學理與應用』學術研討會——禮俗與文化」論文集（銘傳大學應用中國文學系，2002.3），頁 93～122。

〔註49〕高文，〈中國最早的佛像，記四川彭山縣漢代陶搖錢樹座〉，《歷史月刊》，1995.12，頁 110～112。

〔註50〕范小平，〈四川漢畫及搖錢樹所反映的中國早期佛教藝術〉，《中華文化論壇》，1998.3，頁 66～70。

具有代表性。

例如：在高文的文章中，記述「早在二十世紀四〇年代，即中國的抗日戰爭時期，中國著名老一輩考古學家夏鼐、吳金鼎、曾昭燏等人帶領川康古蹟考察團，在四川省彭山縣東漢崖墓內發現了陶佛像搖錢樹座，它係灰質陶合模製成，後半部已殘，通高二十一公分，圓筒直徑七公分。下部圓形基座，浮雕青龍、白虎銜璧，座上塑一佛二協侍佛造像一組，這陶佛像座早在五〇年代著名考古學家馮漢驥定名為『搖錢樹座』，現藏南京博物院。」當然，文字中也描述此件陶搖錢樹座的人物造型原本就沒有細節修飾，形象雖具有漢代陶俑的特色，卻因年代久遠而極為模糊，然而，若只因主尊身旁有二侍者就認為這是「一佛二弟子」或「一佛二菩薩」造型，則未免失之武斷。事實上，據樹座下部所浮雕的青龍、白虎造型來看，此搖錢樹座應是道教器物無誤，而座中人物正是西王母，身旁有侍者二人，這樣的題材也是其他搖錢樹或搖錢樹座中常見的圖像造型。

另外，高文又舉「四川省樂山市麻浩東漢崖墓享堂的門楣上也有一尊結跏趺坐的佛像，右手作『施無畏印』，頭有肉髻，繞頭有佛光，其衣式非鍵陀羅式，亦非印度式，極似漢人普通衣著。」這樣的文字描述對照圖像來看，也仍有許多可以斟酌之處。

事實上，東漢時期的方士、術士者流，多為熟讀詩書的知識份子，束髮、戴冠、著漢式衣，則是自然；至於修行者盤腿趺坐、施手訣、行禹步，這些儀式在東漢時期都早已盛行，尤其是東漢後期的巴蜀地區，以五斗米道行於世，即是以符籙治病、修橋築路而號召群眾，尤其是在舉行符籙施咒的儀式或過程中，即必須佐以「手訣」，而「手訣」中的「指訣」或「掌訣」也都是方術之士（兩漢書中並無「道士」之稱謂）結壇誦經、祈禳祝禱、召役神靈或道場法事中所必備的形式，及至今日，道教所流傳的罡訣仍多達七百餘目，並仍以四川地區為最盛，道教信徒藉著這些儀式以通真制邪、攘災祛禍，因此，所謂的「施手訣」並非只是佛教儀式中所僅有的專利，而是道教文化中極富內涵的信仰儀式特色；至於身後有頭光，那也只是強調作為修行者的形象，並藉以表示與常民有異而已！若因此而全盤否定道教信徒的修為，並以為是佛教思想的象徵，則不免失之偏頗，並有違事實與圖像呈現的真實。

或謂佛教傳入始於東漢永平年間（明帝，58～75），此說固然有待斟酌，然而，若樂山崖墓上的人物果真是佛陀形象，那麼，又何以置放於「享堂的

門楣上」？且服飾「極似漢人普通衣著」？這許多突兀的形象與解說，並不符合佛教早期傳入中土的形貌，且於年代、地域的分布、置放的位置與服飾等各方面來觀照，也未必都能盡合情理；同時，在四川樂山麻浩東漢崖墓中又有「永和」（順帝年號，136～141）、「延熹」（桓帝年號，158～167）等字樣，這些年代正是早期道教最為興盛的時期；而且，樂山崖墓的圖像表達，若從道教的觀點來看，道教信徒重視墓主「畫像」的留存，因此，死後於崖墓享堂的門楣上置放墓主著布衣並修行的畫像，以便昭示其道教的思想和信念，便是極其允當並且再自然也不過的事情了。

　　至於范小平文中言及「早期佛教在四川漢代墓葬藝術中集中體現於佛教裝飾圖形如蓮花、佛塔、大（白）象等，以及佛教人物造像如『胡人』、佛陀等，主要出現在崖墓石刻、畫像磚、錢樹及錢樹座上。」這樣的文字描述實已一語道盡東漢崖墓石刻、畫像磚、錢樹以及錢樹座的特色。事實上，這些在東漢時期所盛行的物質文化中所體現出來的裝飾性圖案，雖然在佛教思想中具有相當鮮明意義的信仰內涵，然而，仔細檢視，這些圖像早在佛教傳入中土之前，便已存在於中國文物的各類器物上，並多具有祥瑞的文化象徵。

　　即以蓮花紋飾為例，1923 年河南新鄭李家樓出土春秋中期的「蓮鶴方壺」，器頂即已呈現雙層仰蓮形式，另外，同墓中出土的「彩繪陶豆」，器身也作十五瓣仰蓮形式，可見蓮花造型早在中國文物中即已有所運用，而其初始也並不具備任何信仰的特殊意義，是以當綿陽市何家山二號東漢崖墓中出土的搖錢樹樹葉上，也有一朵盛開的蓮花，這樣的蓮花造型，未必就一定是佛教器物或受佛教藝術色彩所影響的造型。

　　另外，大象的造型也早在殷商時期的婦好墓中即見，是珍貴的瑞獸，造型極為討喜；同時，自河姆渡文化以至於殷商晚期的三星堆遺址，墓葬中即盛行象牙器物或牙刻製品，也都可見先民對大象的重視。而范文中所舉之例，如：「三台縣永安鄉出土有大象卷雲紋的陶釉搖錢樹座（現藏三台縣文管所），內江市出土有騎羊大象陶搖錢樹座（現藏重慶市博物館），綿陽市何家山1996年發掘的東漢二號崖墓中的搖錢樹葉上，就有白象與象奴的飾件。」另外，「四川廣漢連山鎮崖墓出土的西王母搖錢樹座底部也有象奴和大象的彩繪浮雕位於主神西王母之下。」從這些文字的記述來看，除了廣漢連山鎮崖墓出土的西王母搖錢樹座具有鮮明的道教思想外，其餘的搖錢樹座雖然有大象形式，然而，卻也未必就能證明大象圖飾盡屬於佛教思想，反而因為西王母

在搖錢樹座的重要地位及一再出現，而更能確定搖錢樹與搖錢樹座所蘊涵的道教信仰與作用，而大象也只是道教思想中作為瑞獸的象徵而已。

至於東漢崖墓石刻中所常見的胡人形象，范文中則例舉：彭山縣第166號崖墓出土的錢樹座上，主佛的兩側，各站一胡人立像，胡人在此作侍從；中江縣永門鄉天平梁子崖墓墓壁的第三道門楣後側，刻有一吹簫男子，呈結跏趺坐狀；內江詫仁四號崖墓墓門右壁上也刻有一戴尖頂帽的胡人吹簫圖；在新都縣馬家山東漢墓中，也有此類吹簫胡人俑出現；三台縣金鐘山東漢崖墓的右壁上，刻有一舂米的男子形象，高鼻、深目，下巴較寬，當地人稱其為胡人。范文並稱「學術界有意見認為，東漢墓室中的胡人，是佛教南傳時，在墓葬中的藝術表現形式之一。」這樣的說法並無確切的資料可資考證說明，若只因圖像中出現高鼻、深目、戴尖頂帽的人便以為是胡人，這樣的揣測則更顯無稽，因為，在東漢畫像石中，類似這種胡人形貌的圖像不在少數，其背景並多為爭戰攻伐之意，而其地域分布則以山東地區為多，前人圖釋多作「胡漢交戰圖」，只是，這樣的「胡漢交戰圖」何以只出現在東漢時期的畫像石、崖墓或陶俑？且這樣的「胡人」形貌，其意義與作用又是為何？

事實上，在畫像石盛行的地區都曾出現過「交戰圖」或「施笞」的場面，個人在研究畫像石與早期道教發展時，便曾指出：這些戴帽、高鼻類似「胡人」裝扮的人，都是「神人」之屬，證諸《太平經》的文字，其所以爭戰或施笞，都是因神人震怒，是以懲戒失責者，有惡傷生的寓意，同時，也正是因為其身分為神人，所以裝扮與一般百姓有所不同，也是自然。〔註51〕

這種狀似胡人且輪廓深刻的神人形貌，證諸王文考〈魯靈光殿賦〉一文，也可得其彷彿，尤其是賦中在描述靈光秘殿的裝飾華麗、結構離摟、奇花異卉、珍禽異獸之餘，又有「胡人遙集於上楹，儼雅跽而相對；伊欺㮰以鵰慺，幽頹顙而睽睢；狀若悲愁於危處，憯嚬蹙而含悴。神仙岳岳於棟閒，玉女窺窗而下視。忽瞟眇以響像，若鬼神之髣髴」〔註52〕在這段文字中，除了描述殿內神仙、玉女瞟眇群聚之外，另有大面、高鼻、深目的「胡人」，恭敬地長跪於上楹而相對，其眼光驚視，面容含愁，都明確地顯示這些「胡人」雖也是神人之屬，其身分卻只是隨從的陪侍者，其地位並遠遜於神仙、玉女，是以只能群聚於上楹，遙遙相望。

〔註51〕《東漢畫像石與道教發展》，頁141～146。
〔註52〕《文選》，卷11，頁18、19。

其後，這種具神人地位的「胡人」形象，流傳有序，對照文字和圖像並能相互應和，考之於出土實物，則應是「羽人」之屬。如：1966 年陝西省咸陽市漢昭帝平陵遺址出土的「玉仙人奔馬」，1966 年陝西西安西北郊出土的「羽人器座」（圖 4-8），1973 年廣西梧州大塘出土的「羽人燈」等，都可見深刻的形貌外廓和羽翼，並帶有濃厚的神仙道教思想。因此，東漢畫像石或石刻中所稱的「胡人」形象，不僅不是佛教者流，反倒應是神仙道教之屬才是。范文中稱其為「伎樂」或「勞作之人」的沙門，然而，若果真是沙門，又何以這樣的圖像在魏晉時期佛教盛行的年代，卻反而少見？

圖 4-8　西漢，羽人器座

高 15.3cm，1966 年陝西西安北郊出土，西安市文管會藏。
自《中國美術全集·青銅下》頁 180。

因此，綜合上述文字所言，東漢時期的搖錢樹與搖錢樹座都應是道教信仰的墓葬習俗，並是「命樹」思想的象徵，而樹座上有西王母及祥禽瑞獸等圖像，也都是寓意「長生」的觀念。這和部分學者將崖墓、石刻畫像釋為佛陀，則是完全不同的發展，不僅不合於歷史的演化，且無法解釋為何佛陀和西王母圖像並存於墓葬的突兀現象（這許多墓葬的墓主都是同時信佛又崇道嗎？）因此，唯有從早期道教的認知著手，輔以《太平經》等文字資料，始

能真正釐清歷史之發展與真相，也才能對出土文物的內涵與作用真正有所理解。那麼，東漢時期崖墓、石刻、畫像上的神仙道教圖像，便也不會錯認為佛教思想信仰下的佛陀形貌了！

六、廣漢三星堆的神樹

　　東漢時期搖錢樹與搖錢樹座的出土極為豐富且繁盛，然而，若論其淵源，則出土文物中的「神樹」，最具規模、特色而又意義深遠的，則應以殷商晚期四川廣漢三星堆出土的神樹為最。

　　黃劍華〈古代蜀人的通天神樹〉〔註53〕一文中，對於三星堆青銅神樹的意義、作用與象徵，有相當深入的文字詳盡探討，並開宗明義地指出「如果說三星堆青銅造像群表現的是古蜀王國盛大的祭祀活動場面，那麼，三星堆青銅神樹展示的就是古代蜀人神奇的通天觀念了。」這樣生動的論述，頗能掌握青銅神樹的奧秘與特質。只是，青銅神樹果真如黃劍華先生所稱是「古代蜀人的一大創造」？抑或是「通天神樹的傳說很可能啟始於古蜀，然後才流傳到中原和其他地區的。」這樣的論點與臆測則略嫌說明不足，並仍有許多值得商榷的空間與餘地。

　　至於論及四川廣漢三星堆「神樹」的造型，則以趙殿增、袁曙光〈從「神樹」到「錢樹」──兼談「樹崇拜」觀念的發展與演變〉〔註54〕一文，對神樹的描述最為深刻且詳盡，並稱「四川廣漢三星堆二號祭祀坑中出土有銅質『神樹』6件，其中，大神樹2件、小神樹4件，這些神樹在埋入坑中之前，均被砸爛，並用火燒過，有些部件已不完整，推測殘件可能並未完全埋入坑內。從已復原的部分看，這些神樹都有一個圓環形盤和像『山』一樣的樹座，有一根主幹，若干根支條，樹上有立鳥、果實、掛飾、雲氣紋飾等，有的樹上還有巨龍盤旋，或祭人跪拜。這些銅樹顯然是一種具有特殊靈氣和涵義的宗教祭祀用品，從中可以透視出三星堆古人崇拜『神樹』的情況及其豐富的社會內涵。」

　　同時，文中對於神樹的信仰起源，則舉出「人類學家、原始宗教學科研究奠基人之一的愛德華‧泰勒先生曾在其代表作《原始文化》一書中，列舉

〔註53〕黃劍華，〈古代蜀人的通天神樹〉，《四川大學學報》總第115期，2001年第4期，頁72～80。

〔註54〕趙殿增、袁曙光，〈從「神樹」到「錢樹」──兼談「樹崇拜」觀念的發展與演變〉，《四川文物》2001年第3期，頁3～12。

了世界各地古今民族數十個『樹崇拜』的典型事例，認為樹木是『精靈住所』、『樹精靈的物質外殼』，樹上有神的使者，即『居於樹上並吐露神諭的精靈』，樹神必是『家族名字的來源』，『森林女神可以變成人的英雄的妻子』。此外，『森林常常是宗教崇拜的地方』，『對於許多部落來說，它是第一個神聖的處所』，『唯一的廟宇』。樹木又是『適宜放置給靈物貢獻祭品和供台或祭壇』，『起著祭壇的作用』等等。他還指出『佛陀在自身的輪迴之中曾經四十三次是樹的精靈』，『至於著名的菩提樹，則它的殊榮不限於古代佛教的史冊』。」總之，樹是神聖的象徵，也是被崇拜的對象。只是，在世界各民族的自然崇拜中都有「樹崇拜」信仰的同時，這許多西方神話或傳說中的事例，並不完全符合中國的民情風俗，也和中國神樹的發展大異其趣，且不能有效地解釋三星堆出土神樹的內涵與現象。

　　另外，趙、袁文中對於神樹的內涵及功能也條列闡述，內容極為詳盡，並將其意義歸結為「神樹既是上天的階梯，又是太陽的居所，是神靈使者的居住處，還是祭祀時的神壇、供台，同時又可能是被祀的社神『地母』。」只是，神樹若具有如此多功能的作用，「樹崇拜」的信仰果真又是如此重要，那麼，搖錢樹與搖錢樹座何以消逝地如此迅速？這樣的疑惑和發展，在趙、袁文中也指出「到南北朝以後，『錢樹』建造之風迅速消失。以後各代零星存在的『錢樹』遺物，已經失去了那些神聖的內涵，變成了單純的求財意識。『樹崇拜』在東漢經過曇花一現式的繁榮之後便走向了衰落。」這許多現象與發展的確都符合真實，只是，文中也指出「樹崇拜」的思想是自原始文化即已興起，那麼，四川的「樹崇拜」文化其淵源又來自何處？若「樹崇拜」果真是一個民族或地域性長久的思想和信仰重心，那麼，四川的「樹崇拜」文化又何以如此不堪一擊，並迅速消亡？

　　至於前言「這些神樹在埋入坑中之前，均被砸爛，並用火燒過，有些部件已不完整，推測殘件可能並未完全埋入坑內。」其中，並有大神樹2、小神樹4棵同時被焚毀，而且，在三星堆遺址出土的一號、二號祭祀坑中，分別挖掘出許多堆積散亂的青銅人頭像、砸毀的神樹以及象徵權勢地位的禮器與祭器─銅器、玉器、金器、象牙等，這些器物都是「國之重寶」，並是宗廟祭祀中不可或缺的貴重物品，而今卻毀壞並置於坑內，這樣的現象的確非比尋常。

　　尤其是一號神樹（圖 4-9），這是三星堆出土神樹中個體最大、復原情況最好、飾物內容最豐富、地位也最為重要的一棵神樹。在其底盤基座、支座

上滿佈紋飾對稱的弧線雲雷紋，其形有如山巒雲氣繚繞，而一根粗大的樹幹則筆直穿雲而出，樹上並有立鳥、盤龍、果實、短劍、人手、火焰狀圓盤等大量飾物；至於二號神樹（圖 4-10）雖然尚未修復，但從樹座和殘缺的情況來看，也是以山為基座，整體形態並與一號神樹大致相同，其間最大的區別則是二號神樹樹幹上沒有盤龍，而是在樹座上有三個跪祭人像。而從神樹和這些飾物來看，這些器物都明顯是當時信仰的重心，人們戒慎謹懼、誠惶誠恐，以跪祭的姿態對「神樹」表示內心的景仰和敬畏，其重要性自然可知。

圖 4-9　商代晚期，一號神樹，1986 四川廣漢三星堆遺址二號
　　　　祭祀坑出土

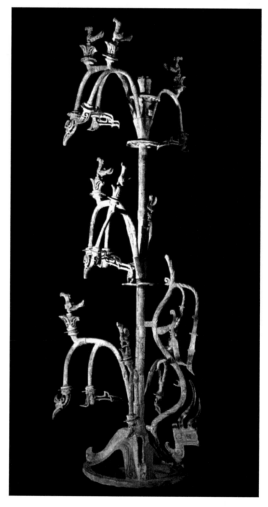

樹幹高 384cm、通高 396cm，自《三星堆・古蜀王國的聖地》頁 63。

圖 4-10　商代晚期，二號神樹及線圖，1986 年四川廣
　　　　漢三星堆遺址二號祭祀坑出土

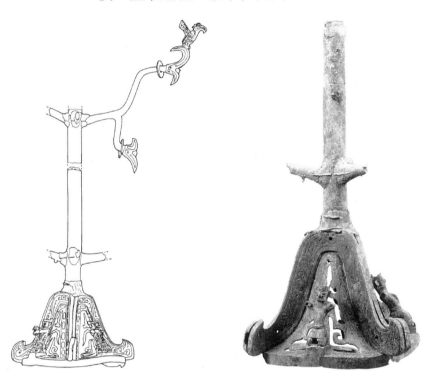

高 107.8、底座直徑 53、底座最大徑 66cm。自《三星堆・古蜀王國的聖地》
頁 64、65。

　　神樹在上古時期即是某些部落或民族信仰的寄託，而其作為「命樹」的
意義則是具有種族及個人生命延續的思想和內涵，這樣的神樹造型不僅符合
神樹作為祭祀功能的意義與作用，也可和《太平經》的文字相互呼應；同時，
若與前言典籍的文字相互比附，更可印證其間奧妙，《山海經・海內經》所
謂「有木青葉紫莖，玄華黃實，名曰建木，百仞無枝，有九欘，下有九枸，
其實如麻，其葉如芒，大皞爰過，黃帝所為。」又，〈海內南經〉「有木，其
狀如牛，引之有皮，若纓黃蛇，其葉如羅，其實如欒，其木若蓲，其名曰建
木，在窫窳西弱水上。」注「建木，青葉紫莖，黑花黃實。其下聲無響，立
無影也。」以及《淮南子・墜形訓》所稱「建木，其狀如牛，引之有皮，若
纓黃蛇，葉若羅。」這樣的文字形容，無論是樹幹、枝、葉、花、實，幾乎
就是三星堆神樹的具體描述，因此，三星堆青銅神樹實應為「建木」之屬，

而其作用則可「通天地」，並是「眾帝所自上下」的憑藉和管道，是以眾人恭敬跪拜，表現祭祀莊嚴盛大的場面。

神樹的意義和作用闡明如前，另外，若從神樹生長的位置來印證，也有典籍文字可以相互呼應。前言《文選・張衡・思玄賦》所謂「躔建木於廣都兮，擸若華之躊躇。」按：廣都即都廣，地名。漢時有廣都縣，漢元朔二年置，屬蜀郡，在四川省華陽縣東南（見《漢書・地理志上》）。這樣的地理位置和三星堆遺址出於四川廣漢，不僅地名類似，且都位於蜀郡成都地區，位置極為鄰近，這樣的巧合，便不可視為虛構而已！事實上，《山海經》一書既非神仙怪誕之說，其文字也絕非無稽之談，應是早期道教信徒為避黃巾之亂，而將許多有關道教信仰或思想的淵源或分佈，寓意神怪並山水等文字，羅縷寄存，以便後人參酌印證，這從《山海經》中多神仙、靈異、誌怪等思想便可窺其大要，而其為避黃巾之禍，以至詞語隱諱，甚或文字荒誕不經，其思慮之深遠，用心良苦，的確令人動容。

至於在三星堆遺址祭祀坑中豐富的挖掘，呈現的固然是盛大的祭祀場面，然而，由於祭祀的本身有其特殊的意義與作用，以及整體性的儀式和過程，並無法單一就青銅器或神樹研究即可明白闡述，是以在此權且將神樹的意義與內涵略做詮釋，並與建木相互比附，即可知三星堆的青銅神樹即是「建木」的原型，並象徵個人生命榮枯，是「眾帝自所上下」的憑藉和管道。至於三星堆遺址的整體祭祀內涵，由於牽涉極為複雜龐大，難以一語道盡，個人將另文深入探討為是。

七、新石器時代的文物——樹崇拜信仰的濫觴

日出「扶桑」、日落「若木」，「建木」則是通天以及眾帝援之上下的憑藉，這樣的神話、傳說普遍見於《山海經》、《淮南子》等典籍，也是以文字具體闡明古代先民對樹崇拜信仰的重要記錄。

至於在出土文物中，除了四川廣漢三星堆巨大壯碩的青銅神樹之外，還有許多和「樹」有關的文物，同時，在新石器時代也有許多和「樹」有關的考古挖掘。例如：安徽含山凌家灘 M4 即出土一件牙黃色等腰三角形樹形玉片（圖 4-11），此件玉片高 10.2、底寬 6、厚 0.3 厘米，葉脈形的分布，正面雕刻 18 對葉脈紋，底邊則對鑽四個圓孔。

這樣珍貴的樹形玉片，形象寫實，且其出土位置並緊鄰玉龜殼和八卦形玉片，也可見此樹形玉片的重要性。然而，卻少人對此現象或其文化內涵有

所詮釋或說明，而個人以為：這樣的樹形玉片從其出土位置以及生動簡練的造型來看，其意義和作用都應是「命樹」的前身，置放於墓中隨葬，是個人（從其隨葬品來看，此人的身分地位應是部落的首領）或種族生命延續的象徵。

圖 4-11　新石器時代，凌家灘文化，玉三角形刻紋片
　　　　（87M4：68）

高 10.2、底寬 6、厚 0.3cm，器等腰三角形，底邊對鑽四個圓孔，正面雕刻
十八對葉脈紋，1985 年安徽含山出土。自《凌家灘玉器》頁 16。

　　至於說到玉龜殼和八卦形玉片的意義和作用，許多學者都以為是「河圖、洛書」的濫觴，筆者在二○○一年十一月上海博物館舉辦的「中國隋唐至清代玉器學術研討會」上所發表的〈論玉器中的冊書〉一文，也曾經深入闡述並探討河圖、洛書的淵源，以及和玉冊間的關係有其一脈相承的緊密聯繫，至於樹形玉片的出土位置緊鄰玉龜殼和八卦形玉片，也可見此樹形玉片不僅重要而且別具意義。這些現象都說明凌家灘文化出土的三角形樹形玉片，其中所寓涵濃厚的原始宗教氣息與信仰力量，並印證早在五千年前的巢湖流域，人們早已有樹崇拜文化的民間信仰。這樣的信仰並非特例，因為，類似的行為同在長江下

游太湖流域的河姆渡文化，甚或黃河流域的仰韶文化中也都可以發現。

　　據《河姆渡——新石器時代遺址考古發掘報告》所載：在第一期文化遺存中出土「刻紋陶塊5件。夾砂灰黑陶。器壁特厚，飾葉紋圖案。標本T33（4）：90，磚形陶塊（殘），兩面均飾對稱的葉紋和連珠紋圖案，一側飾芽葉紋圖案。殘高15、殘寬9、厚4厘米。標本T33（4）：98，瓦形殘塊，飾繁密藤蔓類的枝葉紋、重圈紋和變體的雲紋、鳥紋圖案。殘長21.4、圓圈殘直徑13.8厘米。標本T213（4A）：84（圖4-12），馬鞍形扁方陶塊，一方形框上刻五葉紋圖案，一葉居中直立向上，四葉分於兩側互為對稱。五葉粗壯有力，生意盎然。高19.5、殘寬18、厚5.7厘米。」〔註55〕這樣強而有力的表現，將植物傳神的刻畫在陶塊上，的確很能顯示人們對植物的尊崇之意，對照河姆渡遺址中所發現的植物遺存種類非常豐富，不僅有人工栽培的植物，還有大量採集的食用食物，這樣的出土發現，除了反映當時的生活環境、地理位置之外，也同時滿足了人們的衣食及日用所需，並成為河姆渡文化重要的精神象徵。

圖4-12　新石器時代，河姆渡文化二期，五葉紋陶塊 T213（4A）：84

　　長19.5、殘寬18、厚5.7cm，1977年浙江餘姚河姆渡遺址出土，浙江省博物館藏。自《河姆渡文化精粹》頁161。

〔註55〕浙江省文物考古研究所，《河姆渡——新石器時代遺址考古發掘報告》，頁68。

　　因此，河姆渡遺址中刻紋陶塊上的紋飾，雖然未必盡如「神樹」般的高大，然而，在先民的心目之中，無論是凌家灘也好，甚或河姆渡地區也罷，都是以葉形紋飾或形制來表示對植物的崇敬之意，卻是不爭之事實。這樣的觀念普遍在長江下游地區流傳，並進而影響長江中、上游地區晚商時期的三星堆文化，是以植物紋飾、葉形紋飾、花葉形紋飾等，其間的演化變遷，脈絡極為分明，而其紋飾的發展便在三星堆遺址，甚或黃河流域、西北的彩陶地區都頗有發現，畢竟，人們的食、衣、住、行、育、樂都必須仰賴植物的生長、開花、結果等過程，生命的延續與生活的品質才能有所精進與發展，再加上自古以來神農即有「嚐百草」的習俗，藥草可以治病保命，而高大長青的樹木也都有延壽的意涵，於是，植物的枝繁葉茂，便是生命的象徵，人們敬畏、膜拜植物，以之為神祇，也就成為生活中的需求與習俗了。

　　今日，湖南寧鄉仍有以神樹祭祀的習俗，而台灣地區普遍可見的土地公，其意旨也和《後漢書》中所謂的「社供」相當，並有將紅絲帶繫在樹幹上，視之為「大樹公」而膜拜的習俗，至於在春節所懸掛的「桃符」（今之春聯），初始所用的桃木也有趨吉避凶的厭勝作用，這些習俗都是古人對「樹崇拜」的有力例證，流傳至今，不僅見其淵源流變，也可見先民對具有強韌生命力的「樹木」，心存感激崇拜之情，這樣的思想延伸，甚至對有活命功能的植物或草藥，也都是人們積極尋求的目標，而這些具有「神力」的草本或木本植物，日後都被道教信仰所廣納吸收，製藥、除穢、祈福，並成為道教傳布於世的重要憑藉。

八、結　論

　　三星堆遺址中所稱的「神樹」，應是指「命樹」，也是上古時期先民信仰中人神溝通的管道，這樣的「通天之樹」是個人或種族生命的象徵與延續，也是經籍中所謂的「建木」，而非只是坊間所俗稱的「搖錢樹」。至於「命樹」的信仰，其濫觴則可溯自新石器時代晚期的凌家灘文化、河姆渡文化，又因水利之便，溯江而上以致影響到長江中、上游晚商時期的三星堆文化，其間的演化變遷，脈絡極為分明，而命樹不同於搖錢樹，其間的差異性與區隔性，也自然可以瞭然於心了。

（原文載《如玉人生——慶祝楊伯達先生八十華誕論文集》，頁 154～169，北京：科學出版社，2006.12）

五、瓊林蔡氏家廟尸祭遺風考

【內容提要】

　　「立尸」是古代社會宗廟祭祀的重要制度與習俗。《詩經‧大雅‧鳧鷖》有「公尸」的記述，《禮記‧祭統》也載有完備的「尸祭之禮」，都說明古人在祭祀時對祖先的敬慎之情。只是，這樣完備的儀節，在春秋戰國以後，由於禮壞樂崩，以致風俗隳墮，降及秦漢，「立尸」的禮俗與制度幾乎已經蕩然無存。然而，祭祖的觀念卻仍然在民間流傳，甚或有以「神主」、「木主」取代「立尸」制度的現象。因此，即使歷經六朝離亂，對於祭祖的儀式和禮俗略有簡化或缺漏，然而，許多士紳家族在長久遷移的過程中，卻仍然飲水思源，不忘根本，這樣的思想證諸唐、宋時期有關《家禮》、《家訓》、《規範》等儀節的振興，時人並亟欲恢復三代時期的禮制舊觀，即可說明這是時代氛圍下所衍生的文化風氣，其影響並直至明、清及日、韓等地。

　　至於本文則是以金門瓊林蔡氏家廟為例，在祭祖的過程中，雖然儀式上已與《朱子家禮》的形式略有出入，然而，本質上卻仍然保留著《家禮》的制度以及上古時期「尸祭」的遺風，這是自有宋以來江南禮俗的精神象徵，也是台灣社會中僅存的傳統祭祖儀式，不僅其內涵與形式堪為典範，同時，「立尸」的轉化以及在祭祖過程中對古風的維繫，也更值得我們省思並深入探究剖析為是。

關鍵詞：金門瓊林、蔡氏家廟、尸祭、朱子家禮、家禮辨說

一、前　言

　　金門是海上的一個蕞爾小島，除了以戰地風光名聞遐邇之外，民俗文化村、閩南式的傳統建築，極具地方特色的風味小吃，以及樸實善良的民情風俗等，都保留了許多閩南地區珍貴的文化資產。這其中又以宗族文化的表現最具特色，例如：金門地區的宗祠密度極高，金門人對族譜非常重視，收錄族譜的數量也最多，並仍保留冬至祭祖的習俗和儀式等。這許多古風的延續，在祭祖儀式日趨式微的社會裡，不免令人緬懷先民善良樸實的本質，同時，「慎終追遠，民德歸厚矣！」這種對祖先的敬重與懷念，也正體現了中華民族禮俗的傳承與根本。（圖 5-1）

圖 5-1　瓊林村民居宅壁上，以筒瓦舖排成葫蘆形的裝飾物，是生殖崇拜的象徵，祈求多子多孫

自《大地上的居所──金門國家公園傳統聚落導覽》頁 54。

　　金門的祠堂多，其密度之高並為全省之冠。尤其特殊的是，祠堂建築在金門不僅有一定的形制、色彩、空間配置，同時，這種專門為族人祭祀祖先而興建的家廟，並非只是將先人居處的住所權宜變置為祭祀的場地而已，而是另闢空間作為專祠，因此，場地寬闊舒朗、肅穆簡潔，另外，山牆外壁整面塗以黑漆為飾，易於辨認，且其位置並多建於氏族聚落的中心高處，以便利族人在此舉行儀式或聯誼之用，這許多建築特徵都彰顯祠堂在民居或聚落中的重要性與特殊性，其易於識別，也可見祠堂在金門人心目中的地位。

　　金門祠堂的密度極高，再加上文風鼎盛，因此，不乏許多家大業大的仕族後裔，在祖訓的垂示之下，遵循古禮，並對祭祖的儀式更為敬慎。其中，又以瓊林蔡氏望族，祠堂的規模保存最為完善良好，尤其難能可貴地是，蔡氏家廟在祭祖的過程中仍保留了「尸祭」的遺風，這樣傳統的習俗在台灣本島未嘗得見，即使是在金門地區也只有蔡氏家廟的祭祖儀式中，仍可見其精髓，是金門唯一保有這個習俗的祠堂，而且，更重要地是，蔡氏家廟「尸祭」的遺風，其形制與習俗不僅是有所根本，並可和典籍文獻相互印證，因此，關於蔡氏家廟「尸祭」的研究也就更見其珍貴與重要。

　　近些年來，個人潛心禮俗制度的研究，已陸續於研討會中發表數篇有關「立尸」研究的文字如前述，因此，當個人乍見蔡氏家廟中所置放的「尸位」座椅（圖5-2，圖5-3），內心極為興奮，才真正明白典籍所述絕非空言，雖然，有關「尸位」的設立，即使是蔡家人或金門人氏也早已不知其源委，然而，瓊林蔡氏家族在世代相傳，且時空劇烈轉變的社會風氣下，卻對祭祖古風悉心維護並仍謹守古訓，除了令人敬重之外，也真正讓人見識到傳統文化的真諦與民俗中不朽的卓絕精神。

圖 5-2　金門瓊林蔡氏家廟拜殿兩側置放桌椅，供奉祭品以及神主之「尸位」

自《大地上的居所——金門國家公園傳統聚落導覽》頁 49。

圖 5-3　置放神主牌位的「尸椅」，平日存放於倉庫或祠堂牆角

二、「尸祭」儀式的轉變

　　尸祭的儀式與內涵，以及「立尸」的習俗和源起，個人在〈梟鷸文化考〉一文中：梟鷸的公尸象徵、以及尸祭的祖考寓涵二節中都有詳盡的解析與敘述，此處不予贅述。只是，尸祭的意義與作用在於「成人倫、助教化」，至於若欲探討尸祭儀式的轉變，則仍須就其本質與內涵著手，方可得其原貌。

（一）從「設尸」到「攝主」

　　《禮記・祭統》有云「凡治人之道莫急於禮，禮有五，經莫重於祭。夫祭者，非物自外至者也，自中出，生於心也，心怵而奉之以禮，是故唯賢者能盡祭之義。」﹝註1﹞因此，祭祀是君子施政的根本，也是教化之所由生的具體呈現，〈祭統〉所謂「夫祭之為物大矣，其興物備矣，順以備者也，其教之本與。是故君子之教也，外則教之以尊其君長，內則教之以孝於其親，是故明君在上，則諸臣服從，崇事宗廟社稷，則子孫順孝，盡其道，端其義，而教生焉。是故君子之事君也，必身行之，所不安於上則不以使下，所惡於下則不以事上，非諸人行諸己，非教之道也。是故君子之教也，必由其本順之至也，祭其是與。故曰：祭者教之本也已！」即是此意。

　　同時，〈祭統〉又言「夫祭有十倫焉：見事鬼神之道焉，見君臣之義焉，見父子之倫焉，見貴賤之等焉，見親疏之殺焉，見爵賞之施焉，見夫婦之別

﹝註1﹞《禮記》，卷49，頁830～835。

焉,見政事之均焉,見長幼之序焉,見上下之際焉,此之謂十倫。」至於「十倫」的內容,在〈祭統篇〉都有詳盡的闡述,文意並顯而易見;然而,細究其文字寓意,則可見「尸」與「祭祀」的關係密不可分,這是國之大事,並在生活中扮演著舉足輕重的地位,其影響並牽繫到天地、人鬼、政事、倫常等關係。

只是,「設尸」之禮繁重,且尸禮「抱孫不抱子」的習俗,相信對一個幼小的孩童而言,也頗有責全之難,因此,「尸禮」有所變革也是自然的發展,並早在《公羊傳‧昭‧十五》即有「君有事於廟,聞大夫之喪,去樂,卒事;大夫聞君之喪,攝主而往;大夫聞大夫之喪,尸事畢而往。」〔註2〕的記載,這是典籍中有關「尸」與「主」關係的描述,並可見人君與大夫之喪二者間的差距。

事實上,早在先秦時期對於祖考的祭祀行為,除了「設尸」之外,又有「設重」及「攝主」的風氣,也都是表達人子對祖先「神主」敬重的禮俗。

《史記‧周本紀》即稱「九年,武王上祭于畢。東觀兵,至於盟津。為文王木主,載以車,中軍。武王自稱太子發,言奉文王以伐,不敢自專。乃告司馬、司徒、司空、諸節:『齊栗,信哉!予無知,以先帝有德臣,小子受先功,畢立賞罰,以定其功。』遂興師。」〔註3〕這是典籍中最早有關「木主」的記載,其年代並可上溯自西周初期。

《周禮‧春官‧宗伯》疏云「攝主不厭祭、不旅、不假、不綏祭、不配,是其攝主并之事。」〔註4〕

《禮記‧曲禮》疏云「曾子問云:攝主不歸胙,明正主則歸也。」〔註5〕

《禮記‧少儀》也稱「為人祭曰致福,為己祭而致膳於君子,曰膳,祔斂曰告。」注曰「此皆致祭祀之餘於君子。」疏曰「攝主言致福申其辭也,自祭言膳,謙也;祔練言告,不敢以為福膳也。」〔註6〕從這段文字的描述來看,「攝主」的意義與作用在於─致福申其辭也,這樣的形式與內涵,都與「設尸」的宗旨相當。

是以《魏書‧禮志》有言「據許慎、鄭玄之解,謂天子、諸侯作主,大

〔註2〕《公羊傳》,卷23,頁289。
〔註3〕《史記》,卷4,頁120。
〔註4〕《周禮》,卷17,頁259。
〔註5〕《禮記》,卷3,頁58。
〔註6〕《禮記》,卷35,頁638。

夫及士則無。」然而,「原夫作主之禮,本以依神,孝子之心,非主莫依。
今銘旌紀柩,設重憑神,祭必有尸,神必有廟,皆所以展事孝敬,想象平存。
上自天子,下逮於士,如此四事,並同其禮。何至於主,惟謂王侯。禮云:
『重,主道也。』此為埋重則立主矣。故王肅曰『重,未立主之禮也。』士
喪禮亦設重,則士有主明矣。孔悝反祐,載之左史;饋食設主,著於逸禮。
大夫及士,既得有廟題紀祖考,何可無主。公羊傳:『君有事于廟,聞大夫
之喪,去樂卒事;大夫聞君之喪,攝主而往。』今以為攝主者,攝神斂主而
已,不暇待徹祭也。何休云:『宗人攝行主事而往也。』意謂不然。君聞臣
喪,尚為之不懌,況臣聞君喪,豈得安然代主終祭也。又相國立廟,設主依
神,主無貴賤,紀座而已。若位擬諸侯者,則有主,位為大夫者,則無主。
便是三神有主,一位獨闕,求諸情禮,實所未安。宜通為主,以銘神位。」
〔註7〕事實上,在這段文字中,很能總結先秦以來,人子孝親時,所展現的
各種形式與源流,並說明自天子以至於大夫、士人,都需設尸立主,以示孝
敬之意。

　　另外,《南齊書·禮志上》也稱「禮記曾子問『孔子曰,天子崩,國君
薨,則【祝】取群廟之主而藏諸祖廟,禮(乎)【也】。卒哭成事,而後主各
反其廟。』春秋左氏傳『凡君卒哭而祔,祔而後特祀於主,蒸嘗禘於廟。』
先儒云『特祀於主者,特以喪禮奉新亡者(至)【主】於寢,不同於(古)【吉】。
蒸嘗禘於廟者,卒哭成事,群廟之主,各反其廟。則四時之祭,皆即吉也。
三年喪畢,吉禘於廟,躋群主以定新主也。』」杜注云「以新死者之神,祔
之於主。尸柩已遠,孝子思慕,故造木主,立幾筵焉。特用喪禮,祭祀於寢,
不同之於宗廟。至與主,古與吉,皆形近而譌。」〔註8〕也都說明早在先秦
之時,已有國君設「木主」禘藏於廟的制度與習俗。

　　這樣的習俗流傳於後世,據《宋史·禮志·宗廟之制》載「同判太常寺
宋祁言:周制有廟有寢,以象人君前有朝後有寢也。廟藏木主,寢藏衣冠。
至秦乃出寢於墓側,故陵上更稱寢殿,後世因之。今宗廟無寢,蓋本於茲。」
〔註9〕也可見自先秦時期以來廟寢制度的興替與流變。

〔註7〕《魏書》,卷108之2,頁2771。
〔註8〕《南齊書》,卷9,頁132、152。
〔註9〕《宋史》,卷106,頁2569。

（二）木主牌的沿革與衍化

及至東周以降，禮壞樂崩，制度隳壞，立尸的風氣也日益潰散，然而，對祖考神主祭祀的風氣卻並未因此而削減，無論是帝王或士人，都仍有以「木主」取代「立尸」的趨勢與習俗。

《後漢書・禮儀志下・大喪》即言「皇帝、皇后以下皆去纚服，服大紅，還宮反廬，立主如禮。桑木主尺二寸，不書諡。虞禮畢，祔於廟，如禮。」注曰：「漢舊儀曰：高帝崩三日，小斂室中牖下。作栗木主，長八寸，前方後圓，圍一尺，置牖中，望外，內張綿絮以鄣外，以皓木大如指，長三尺，四枚，纏以皓皮四方置牖中，主居其中央。七日大斂棺，以黍飯羊舌祭之牖中。已葬，收主。為木函，藏廟太室中西牆壁埳中，望內，外不出室堂之上。」〔註10〕這是明確記載帝王之家有關「木主」製作的材質、尺寸與形制，並特設木函，將之藏於太室西牆埳壁，以示敬重之意。

至於一般士人的處置手法，則可以《晉書・李胤列傳》所載為代表，「胤既幼孤，母又改行，有識之後，降食哀戚，亦以喪禮自居。又以祖不知存亡，設木主以事之，由是以孝聞。」〔註11〕

這樣的風氣延續，直到宋朝，木主的收藏位置也仍然如此。《宋史・禮志・秀安僖王園廟》即言「六月，禮部、太常寺言：濮安懿王園廟制度，廟堂、神門宜並用獸。所安木主石埳，于室中西壁三分之一近南去地四尺開埳室，以石為之，其中可容神主跌匱。」〔註12〕這是當時的園廟制度，並開石埳室以安置木主。對照現今的神主「龕」，雖不是石室，然而，在形制上卻頗有異曲同工之妙，並可見其濫觴。

及至元朝，木主的製作則略有改變。《元史・祭祀志・郊祀上》載「博士言：『舊制神位版用木』。中書議，改用蒼玉金字，白玉為座。博士曰：『郊祀尚質，合依舊制。』遂用木主，長二尺五寸，闊一尺二寸，上圓下方，丹漆金字，木用松柏，貯以紅漆匣，黃羅帕覆之。造畢，有司議所以藏。議者復謂，神主廟則有之，今祀於壇，對越在上，非若他神無所見也。所製神主遂不用。」〔註13〕這是對「木主」的初步改革，並以「蒼玉金字」來設金牌位。

〔註10〕《後漢書》，志第六，頁3148。
〔註11〕《晉書》，卷44，頁1253。
〔註12〕《宋史》，卷123，頁2878。
〔註13〕明・宋濂等撰，《元史》，卷72，頁1783，台北：鼎文書局，1975。

　　同時，根據《元史・祭祀志・宗廟上》又載「十二年五月，檢討張謙呈：『昔者因修太廟，奉遷金牌位於饌幕殿，設以金椅，其栗主卻與舊主牌位各貯箱內，安置金椅下，禮有非宜。今擬合以金牌位遷于八室內，其祧室栗主宜用綵輿遷納，舊主並牌位安置于箱為宜。』九月丁丑，敕太廟牲復用牛。十月己未，遷金牌位于八室內。太祝兼奉禮郎申屠致遠言：『竊見木主既成，又有金牌位，其日月山神主及中統初中書設祭神主，安奉無所。』博士議曰：『合存祧室栗主，舊置神主牌位，俱可隨時埋瘞，不致神有二歸。』」又，十七年十二月甲申，告遷于太廟。癸巳，「以祧室內栗主八位并日月山版位、聖安寺木主俱遷。」〔註14〕這是新、舊神主牌在遷移時的安置，當時並曾經設金椅以安置金牌位，而將舊主牌位各貯箱內，安放於金椅之下；雖然，文字中並未記述「金椅」的形制，然而，這卻是祭祖儀式中，有關「祭椅」和「木主」關係最明確的史料與記載，說明在元朝時，的確有設「金椅」以安置「金牌位」的習俗，而這樣的「金椅」則是為安放祖先牌位所設置，其意義與形式都和先秦時期「設尸」的作用相當，《禮記・郊特牲》所謂「古者，尸無事則立，有事而后坐也。」可見「坐尸」是尸祭之禮的必然過程，當然，古時無椅但卻有几，至元朝時而特設「金椅」，以供奉神主牌位，也可見對祖先的尊崇。

　　其後，《明史・禮志一・神位》則稱「凡神位，天地、祖宗曰『神版』，餘曰『神牌』。」又「洪武十年皆設木主，丹漆之。祭畢，貯於庫，仍用石主埋壇中，為露其末。後奉祖配，其位製塗金牌座，如先聖櫝用架罩。嘉靖中，藏於寢廟。」〔註15〕則仍是踵繼前朝遺風，雖未見有設「金椅」之行為，然而，「其位製塗金牌座，如先聖櫝用架罩。」以金牌座替代金椅與金牌位，並合而為一，這樣的安置手法，也可算是權宜之計罷。

　　明清之際，設先人木主的情況極為普遍，甚或有藉聖賢木主以明志的現象。例如：《明史・吳鍾巒列傳》載吳鍾巒為崇禎七年進士，及魯王起兵，鍾巒為禮部尚書，往來普陀山中。及大清兵至寧波，鍾巒「乃急渡海，入昌國衛之孔廟，積薪左廡下，抱孔子木主自焚死。」〔註16〕另外，《明史・孫燧列傳》則載宸濠兵變時「伍文定起義兵，設兩人木主於文天祥祠，率吏民

〔註14〕《元史》，卷74，頁1833、1835。
〔註15〕《明史》，卷47，頁1231、1232。
〔註16〕《明史》，卷276，頁7068。

哭之。」〔註17〕至於《清史稿・李棖列傳》則稱「公安、鍾祥之民,家祭巷哭,奉木主祀之。」〔註18〕而《清史稿・徐守仁列傳》也有「守仁並奉其父木主以居,四年,乃還其室,鬚髮皆白。」〔註19〕的記載。

這樣的風俗流傳,至今,在台灣漢人祭祖的形式中也仍可見紅底金字的「神主牌」,這樣的「神主牌」可說是「祭椅」和「木主」的融合體,並更為便捷,可視為是「尸位」形式的變化與延伸,從而得見「尸祭」風俗的流變與遺存。

三、「家禮」思想的再振興

(一)「家禮」所寓涵的時代意義與作用

中國是一個重視「家」的民族。這個「家」不僅是宗法制度中別姓氏、辨親疏、見律法、知禮教的基礎,「家」也是個人生活的憑藉,並意味著整個宗族存繫的命脈,因此,人子對人稱祖曰家祖、稱父曰家父,「家」是門第風範的體現;然而,「家」在封建制度中又是卿大夫的采邑,是官宦體制中的基本單位,於是,在分封的制度下,諸侯對國君稱「家」臣、卿大夫對諸侯也自稱為「家」臣,「家」無論是對「小我」或「大我」,宗法制或封建制而言,都在社會演進中佔據著重要且關鍵性的腳色和地位。

「家」就封建制度言是卿大夫的采邑,古人稱家在三百里之內,其制度、典章各有儀節,不可任意逾越。至於典籍中言及「家」的禮俗內涵,則可見於《周禮・春官宗伯・家宗人》所謂「家宗人掌家祭祀之禮,凡祭祀致福,國有大故,則令禱祠,反命,祭亦如之。掌家禮與其衣服宮室車旗之禁令,凡以神仕者,掌三辰之灋,以猶鬼神,示之居,辨其名物。以冬日至,致天神人鬼,以夏日至,致地示物鬼,以禬國之凶荒,民之札喪。」〔註20〕這樣詳盡的記載,都可見古人對天地人鬼的敬慎之意,是以在冬日、夏日按時祭祀,祛除凶荒,至於其中所謂在冬日「致天神人鬼」,以現代的文字來說,其形式與作用便是「祭祖」。

事實上,這樣的習俗,即是現行禮俗中所謂的「春秋二祭」,且無論是在時間(冬日、夏日)或內涵(致天神人鬼、地示物鬼)上,都和典籍中的記

〔註17〕《明史》,卷289,頁7429。
〔註18〕《清史稿》,卷491,頁11323。
〔註19〕《清史稿》,卷497,頁11444。
〔註20〕《周禮》,卷27,頁423〜424。

載極為相當。即以金門地區為例，這是現今保留中原古風最為完整、也最久遠的地區，時至今日，仍是在冬至祭祖，這樣的習俗與《周禮·春官宗伯》所謂「以冬日至，致天神人鬼。」的意義完全符合。

另外，《周禮·春官宗伯》又有「都宗人」一職，執掌公、卿宗祀之禮。案：卿為小都在四百里，公為大都在五百里，其意義和職掌與「家宗人」極為類似，並都有「祭祀致福于國」的作用；可見「適時祭祖」是封建制度下必備的責任與義務，也是仕宦之人最基本的祭祀儀節，而「家禮」在先秦時期階級嚴明的社會中，早有專人掌理，並已發展出一定的制度與儀節。

「家禮」的內涵分明，責任清晰，然而，在春秋戰國時代禮壞樂崩，制度墮壞之餘，風俗頹唐，祭祀的禮儀也大不如前，這樣的文字在前言國君對木主設置制度的匱乏，也可略窺一二，這種混沌的現象歷經魏晉六朝的紛亂割據，以及盛唐初期的安祿山之亂後，家族迭經遷移，木主雖仍保存，禮俗卻早已潰散，以致有識之士極力暢言振興家禮，倡議恢復三代時期以來的禮制舊觀。

事實上，自唐、宋以來，有關於《家禮》、《家訓》、《家語》、《家範》之類的書籍，早已普遍盛行，並蔚為風氣，如：唐柳玭家訓《戒子弟語》、宋朱熹著《家禮》、趙鼎撰《家訓筆錄》，明霍韜撰《家訓》、馮善編《家禮集說》，清張習孔著《家訓》、（朝鮮）金長生撰《家禮輯覽》、（朝鮮）芝山氏撰《家禮考證》、戴翊清撰《家禮會通》、邱濬著《家禮儀節》等，成果極為豐碩。

這種重視家族制度，約束家族成員行為的儀節規範，其意義與作用都在於強化家族或宗族的力量，至於其關鍵則無論是在時間發展和思想內容上，都與唐、宋時期古文運動強調「復古」的風氣有關，也和宋、明以來強調「明心見性」的理學氛圍相互呼應，一經倡議，自然風起雲湧，形成強大的社會風潮和家族勢力。

古文運動原本就是一種思想革命，並倡言恢復三代、秦漢之舊觀。就以禮俗而論，西周時期的家族在宗法制度嚴密的結構下，無論是秩序與倫理都有一定的規範與依存，並有「家宗人」專職掌理，不可隨意逾越，再配合「井田」制度的推行，使族人的生活可以在自給自足的情況下有所保障，這種「公田」制度的運用，壯大了家族的財產，並成為約束族人禮俗規範的利器，不僅可以幫助弱勢的族人，也同時強化了家族的勢力，是極為嚴密而又有效率的社會福利制度。因此，自唐、宋以降，家族勢力與禮俗的重振，「義田」、「祀田」制度的推廣，無不受宗法與「井田」制度的影響，於是，「家禮」

的重新規範與制定，自然成為刻不容緩的當務之急。

今夏縣溫公祠杏花碑亭內，仍可見金皇統九年二月摹刻，司馬朴書唐柳玭家訓《戒子弟語》的草書碑記，其內容稱「唐柳氏自公綽以來，世以孝悌禮法為士大夫所宗。柳玭嘗戒其子弟曰：『凡門第高，可畏不可恃也。立身行己，一事有失，則得罪重於他人，死無以見先人於地下，此其所以可畏也。門高則驕心易生，族大則為人所嫉。懿行實才，人未之信；小有玭纇，眾皆指之，此其所以不可以恃也。故膏粱子弟，學宜加勤，行宜加勵，僅得比他人耳。』先公侍郎手澤，以戒作、通，俾終身行之。今不敢忘，謹摹于石，子孫其永保之。己巳春廿六日男作泣血記。李瑛刊字。」〔註21〕柳公綽是柳公權的哥哥，司馬朴則是司馬光的從孫，從這段碑記的文字來看，「唐柳氏自公綽以來，世以孝悌禮法為士大夫所宗」，可見「孝悌禮法」早在唐朝即已盛行，並以之為家訓，廣為士大夫所重視與流傳，而非到宋朝才突然興起。

另外，蘇軾《司馬溫公行狀》也稱光博學無所不通，「晚節尤好禮，為冠婚喪祭法，適古今之宜。」〔註22〕而司馬光著作等身，卷帙浩繁，除了《文集》八十卷、《資治通鑑》三百二十四卷等之外，又有《家範》十卷，也可見在北宋時期，文人士子對禮俗重視的程度。

及至南宋朱熹的《家禮》流傳於當世，一時洛陽紙貴，蔚然成風，「家禮」的形式與制度始漸趨定型。雖然，自明、清以降，仍有許多學者對《家禮》一書的作者及內容，多所質疑並有所考證，《文公家禮儀節序》也稱「士夫之好禮，在唐有孟詵，在宋有韓琦，諸人雖或有所著述，然皆略而未備，駁而未純。文公先生因溫公書儀，參以程張二家之說而為家禮一書，實萬世人家通行之典也。議者乃謂此書初成，為人所竊去，雖文公亦未盡行。」從這些文字的說明來看，《家禮》的內容基本上是以三禮、前人或時人的禮書為依據並修正，且現行的《家禮》是在朱熹的原作上經後人或學子的增補刪定而完成，則是無庸置疑之事實。

（二）《朱子家禮》對明清祭祖習俗影響

《朱子家禮》中的禮俗，自宋代的士大夫倡議後，即普遍盛行，進而貴為典範。至於家禮的內容尤重於冠、婚、喪、祭四事，其內涵則是涵括生命

〔註21〕楊明珠編，《司馬光塋祠碑誌·摹刻柳氏家訓》，頁 26，北京：文物出版社，2004。
〔註22〕《司馬光塋祠碑誌·忠清粹德之碑·附錄》，頁 62。

禮俗中的成年禮，以及「五禮」中的吉、凶、嘉禮，同時，這些禮俗也都是生命成長中重要的過程與階段，對人生的影響十分深遠，風氣所及，對明清以降及台灣地區的禮俗也多所浸染。例如：

《台灣文獻叢刊・黃漳浦文選・附錄二》載「先生家居秉禮，雖涖講席，有期之喪，腰絰不除。張勗之瑞鐘請曰：『聞晦翁欲集三禮大成，有所未及。吳幼清論次稍定，又多所遺。吾漳素遵家禮，然期功之喪，亦鮮有持者。不知孔門諸雜記，平居皆可詳說不？』先生曰：『平居且勿暇論。然三禮詮次，極是學問中要緊，久已分類引伸。但日用疏澹，未能繕寫耳。』即以三禮定本付勗之，然尚未及刊布也。」〔註23〕

《台灣文獻叢刊・平臺紀略》所載「辛卯，曾王父卒。癸巳，先王母卒。丙申，曾王母卒。六年之間，連遭大喪，哀毀瘠立，雖食貧，喪事一遵文公家禮。暇則益肆力宋先儒及許、薛、胡、羅之書，沉潛玩味。以程、朱為的，以第一等人物為期，課督不孝等。誘進後學，以敦本行、嚴取與、慎交遊為準繩。蓋自庚寅至庚子，杜門講讀者十有一年。」〔註24〕

《台灣文獻叢刊・廈門志・孝友列傳》則載國朝「陳應清，字仰蘇，號冰壺。世居海澄，從父遷居廈城。海澄有陳氏大宗祠，僅存基址；應清承父志倡新之，置祀田。父病，醫言糞苦當愈；應清嘗糞甘，痛絕，禱天祈代。及父卒百日，鬚髮盡白。丁母憂，哀毀如之。喪祭，式遵文公家禮；卜葬後，朔望詣墓奉茶菓，三十餘年無間。」〔註25〕

《台灣文獻叢刊・台灣縣志・典禮志》載「曾孫浚。所著有周易本義啟蒙、蓍卦考誤、詩集傳遺說、緒說、學庸章句或問、論孟集註、太極圖傳、通書、西銘解義、楚辭集註、辨證後語、韓文考異、參同契解、論孟集義、中庸輯略、孟子指要、孝經刊誤、小學、通鑑綱目、宋名臣言行錄、家禮、近思錄、程氏遺書、外書、伊洛淵源、儀禮經傳通解、未脫稿平生所為文，凡百卷；門人問答語錄百二十卷，行於世。」〔註26〕

《台灣文獻叢刊・碑傳選集》載及杭世駿撰〈張尚書傳〉，謂伯行博學縱觀，「及讀『小學近思錄』、『程朱語類』，乃恍然悟孔、孟之正傳；曰『入

〔註23〕明・黃道周，《台灣文獻叢刊・黃漳浦文選》，第137種，頁421，台灣銀行經濟研究室編印，1966。
〔註24〕清・藍鼎元，《台灣文獻叢刊・平臺紀略》，第14種，頁7。
〔註25〕清・周凱，《台灣文獻叢刊・廈門志》，第95種，頁513。
〔註26〕陳文達，《台灣文獻叢刊・台灣縣志》，第103種，頁163。

聖門庭，盡在是矣』。盡發濂、洛、關、閩諸大儒之書，口誦手鈔者凡七年。入都，補內閣中書舍人；旋改中書。居贈公憂，啜粥寢苫，三年不入內室；喪葬一遵家禮。」〔註27〕從以上這些文獻記載來看，明清以來的台灣，在喪葬習俗方面，都以朱子思想《家禮》為尊，並奉行不輟。

另外，《台灣文獻叢刊·清代琉球紀錄集輯·中山傳信錄》又載「通國平民死，葬皆用棺槨（土名曰龕）。官宦有力之家，儀物仿家禮，有詳略。會葬者，衣白蕉衫。久米村大夫中，近有從家禮葬，不用浮屠者。」〔註28〕

而《台灣文獻叢刊·清代琉球紀錄集輯·中山見聞辨異》也載琉球中山文廟兩廡皆蓄經書，多自福州購回—盡內地書；且許多書籍「皆得之中國，未聞有宋儒之書；而球板『近思錄』屢引『明一統志』、邱瓊山『家禮』、梅誕生『字彙』，似刻於明季者。蓋其三十六姓本係閩人，閩又有存留館，球人往還存寓—故能知宋儒之書，攜歸另刊，旁附球字，以便誦習；非日本人所能。且遵用前明弘治、萬曆年號正朔屢見於序，亦非必倭人之書也。」〔註29〕類似的說法亦見於〈琉球入學見聞錄〉所載。

琉球，位於日本之南、台灣東北，包含沖繩等地計 50 餘島，明清時期隸屬於中國，曾冊封其酋為中山王，直至清光緒五年，日本併之，改為沖繩縣。這樣的記載，說明即使是琉球藩屬國，在清朝時也早已引進《家禮》等相關書籍，並在生活中作為禮俗的依歸。

（三）帝王對朱子學說的提倡與影響

「家禮」的盛行，除了民間有所需求之外，當然，政府的提倡與獎掖也功不可沒。《台灣文獻叢刊·台灣通史·教育志》即載「清人得臺之後，康熙二十二年，知府蔣毓英始設社學二所於東安坊，以教童蒙，亦曰義塾。其後各縣增設。二十三年，新建臺、鳳兩縣儒學。翌年，巡道周昌、知府蔣毓英就文廟故址，擴而大之，旁置府學。由省派駐教授一員，以理學務。而縣學置教諭，隸於學政。其後各增訓導一員。然學宮虛設，義塾空名，四民之子，凡年七、八歲皆入書房，蒙師坐而教之。先讀三字經或千字文，既畢，

〔註27〕《台灣文獻叢刊·碑傳選集》，第 220 種，頁 365。

〔註28〕清·徐葆光，《台灣文獻叢刊·清代琉球紀錄集輯·中山傳信錄》，第 292 種，頁 73。

〔註29〕清·黃景福，《台灣文獻叢刊·清代琉球紀錄集輯·中山見聞辨異》，第 292 種，頁 247、248。

乃授以四子書，嚴其背誦，且讀朱註，為將來考試之資。其不能者，威以夏楚。又畢，授詩、書、易三經及左傳，未竣而教以制藝，課以試帖，命題而監之作。肄業十年，可以應試。其聰穎者則旁讀古文，橫覽史乘，以求淹博。父詔其子，兄勉其弟，莫不以考試為一生大業。克苦勵志，爭先而恐後焉。」〔註30〕在這樣系統且嚴峻的教導下，人人自然專注讀書，只是，在這段文字中，最令人注意地是，清廷對童蒙的教育，不僅授以四子書，並「嚴其背誦，且讀朱註，為將來考試之資。」這樣明確的規範，以及對朱子學說的重視，都說明清廷對士子的要求與期待，以至明訂教育的內涵使有所依循，不可逾越。

及至乾隆時期，皇帝更親自對太學的教化有所諭令，明示聖賢之道。《台灣文獻叢刊・重修台灣府志・典禮》即載「乾隆五年十月二十九日，內閣奉上諭：『士為四民之首，而太學者教化所先，四方於是觀型焉。比者，聚生徒而教育之，董以師儒，舉古人之成法規條，亦既詳備矣。獨是科名聲利之習深入人心，積重難返。士子所為汲汲皇皇者，惟是之求，而未嘗有志於聖賢之道。不知國家以經義取士，使多士由聖賢之言、體聖賢之心，正欲使之為聖賢之徒；而豈沾沾焉文藝之末哉？朱子同安縣諭學者云：『學以為己。今之世，父所以詔其子、兄所以勉其弟、師所以教其弟子、弟子之所以學，舍科舉之業則無為也。使古人之學止於如此，則凡可以得志於科舉，斯已爾。所以孜孜焉愛日不倦以至乎死而後已者，果何為而然哉？今之士惟不知此，以為苟足以應有司之求矣，則無事乎汲汲為也。是以至於惰遊而不知返，終身不能有志於學。而君子以為非士之罪也，使教素明於上而學素講於下，則士者固將有以用其力，而豈有不勉之患哉？諸君苟能致思於科舉之外，而知古人之所以為學，則將有欲罷不能者矣。』觀朱子言此，洵古今通患。夫『為己』二字，乃入聖之門。知為己，則所讀之書，一一有益於身心，而日用事物之間，存養省察，闇然自修；世俗之紛華靡麗無足動念，何患詞章、聲譽之能奪志哉！況即為科舉，亦無礙於聖賢之學。朱子云：『非是科舉累人，人累科舉。若高見遠識之士讀聖賢之書，據吾所見為文以應之，得失置之度外，雖日日應舉亦不累也。居今之世，雖孔子復生，也不免應舉；然豈能累孔子耶？』朱子此言，即是科舉中為己之學。誠能為己，則四書、五經皆聖賢之精蘊。體而行之，為聖賢而有餘。不能為己，則雖舉經義治事而督課之，

〔註30〕連橫，《台灣文獻叢刊・台灣通史》，第128種，頁269。

亦糟粕陳言，無裨實用，浮偽與時文等耳。故學者莫要於辨志：志於為己者，聖賢之徒也；志於科名者，世俗之陋也。國家養育人材，將用以致君澤民、治國平天下；而囿於積習，不能奮然求至於聖賢，豈不謬哉？朕膺君、師之任，有厚望於諸生。適讀朱子書，見其言切中士習流弊，故親切為諸生言之，俾司教者知所以教而為學者之所以學。」乾隆十年，議准將乾隆五年欽頒太學訓飭士子文通行頒發直省學宮，令教官於朔望一體宣講，永遠遵行。」〔註31〕而同樣的諭令內容，也見於〈續修台灣府志〉〔註32〕、〈重修鳳山縣志〉〔註33〕、〈苗栗縣志〉〔註34〕、〈噶瑪蘭廳志〉〔註35〕、〈淡水廳志〉〔註36〕等文獻，以及《台灣方志》中的地方廳志也都有相同的記述，都可見清廷對朱子之學的重視並欲使之普及化所做的努力。

　　就在這樣上行下效的時代氛圍中，時人對於朱子之學的倡導自然不遺餘力。據《台灣文獻叢刊·碑傳選集·張伯行》載及費元衡撰〈誥授光祿大夫禮部尚書加二級贈太子太保諡清恪敬庵張先生行狀〉，並稱「先生歷官二十餘年，未嘗攜眷。」其愛民如子，且「所至輒建書院，招來士子之有學行者相與講明聖賢之道；又飭州、縣各立義塾，朔、望講解『聖諭十六條』，使編氓皆知禮義。故士民畏之如嚴師，愛之如父母；於閩則肖先生像而祠於鰲峰書院之旁，於吳則建春風亭為先生祠，與總督于公、巡撫湯公兩祠並峙。」至於「其纂述者百餘種，皆所以繼往聖而開來學：輯《道統錄》、《道統源流》以明聖賢之宗傳；輯《伊洛淵源錄》、《伊洛淵源續錄》，以明諸儒之統緒；輯《小學集解》、《小學衍義》、《養正類編》、《養正先資》、《訓蒙詩選》，以端蒙養之教；輯《學規類編》、《學規衍義》、《程氏家塾分年日程》、《原本近思錄集解》、《續近思錄》、《廣近思錄》、《性理正宗》、《諸儒講義》，以正為學之模；輯《家規類編》、《閨中寶鑑》以示修齊之範。謂周、程、張、朱得孔、曾、思、孟之正傳，故纂《濂洛關閩書集解》以配學、庸、語、孟，名曰《後四書》，屢經進呈，欲以頒行學校；而其《語類》、《文集》，復纂述較正而刻之。謂許、薛、胡、羅，又周、程、張、朱之正傳，其《文集》及《讀

〔註31〕范咸，《台灣文獻叢刊·重修台灣府志》，第105種，頁258。
〔註32〕余文儀，《台灣文獻叢刊·續修台灣府志》，第121種，頁324～326。
〔註33〕王瑛曾，《台灣文獻叢刊·重修鳳山縣志》，第146種，頁178～179。
〔註34〕沈茂蔭，《台灣文獻叢刊·苗栗縣志》，第159種，頁142～144。
〔註35〕陳淑均，《台灣文獻叢刊·噶瑪蘭廳志》，第160種，頁120～121。
〔註36〕陳培桂，《台灣文獻叢刊·淡水廳志》，第172種，頁119～120。

書錄》、《居業錄》、《困知記》，無不選擇而刻之。謂本朝陸稼書學朱子之學而為許、薛、胡、羅之繼起，赴閩時，特就其家訪其遺書，得《問學錄》、《讀朱隨筆》、《讀禮志疑》三書，乃並其已傳之《松陽講義》、《文集》而並刻之。他如楊龜山、謝上蔡、尹和靖、羅豫章、李延平，衍程子之派者也；張南軒、呂東萊，取資於朱子者也；黃勉齋、陳北溪、陳克齋，受學於朱子【者也】；真西山、熊勿軒、吳朝宗，私淑於朱子者也；有明之學得其正而不為邪說所搖者，曹月川、陳剩夫、崔後渠、魏莊渠、汪仁峰、蔡洨濱也；本朝之學宗朱子者，張楊園、汪默菴、陳確菴、陸桴亭、魏環溪、耿逸菴、熊愚齋、吳徽仲、施誠齋、諸莊甫、應潛齋、劉仁寶也；其所述作，莫不精擇而刻之。而吳朝宗、吳徽仲、施誠齋、諸莊甫、劉仁寶皆隱居力學，世莫能知，久將淹沒不傳；先生特為表章，尤見微顯闡幽之義。先生於正學奮志修明，而於陸、王之學復排擊不遺餘力。」〔註37〕這樣詳盡的記述，都可見明、清以降，文人士子對程、朱之學思想的繼承與衍化。

四、《朱子家禮》對金門禮俗之影響與實踐

（一）家禮・尸祭與金門

至於《朱子家禮》中所謂的「尸祭」遺風，在金門地區也頗見其影響與源流。據《台灣文獻叢刊・金門志・藝文志・鄉賢崇祀議》載「古所謂鄉先生者，其歿也，則祭於社。故庚桑子居畏壘，畏壘之人尸而祀之；無他故也，彼其道德之在鄉社不以物而滅，則人之儀型其道德者自不遠於道德，以此而尸祭之也。後世專祀於學宮，則鄉社之人，不無遠於尸祀儀型之歉也。逸叟先生之道德，雖云列祀於學宮，然風波之阻，子孫且有不得以與祭者，而況於鄉之人乎？誠設浯洲書院而崇祀於其中，則一洲鄉社之人士見儀型之在目，而當祭之時，亦將翕然於俎豆之間矣。其感發而興起者，當何如也！」〔註38〕同樣的文字，也見於《台灣方志・金門志》〔註39〕的記載。

雖然，畏壘之人以庚桑子的道德尊崇而「尸祭」之，這樣的「尸祭」只是單純作為典範而儀型之，和三禮中以祖先為前提的「設尸」有所不同，然而，卻也可見金門人對「尸祭」的觀點和態度，並認為「尸祭」具有「感發

〔註37〕《台灣文獻叢刊・碑傳選集》，第220種，頁359～363。
〔註38〕林焜熿，《台灣文獻叢刊・金門志》第80種，頁373。
〔註39〕《台灣方志・金門志》，卷14，頁373。

而興起」的功效與作用。

　　當然，「尸祭」的形式和「家禮」的發展關係密切，至於對金門的影響，據《台灣方志・金門志・風俗記》稱「浯洲在海中，與市井隔絕，故其風氣自殊；而俗尚之所推移，亦因時而變。冠禮之行，舊無有野；行之則自黃逸所始。昔之定婚者，多至六兩、少或二兩，無餘物焉。今則物采漸煩，而其數不止於是矣。昔之有喪者，凡弔客至，必延以盛饌、分以布帛。至於卒哭、大小祥，惟作佛事而已。金則盛饌、布帛無有也，或奠或祭既依家禮，佛事則盡黜之而已；倡之者，亦自黃逸所始也。」〔註40〕則是明確記載金門地區對家禮的遵循與提倡。

　　另外，《台灣文獻叢刊・金門志・人物列傳》也載及「蔡希旦，字可久，號中溪；平林人。習儒業弗遇，力農以養親。父病，衣不解帶，禱以身代。父歿，水漿不入口三日，殯祭悉遵家禮。後以子守愚貴，贈主事，晉贈四州按察使。」〔註41〕瓊林舊名平林，蔡希旦、蔡守愚父子並為仕宦，「殯祭悉遵家禮」，明文有載，其來有自，即是《家禮》在金門普遍流傳最有力的證據。

　　是以《金門縣志・人民志》有言「金門各氏族宗祠，春冬有祭，春祭用清明，冬祭用冬至，冬祭在祠，春祭在墓。其不用清明者，用三月三日，不用冬至者，用八月十五日，亦有用始祖之忌辰者。詩禮舊族，如後浦許氏、瓊林蔡氏、古寧李氏，宗祠祭用三獻禮，以族長主祭，迎接讚禮，鼓樂侑食，率尊朱子家禮。其次則具牲禮粢盛，序長幼跪拜而已，祭時婦女不與，祭後會飲。」〔註42〕都明確記載金門氏族對《朱子家禮》一書的重視，是以宗祠祭祀「率尊朱子家禮」，而瓊林蔡氏也在其中之列，可知《朱子家禮》對金門地區的民情風俗影響的確十分深遠，並見瓊林蔡氏家族祭祖儀式與《朱子家禮》的緊密關係。

（二）宅第、家廟與家禮

　　《家禮》對金門宗祠祭祀的影響已如前述，事實上，《家禮》對金門的影響早已超越祭祀，而是生活中無所不在的行為規範與座右銘，這從金門的宅第、家廟中所懸掛的聯語，即可見其端倪。

　　即以瓊林蔡氏家廟的對聯為例，這是蔡氏家族的大宗，並是蔡家族人舉

〔註40〕《台灣方志》，卷80，頁390。
〔註41〕《台灣文獻叢刊・金門志》，第80種，頁289。
〔註42〕金門縣政府，《金門縣志》，卷3，頁431，1991增修。

行祭祀的重要場所，其楹聯便記錄並反映了蔡氏家族的興替與遷徙。例如：

大門中央：「清時文獻裔，喬木世臣家。」橫匾：「蔡氏家廟」。

大門左：「崇祀鄉賢隆國典，圖形紫閣仰臣勳。」橫批：「孫支挺秀」。

大門右：「祖若孫聯科甲第，父而子繼世文宗。」橫批：「祖德流芳」。

前庭拜殿外：「瓊樹映青山，世代瓊花捷報；蓮池環綠水，子孫蓮萼同登。」

前庭拜殿內：「須遜志以讀書，兩班配享，盡是登科數士；勿支分兩派別，二祭餕餘，依然合食一家。」

正殿祖龕長聯：「相宅瓊林，歷宋歷元歷明歷清，祖德千年不朽；敷功帝闕，為伯為卿為臬為憲，孫謀百世長光。」

從這些楹聯的文字內容來看，這是闡明蔡氏家族於南宋時期，由福建同安遷移至浯洲嶼許坑（今金門「古崗」）的經歷，其後裔十七郎入贅平林（後經皇帝賜名「瓊林」）（圖 5-4），陳十五，即是瓊林蔡氏始祖，瓊林蔡家是金門蔡姓中的「濟陽派」（另一為「青陽派」），據《浯江瓊林蔡氏族譜》載四世以前人丁單薄，自五世靜山以後，人丁興旺，六世後更纍名科甲，人才輩出。

圖 5-4 「御賜里名瓊林」匾

明熹宗天啟五年閩省巡撫維建，因平林蔡獻臣學問純正，奏請御賜里名「瓊林」，而後沿用至今。自《大地上的居所──金門國家公園傳統聚落導覽》頁 42。

同時，根據《金門縣古蹟瓊林蔡氏祠堂修護研究計畫》指出：自明穆宗隆慶二年戊辰（1568）到明思宗崇禎七年甲戌（1634），在短短的 65 年間，瓊林蔡氏家族榮登進士的就有 5 位之多，到清朝又有 1 位高中進士，至於其名姓、職稱則分別是：

1. 蔡貴易，明穆宗隆慶二年戊辰（1568）進士，官至貴州學政、陞浙江按察使司。

2. 蔡守愚，明神宗萬曆十四年丙戌（1586）進士，世稱藩伯，官至雲南布政使司。

3. 蔡獻臣，明神宗萬曆十七年己丑（1589）進士，官至浙江學政，陞光祿少卿、晉贈刑部侍郎。

4. 蔡懋賢，明神宗萬曆十七年己丑（1589）進士，官至刑部山西司主事。

5. 蔡國光，明思宗崇禎七年甲戌（1634）進士，官至禮科給事中，職司風憲。

6. 蔡廷蘭，道光二十四年甲辰（1844）進士，為豐城縣知縣並開澎進士。蔡氏家族歷經宋元明清已有數百年歷史，子孫中多功名爵祿，位居要津。除了明朝進士 5 位、清朝進士 1 位，又有鄉賢名宦 1 位、舉人（文魁）7 位、副舉人（副魁）3 位、外翰 1 位、貢元 1 位、武將 2 位，這從家廟中所懸掛的匾額即可得其分明。事實上，據蔡水木先生告知，家廟中原應有 25 塊匾額，歷經整修遺佚，現僅存 21塊。

至於瓊林蔡氏家廟祖龕，計供奉木主 36 尊（圖 5-5），除了前五世的木主考、妣分立之外，其餘都是考妣合立為一木主，從始祖流傳到現在，已歷經 24 世，唯有功名者始能入主家廟，這樣顯赫的家世與道德文章，並重視家族成員的行為規範、設私塾（怡穀堂）、置祭田等制度，都可以說是受到《家禮》的感化，以及朱熹思想的教誨，至於其條例和細則，也都詳盡載於族譜以為準則。

當然，《家禮》作為行為的依據，並不是只有「知」的工夫，更重要的是「行」的實踐，而且，《家禮》重視的是「宗法」，因此，生活中一切的「孝悌禮法」，無不以「宗法」制度為基礎而予以衍生，表現在小宗或分支的族群中，強調的便是「孝悌」。

圖 5-5　瓊林蔡家的神主牌位，雕琢精緻，裝飾華麗

　　即以金門水頭 63 號蔡祖求先生宅第為例，這是蔡氏家族的重要分支之一，其楹聯內容則是：

　　大門上貼的是「程箴」、「朱訓」紅紙（圖 5-6），對聯「平安即是家門福，孝友可為子弟風」，橫批「濟陽衍派」。

　　格扇門的對聯則是「智仁勇藝文以禮樂，子臣弟友依乎中庸」，橫批「惟吾德馨」。

　　及至天井的對聯則是「入則篤行出則友賢，靜以修身儉以養德」，橫批「自天申之」。

　　及至正廳外的門上貼的是「壽宇」、「福林」紅紙，對聯則是「兄弟和其中自樂甲第，子孫賢此外何求門閣」（此幅對聯已佚，原為「濟陽」字頭），橫批「鳳毛濟美」。

　　至於正廳內兩側的壁聯則是「源由瓊林綿金水；支分坑墘振家聲。」

　　而正廳內祖龕兩側的對聯則是「教子讀書無致臨時擱筆，治家勤儉勿使開口告人」，橫批「鳳毛麟趾」。

　　祖龕左：供俸的是五代神主牌，橫批「孝思堂」。

祖龕右：中間供俸的是觀世音，左側供俸的是灶君，右側供俸的是土地公，橫批「神之格思」。

這許多對生活的祈求、家族的興旺，以及對孝友、勤樸、中庸、禮樂、藝文等事的追求，不正是《家禮》言行的依歸，以及「程箴」、「朱訓」的思想內涵，置於大門，也可見其家門典範與文風。

圖 5-6 金門民風純樸，處處可見以程朱家訓為行事準則的門聯

（三）尸位的設立

家禮的完成，故非一時一地所作，尤其在朱熹辭世之後，惜其書既亡，於是，有竊取先生平日去取折衷之言而增補之。

《文公家禮‧原序》即明白闡述「楊氏復曰：先生服母喪，參酌古今，咸盡其變，因成喪葬祭禮，又推之於冠昏，名曰家禮。既成，為一童行竊之以逃，先生易簀，其書始出行於世。今按先生家鄉侯國王朝禮，專以儀禮為經，及自述家禮，則又通之以古今之宜。故：冠禮則多取司馬氏，昏禮則參諸司馬氏、程氏，喪禮本之司馬氏，後又以高氏為最善，及論祔遷則取橫渠遺命，治喪則以書儀疏略而用儀禮，祭禮兼用司馬氏、程氏，而先後所見，又有不同，節祠則以韓魏公所行者為法，若夫明大宗、小宗之法，以寓愛禮存羊之意，此又家禮之大義所繫，蓋諸書所未暇及，而先生於此尤拳拳也。」從這些記載，都可見朱熹對三禮的推崇，並不時參酌時人論禮的觀點，以通古今之宜。

至於《家禮》的祭祖儀節，據《家禮・通禮》所載，其式如下：

1. 序立（男列于左、女列于右，每一世列為一行）。

2. 盥洗（立定。主人、主婦、及子婦、將出主者，皆洗拭訖）。

3. 啟櫝。

4. 出主（主人出考主、主婦出妣主，其餘子婦出祔主，各置正位之左，
   皆畢）。

5. 復位（主婦以下皆降，復位）。

6. 降神（執事者洗手上階，開瓶實酒于注，一人奉注詣主人右，一人執
   盞盤詣主人左）。

7. 主人詣香案前。

8. 跪。

9. 焚香（主人焚香畢，左執事者跪，進酒注，右執事者跪，以盞盤向主
   人；主人受注，斟酒于盞，反注于左執事者，取盤盞自捧之，二執事
   者皆起）。

10. 酹酒（主人左手執盞，盡酹茅沙上，畢，置盞香案上）。

11. 俯伏。興（少退）。

12. 鞠躬。拜，興。拜，興。平身。

13. 復位。

14. 參神（主人以下凡在位者皆拜）。

15. 鞠躬。拜，興。拜，興。拜，興。拜，興。平身。

16. 主人斟酒（主人升，自執酒注，斟酒于逐位神主前空盞中。先正位，
    次祔位，次命長子斟諸祔位之卑者，畢，主人稍後立）。

17. 主婦點茶（主婦執瓶斟茶于各正祔位前空盞中。命長婦、長女詣諸祔
    位之卑者，畢，主婦退與主人竝立，拜。或命子弟捧茶托，主婦捧盞，
    逐位以獻亦可）。

18. 鞠躬。拜，興。拜，興。平身。

19. 復位（主人、主婦各復其位）。

20. 辭神（眾拜）。

21. 鞠躬。拜，興。拜，興。拜，興。拜，興。平身。

22. 奉主入櫝。

23. 禮畢。

在這些文字中雖未能明顯的讀出「尸位」的設置，然而，出主、入主的儀式必備，則是可以認定的事實。尤其值得注意地是，無論是《家禮》的〈通禮〉或〈祭禮〉篇中，在「陳器」的部份，一定都有椅、桌的設置，這是置放祭品以供神主享用的器物。尤其值得注意地是，《家禮·祭禮·合用之器·椅》即載「椅，正位，每位二張；祔位，隨用，或用凳子亦可。」即確實表明這是給先祖神主所用，即使是後死者合食於先祖，也是必然，這是三代時期「尸祭」有事則坐的遺風，《朱子家禮》予以保留並實行，其目的即是在於「正人心、復天理」，這是朱熹治禮的原則和用心，證之於蔡氏家廟的祭祖儀式，也可見其「悉遵家禮」一脈相承的制度與典範。

五、浯洲地區、瓊林蔡氏祭祖儀式之比較

（一）浯洲地區祭祖儀式

1. 民國初年祭祖儀式

浯洲地區的祭祖儀式，據《金門縣志·人民志》云：「宗祠祭禮，民初曾就朱子家禮略作變更。」〔註43〕其式如後：

一、通讚唱：詣盥洗所、盥洗。

二、通讚唱：序立，主祭者就位，與祭者就位，開門，燔柴（燒香柴），迎神，跪，與祭者皆跪拜（四拜），興，奠帛。

三、引讚唱：詣香案前立，捧篚，揖。

四、通讚唱：復位，引行初獻禮。

五、引讚唱：詣神位前，跪，獻爵（安中），進羹。

六、通讚唱：詣讀祝就位，跪、樂止，讀祝文，復位，與祭者皆跪，拜（四拜），興，引行亞獻禮。

七、引讚唱：詣神位前，跪，亞獻爵（安左），進饌。

八、通讚唱：復位，引行終獻禮。

九、引讚唱：詣神位前，跪，終獻爵（安右），進湯飯。

十、通讚唱：復位，受福，飲福酒，受福胙，復位，跪，與祭者皆跪，拜（四拜），興，撤饌、送神、燒帛、望燎，禮成，關門。

〔註43〕《金門縣志》，卷3，頁431～432。

2. 現行祭祖儀式

至於當今通行的祭祖儀式則略有出入，一般祭祖時多先敬拜文昌帝君與福德正神，敬獻文昌帝君時，通常以族中具有文才或獲有高學位且任高職者為正獻官，敬獻福德正神時，則以族中具有福祿或工商業鉅子為正獻官，其儀式如後：一、獻禮開始。

二、奏大樂，鳴炮。

三、奏細樂。

四、正獻官請就位，陪獻長老請就位。

五、上香，再上香，三上香。

六、跪。

七、晉爵，酌酒，獻酒。再晉爵，再酌酒，再獻酒。三晉爵，三酌酒，三獻酒。

八、晉牲禮，獻牲禮。

九、樂止，俯伏。

十、讀祝官請就位，宣讀祝文。

十一、（讀畢）樂升，平身。

十二、行獻禮：拜，再拜，三拜，興。

十三、晉金帛，獻金帛。

十四、奏大樂，鳴炮，焚祝化帛。

十五、禮成。

3. 現行大三獻祭祖儀式

至於浯洲地區家廟整修或奠安時，所舉行的祭祖儀式—大三獻，儀節莊重繁複，頗見古禮。其式如下：

通：祀典開始，鳴鼓三通，奏大樂，鳴砲，奏細樂。

引導官就位，讚禮官就位。

主獻官就位，陪獻長老就位。

通：盥洗。

引：詣盥洗所。

贊：盥洗畢。

通：省牲。

引：詣省牲所。

贊：省牲畢。

通：視饌。

引：詣視饌所。

贊：視饌畢。

通：詣香案前行初獻禮（引贊全唱）。

通：上香，晉爵，酌酒，面東祭酒。

引：詣祭酒所。

贊：祭酒畢。

通：上香，跪，晉爵，酌酒，獻酒，拜，再拜，三拜，興。

通：詣祖考妣神位前行初獻禮（引贊全唱）。

上香，跪，晉爵，酌酒，醉酒，再酌酒，再醉酒，三酌酒，三醉酒，酌酒，獻酒。

通：晉香花，獻香花。

引：贊全唱：蘭桂騰芳。

通：晉香茗，獻香茗。

引：贊全唱：一品清茶。

通：晉毛血，獻毛血。

引：贊全唱：麒麟獻瑞。

通：晉饌（雞），獻饌。叩首，再叩首，三叩首，四叩首，興。

贊：初獻禮畢。

通：詣香案前行亞獻禮（引贊全唱）。

通：上香，跪，晉爵，酌酒，醉酒，獻酒，拜，再拜，三拜，興。

通：詣祖考妣神位前行亞獻禮（引贊全唱）。

上香，跪，晉爵，酌酒，醉酒，再酌酒，再醉酒，三酌酒，三醉酒，酌酒，獻酒。

通：晉牲儀，獻牲儀。

引：贊全唱：五世其昌。

通：晉發糕，獻發糕。

引：贊全唱：長發其祥。

通：晉角黍，獻角黍。

引：贊全唱：集米成珠。

通：晉饌（肉），獻饌。叩首，再叩首，三叩首，四叩首，興。

贊：亞獻禮畢。

通：詣香案前行終獻禮（引贊全唱）。

通：上香，跪，晉爵，酌酒，獻酒，晉金帛，獻金帛，拜，再拜，三拜，
　　興。

通：詣祖考妣神位前行終獻禮（引贊全唱）。

上香，跪，晉爵，酌酒，醑酒，再酌酒，再醑酒，三酌酒，三醑酒，酌
酒，獻酒。

通：晉紅圓，獻紅圓。

引：贊全唱：丁果團員。

通：晉紅燈，獻紅燈。

引：贊全唱：添丁進財。

通：晉饌（魚），獻饌。

通：晉羹飯，獻羹飯。

通：晉金帛，獻金帛。

引：贊全唱：金玉滿堂。

通：樂止。

通：讀祝官請就位，宣讀祝文。

通：（讀畢）樂升，平身，飲福酒，受福胙，復位，跪，叩首，再叩首，
　　三叩首，四叩首，興。

贊：終獻禮畢。

通：奏大樂，鳴炮，焚祝化帛，眾子孫參拜，禮成。

通：通者，明也。謂明禮式，曉威儀者也，故為司禮官，上執禮也。

引：引導官。

贊：贊者，助也。謂襄禮式，理威儀者也，故為贊禮官，下執禮也。

（二）瓊林蔡氏祭祖儀式

1. 瓊林蔡氏祭祖儀式——小三獻

瓊林蔡氏祭祖唯清明墓祭與春秋二祭。清明墓祭是在清明的前一天四月
四日，於五世祖的墓前（今太武山）舉行，儀式後族人野餐，場面十分盛大；
至於春秋二祭則是指每年的農曆二月初七（蔡氏靜山五世祖考）與十月初六

（五世祖妣）的忌辰，於家廟中舉行祭祖儀式，其儀式稱「小三獻」，簡單隆重，因人數眾多，又分「頭停」與「貳停」，聚餐時並可多達八百人，其儀式如下：

祭禮開始，鳴鼓三通。

奏大樂，鳴砲，奏細樂。

主祭就位（七位長老站定）。

詣盥洗所。

復位：行初獻禮。

焚香、參神、上香。

跪：叩首、再叩首、三叩首、四叩首，興。

跪：晉爵，酌酒、醊酒，再酌酒、再醊酒，三酌酒、三醊酒，四酌酒，獻爵。

俯伏：樂止，宣讀祭文。

讀畢，樂升。叩首、再叩首、三叩首、四叩首，興。

行獻：獻牲禮、獻饌、獻果品。

詣前行初獻禮（拜後桌）。

跪：晉爵、酌酒、獻爵。叩首、再叩首、三叩首、四叩首，興。

復位：（回前桌）。

行獻：晉湯包（米粉湯、包）。

詣前行亞獻禮（拜後桌）。

跪：晉爵、酌酒、獻爵。叩首、再叩首、三叩首、四叩首，興。

復位：（回前桌）。

行獻：晉湯棗（米香湯、寸棗）。

詣前行終獻禮（拜後桌）。

跪：晉爵、酌酒、獻爵。叩首、再叩首、三叩首、四叩首，興。

復位：（回前桌）。

轉碗（祭桌菜碗轉動一下）。

瓷盛晉羹飯、晉香茗。

獻帛、焚祭文、焚帛（金帛燒約一半）。

跪：叩首、再叩首、三叩首、四叩首，興。

禮畢。

（眾裔孫自行拜祖）

2. 瓊林蔡氏奠安祭祖儀式——大三獻

瓊林蔡氏祭祖儀式除了小三獻之外，又有大三獻，這是家廟整修或奠安時才舉行的告祖儀式，約五、六十年一次，場面十分隆重。至於其儀式則分述如下：

一、祭禮開始：鳴鼓三通，奏大樂。（鳴砲）。

陪祭者就位，與祭者就位，主祭者就位，奏細樂，鞠洗，詣鞠洗所，盥洗，洗畢復位。

二、行初獻禮：就位，焚香，參神，上香，獻匾，「光耀門楣」，跪，晉酌，酌酒，醘酒，再酌酒，再醘酒，三酌酒，三醘酒，四酌酒，獻酒，拜，再拜，三拜，興。晉毛血，獻毛血，晉香茗，獻香茗，「一品清香」，晉生花，獻生花，「蘭桂庭芳」，晉鮮果，獻鮮果，跪，俯伏樂止，宣讀祝文，祝畢樂升。叩首，再叩首，三叩首，四叩首，興，初獻禮畢。

三、行亞獻禮：鳴鼓三通，樂升，就位，焚香，參神，上香，跪，晉酌，酌酒，醘酒，再酌酒，再醘酒，三酌酒，三醘酒，四酌酒，獻酌，拜，再拜，三拜，興。晉牲禮，獻牲禮，「五世其昌」晉發糕，獻發糕，「長發其祥」，晉角黍，「擲米成珠」，跪，叩首，再叩首，三叩首，四叩首，興，亞獻禮畢。

四、行終獻禮：鳴鼓三通，樂升，就位，焚香，參神，上香，跪，晉酌，酌酒，醘酒，再酌酒，再醘酒，三酌酒，三醘酒，四酌酒，獻酌，拜，再拜，三拜，興。晉紅圓，獻紅圓，「丁果團圓」或「家家團圓」，晉金帛，獻金帛，「金玉滿堂」或「金馬玉堂」，晉紅燈，獻紅燈，「添丁進財」或「戶戶添燈」，跪，叩首，再叩首，三叩首，四叩首，興，終獻禮畢。

五、焚祝化帛，奏大樂，鳴炮。

六、大禮告成。（眾裔孫皆拜）

附註：「」中為贊詞。

（三）瓊林蔡氏祭祖儀式之特色

至於瓊林蔡氏家廟祭祖的儀式、供品以及頭家輪值的制度，由於近年來研究的學者日益眾多，再加上金門縣政府的大力提倡，以及地方文史工作室的長期耕耘，相關的報導已頗見成果，本文於此不擬深入，只是，無論是蔡家也好、金門人也罷，問及何以要置放祭椅的習俗，則多支吾其詞，不知來歷，或云：這是官家祭祖的儀式。

當然，這絕對不只是為官者才有設祭椅的習俗，果真如此，何以不見於

浯洲其他家族或官宦後代？事實上，就在筆者數度前往金門並親自參訪祭祖典禮之後，更能肯定瓊林蔡氏祭祖對古禮的保留，並在祭椅陳設的形式中，窺見「尸祭」的遺風與內涵，而且，最難能可貴地是：這是台灣地區僅存的祭祖儀式與風俗。

瓊林蔡氏祭祖儀式中最令人興奮的當然是出主、入主的儀式，這樣的儀式只有在大宗的家廟才有，至於小宗的家廟則不見。典禮開始前，當家廟的清潔、陳設工作都已就緒後，便要啟櫝、出主，主事者爬上祖龕，在左右人員的環伺接力下，迅速將神主依序置放於後桌及兩側的祭椅上，其置放位置則是依輩份而不以年歲論，當所有的神主置放完畢後，祭祖的儀式便正式開始。

這種出主、入主的儀式，明文載於《朱子家禮》，同時，《家禮‧序》中也載及家禮內容，「有後來議論始定，若祭禮祭始祖，初祖而後不祭之類是也。」這些形式和觀念都可見瓊林蔡氏家廟祭祖之源流，並與《朱子家禮》所載完全吻合。

「祭椅」在《朱子家禮》的「具祭器」名單中都是排名第一位，這是置放神主牌位的重要祭器，自然不可等閒而視之。至於祭椅的形式：深 22 公分、總寬 72～109 公分，並因二人座、三人座、四人座的不同，其內寬在 20 至 30 餘公分，而其高度：椅高 68 公分、背高 115 公分，這十多張素樸的高腳祭椅，平日多置放於倉庫，到祭祀時才取用。

至於在整個祭祖活動中，對照《朱子家禮》儀節，瓊林蔡家最為不同的是以金帛取代「茅砂盤」，作為酹酒的標的；另外，《朱子家禮》中的三獻酒為主人、主婦、賓客，尤其是「主人斟酒，主婦點茶。」其地位是平行、並立的局面，然而，在蔡氏家族祭祖活動中，婦女是不被允許參與儀式，這是很大的差異。至於其他如果品、牲禮，與《家禮》所載略有出入，如：米粉湯、紅圓等，這是當地百姓家常的飲食，這種因時、地而制宜的權變手法，以致供品有所簡化，也是民俗中常見的特色，是人情之常，不足為意。

六、結　論

金門素有「海濱鄒魯」之稱，文風鼎盛，風俗樸實，並仍保留了許多閩南風俗與制度。然而，從瓊林蔡氏祭祖儀式中更能得見自有宋以來的祭祖習俗，雖然，《朱子家禮》對金門的確有深遠的影響，然而，論及朱熹與金門

的關係，一般文字卻多止於傳聞，研究者並略而不談，這對金門文化、制度的傳衍，是很大的侷限與破壞，事實上，金門自給自足，雖然孤立於海濱，但是，對於古風的維繫和傳承卻不遺餘力，而瓊林蔡氏家廟的祭祖儀式，不僅見證了《朱子家禮》的用心，更在宗法制度的貫徹下，連結了三代時期「尸祭」的遺風，這種對祖先的愛敬之心，以及「報本反始」、「慎終追遠」的淳樸風格，以及民族性血濃於水、不忘本的祭祖情懷，才是民族發展，文化深耕的重要憑藉。

　　祭祖作為一種禮俗或儀式，執事者或參與者是否也能真正體悟到其中的深意與旨趣呢！

六、和田玉與玉文化發展關係之比較研究

【內容提要】

　　和田玉是中國玉石中極為珍貴的品種，也是中華文化、藝術瑰寶的象徵，在長久的時空演進過程中，不僅是獨特的歷史文物見證，也是物質文明發展過程中不可或缺的重要信物。只是，和田玉的開發早有文獻記載，然而，和田玉的發展卻在玉文化盛行的新石器時代缺席了，這樣的成因少人討論，也少見文字觸及物質與文明發展之關鍵，而本文則是就其源頭，探討玉石之路與陶磁之路間的關係，並說明玉石的切割與陶土有著密不可分的關聯，因為，無論是過去或現在，由陶土和磨料所製成的砂輪，都是解玉或玉石拋光不可或缺的重要工具，所謂「工欲善其事，必先利其器。」因此，唯有深入探討陶土、磨料與玉石間物質發展的鎖鏈，才能真正釐清玉文化發展的現象與憑藉，以及和田玉和玉文化發展之關係。

　　關鍵詞：玉文化、和田玉、砂輪、磨料、陶土

一、玉文化的定義與內涵

生命中，有許多物質與我們的生活息息相關，而又密不可分，然而，當單一的物質成為「文化」的重要內涵，並可長久流傳或分佈廣泛，這樣的「物質」就不再只是純粹一個「物」而已，而是人們的生活需求、精神指標甚或是民族文化的重要象徵。

長久以來，中華民族的歷史與文化在世界文明的發展中，都扮演著舉足輕重的地位，不僅光華璀璨，也吸引著許多不同文化的相互交流，在這許多物質各異的文明交流中，最能彰顯中華文化特色，而又能在其他民族中獨樹一幟的物質文化，則當推──玉文化、米文化、酒文化、茶文化等。

其中，茶文化的興起較晚，而且，「茶」字不見於十三經，先秦典籍中也不見相關字詞，因此，其源起最早當於西漢時期，是生活中重要的補給品；而米文化則可溯源自河姆渡時期，並是祭祀與生活的憑藉；至於酒文化雖也屢見於典籍祭祀文字，且商周時期的酒器製作也極為發達，再加上酒文化的素材也與米有不可分割的關聯，因此，其重要性當是依附米文化而生。只是，無論是「茶文化」、「米文化」或是「酒文化」也好，其根本目的都是基於生活所需，甚或對生命、信仰（如：祭天、敬祖）的憑藉，進而再將此物質文明的發展推演至極，從而形成獨特的「物質生活圈」和信仰儀式，其制度和習俗不僅流傳於當世，更蔚然成風，及於後世甚或鄰近國家，終至於整個亞洲地區都有類似的生活習慣，其影響不可謂不大。

至於在這些傳統的物質文化中，玉文化的意義與作用雖也是基於生活所需，以及對生命、信仰的重要憑藉而衍生，但卻能完全跳脫「食用」（或「實用」）的物質層次，並直截提升至精神的層面。君不見，自古以來，美麗的玉石可以用來祭祀、陪葬、佩帶，不僅是身分地位的呈現，也可做為兵符、聘享或是君子的象徵，即使古人也曾經有「食玉」的風氣，然而，那畢竟只是少數特殊的現象，而不是玉文化真正的本質，唯有將許多美好的寓意、象徵提升至精神的層面，玉文化的重要性與獨特性才終於能完整呈現。

尤其是在上古時期，就現今出土遺址的考古發現，無論是東北的紅山文化、東南的凌家灘文化、良渚文化，以至於商代晚期的三星堆文化，都有大量的玉器出土，從這些出土遺址以及玉文化發達的現象來看，遠在新石器時代，先民早已有用玉的制度與習俗，同時，就出土遺址的位置與形式來看，用玉的意義與作用都是在於祭祀，而祭祀的規格不一，其中，又以祭祀天地

的規格為最高，用玉也最為敬慎精美，因此，凡是玉文化發達的地區，必定
有隨葬豐盛的禮器—陶器、玉器（商代又有銅器），以及祭祀坑、牲畜坑、灰
坑和三層高台的祭壇等，這樣周密的配置說明先民對禮祭天地的重視，而這
種自古以來即已形成的觀念，也正是典籍中所謂「萬物本乎天」與「敬天法
祖」的民族思想，這是人們生命的憑藉與源頭，因此，祭壇便成為族人精神
凝聚的重要場所與神聖空間，而古人祭祀時以「犧牲玉帛」來表現人們內心
最虔誠的敬意與恭謹，這種「以玉為祀」的風氣，也正是玉文化的本質與特
色，並顯示「玉」在先民的心目中的確扮演著崇高的角色與地位，是生活中
不可或缺的珍貴信物，也是歷史發展的重要見證。

二、典籍與出土中的和田玉器

　　和闐位於新疆省洛浦縣西，因哈拉哈什河與玉隴哈什河會於和闐縣北
境，稱和闐河而名。漢時為于闐國，唐時則置毘沙都督府，至於宋仍稱為于
闐國，清初隸屬於回部，地名和闐，直至乾隆時期又重入版圖，光緒時則置
和闐直隸州，以產玉名於世，世稱和闐玉（今則作和田玉）。

　　和田玉是中國眾多玉石中極為重要且珍貴的品種，明宋應星《天工開物
下·珠玉第十八》即稱「凡玉入中國貴重用者，盡出于闐。」〔註1〕即是最佳
的印證，至於「和田玉」的稱謂則是專指產於新疆和田、莎車、且末等地的
軟玉，也可以泛指分布在阿爾金山脈和崑崙山脈所盛產的透閃石玉。

　　和田玉的開採，依其生產部位則可分為三類：山料玉、山流水及子玉。
其中，山料玉是原生玉石礦藏；山流水則屬於山麓堆積型玉石礦藏；至於
子玉則是玉料經流水多年沖刷滾撞而成，屬於沖積型玉石礦藏，不僅質地
極佳，開採也極為便利，只是產量較為有限，可說是和田玉中的精品。

　　這些玉色潔淨且質地堅硬的美石，溫潤細膩，色澤華美，依顏色分又
以：白玉、青玉、碧玉、黃玉、墨玉等為主，珍貴稀有的材質在中國歷史、
文化的演進中都曾經扮演重要的角色與地位。至於文獻中所稱的「昆山」「崑
山」或「崑岡」則都是指崑崙山，而「昆山之玉」所指的也正是和田玉，都
是稀世珍寶以及財富與地位的象徵，因此，在歷代文獻中關於「崑山之玉」
的記載也屢見不鮮。例如：

〔註1〕《天工開物》,《叢書集成續編》,冊88,頁773,台北：新文豐出版公司,1989。

　　《尚書‧夏書‧胤征》即有「火炎崑岡，玉石俱焚。」〔註2〕的記載，這是經典中最早提及崑山玉的資料。

　　《尚書‧禹貢》「導河積石，至於龍門。」〔註3〕句下疏，以及《爾雅‧釋水》「河出崑崙虛色白」〔註4〕句下疏，也都言及于闐一地自古以來即已受到重視。

　　《穆天子傳‧古文》言及大王亶父之始作西土，「詔以玉石之刑」句下則有郭璞註曰「昆侖山出美玉石處，故以語之。」〔註5〕

　　《管子‧揆度第七十八》則載「至於姚舜之王所以化海內者，北用禺氏之玉，南貴江漢之珠，其勝禽獸之仇，以大夫隨之。」註曰「禺氏，西北戎名，玉之所出。」〔註6〕則是說明早在姚舜之時，帝王即已有用玉的事實，這樣的文獻紀錄，雖然文字中並未明確指出玉石產地，然而，用玉的年代當更早於《尚書‧夏書‧胤征》所述，則是無庸置疑之事。

　　《呂氏春秋‧重己》也稱「人不愛崑山之玉，江漢之珠，而愛己之一蒼璧小璣，有之利故也。」〔註7〕

　　《漢書‧西域傳》則更進一步載及西域地區鄯善國、于闐國、西夜國、莎車國等，都有「出玉石」〔註8〕的紀錄。

　　《史記‧趙世家》言及秦踰句注，斬常山而守之，則「代馬胡犬不東下，昆山之玉不出，此三寶者亦非王有已。」〔註9〕

　　《史記‧李斯列傳》也稱「今陛下致昆山之玉，有隨、和之寶，垂明月之珠，服太阿之劍，乘纖離之馬，建翠鳳之旗，樹靈鼉之鼓。此數寶者，秦不生一焉，有而陛下說之，何也？」〔註10〕又，〈龜策列傳〉則言「王獨不聞玉櫝隻雉，出於昆山；明月之珠，出於四海；鐫石拌蚌，傳賣於市；聖人

〔註2〕《尚書》，卷7，頁104。
〔註3〕《尚書》，卷6，頁89。
〔註4〕《爾雅》，卷7，頁121。
〔註5〕晉‧郭璞注，《穆天子傳》，《景印文淵閣四庫全書》，冊1042，頁252，台北：商務印書館，1986。
〔註6〕周‧管仲撰，《管子》，《景印文淵閣四庫全書》，冊729，頁248，台北：商務印書館，1986。
〔註7〕《呂氏春秋》，冊848，頁282。
〔註8〕《漢書》，卷96，頁3876、3881、3883、3897。
〔註9〕《史記》，卷43，頁1818。
〔註10〕《史記》，卷87，頁2543。

得之，以為大寶。大寶所在，乃為天子。」〔註11〕都說明昆山之玉的珍貴，並是天子、聖王所以為大寶。

《淮南子・詮言訓》則言「夫函牛之鼎沸而蠅蚋弗敢入，崑山之玉瑱而塵垢弗能污也。」〔註12〕

《新序・雜事第一》載及船人固桑與晉平公的對話，也有「夫劍產於越，珠產江漢，玉產崑山，此三寶者，皆無足而至。今君苟好士則賢士至矣。」〔註13〕

《三國志・吳書・虞翻傳》注下則有《會稽典錄》：朱育問功曹虞翻曰「聞玉出崑山，珠出南海，遠方異域，各生珍寶。」〔註14〕的記載。

《晉書・郄詵列傳》載及詵答武帝所問，自詡為「臣舉賢良對策，為天下第一，猶桂林之一枝，崑山之片玉。」〔註15〕則是以崑山之玉喻己之賢良公正。

《舊唐書・李密列傳》則有「崑山縱火，玉石俱焚，爾等噬臍，悔將何及！」〔註16〕的記載。

《明史・西域列傳四・于闐》，更載及土人採玉之方，並稱于闐自古即為大國，「其國東有白玉河，西有綠玉河，又西有黑玉河，源皆出於崑崙山。土人夜視月光盛處，入水採之，必得美玉。其鄰國亦多竊取來獻。迄萬曆朝，于闐亦間入貢。」〔註17〕

從這許多典籍、史料中豐富的文字來看，都可見和田玉的開採早在夏禹時期即已盛行，並且是歷代帝王或時人所引以為貴重的器物。

至於在上古時期，經出土考古挖掘的和田玉也不在少數，楊伯達〈中國和田玉玉文化敘要〉〔註18〕一文中即指出「據筆者所見，最早的和田玉玉器乃是玉斧，不下 40 柄，均出土于古樓蘭遺址，有白玉、青白玉、青玉等。

〔註11〕《史記》，卷 128，頁 3232、3。
〔註12〕《淮南子》，冊 848，頁 670。
〔註13〕漢・劉向撰，《新序》，《景印文淵閣四庫全書》，冊 696，頁 193，台北：商務印書館，1986。
〔註14〕《三國志》，卷 57，頁 1325。
〔註15〕《晉書》，卷 52，頁 1443。
〔註16〕《舊唐書》，卷 53，頁 2218。
〔註17〕《明史》，卷 332，頁 8614。
〔註18〕楊伯達，〈中國和田玉玉文化敘要〉，《中國歷史文物》，2002 年第 6 期，頁 67～74。

據目驗，大多取自阿爾金山或和田。較多地使用和田玉的史前部落只有齊家文化所屬者。1998 年筆者赴甘肅、青海、寧夏鑑定博物館藏一級文物時，始見大批齊家文化的琮、璧、環、瑗、圈、璜等和田玉玉器，方知齊家玉文化在玉料上的優勢。稍晚者則是河南省偃師二里頭文化遺址出土的白玉柄形器、安陽殷墟婦好墓出土的一批和田玉玉器。此後，中央政權帝王無不以和田玉琢碾瑞信、祭祀、陳設、文具等玉器。古代新疆人經常從和田運出大量的玉料進貢朝廷，其數量之大是難以估計的。僅以有檔案可查者為例，從乾隆二十五年至嘉慶十七年（1760～1812）的 53 年期間，共進貢和田玉約 20 餘萬斤，在當時這是一個龐大數字，不是輕而易舉的事情。」同時，楊文中並指出「和田玉向中原輸出的時間大約有 5000～6000 年之久。」這樣的觀點都說明和田玉的使用早在新石器時代即已成形，並可以和文獻、史料中的文字相互印証，互為闡發。

新疆和田玉的運用，早在五帝時期，甚或新石器時代晚期便已盛行，這說明和田玉的開採年代極為久遠。至於在出土文物中，有關和田玉質地的化驗報告，則可以殷商婦好墓、陝西灃西張家波西周遺址、湖北隨縣擂鼓墩戰國早期曾侯乙墓、河北平山戰國中期中山王國墓、以及西漢初期廣州南越王墓、徐州獅子山楚王墓、滿城中山靖王劉勝夫婦墓、安徽淮南王墓等出土遺址最為代表，這些精緻華美的出土玉器經鑑定都是和田玉之屬，並都出於帝王、公侯之墓，也可見和田玉的重要性與尊貴性，這樣的習俗流傳，於是，歷代帝王的用玉都以和田玉為最高準則，唐代如此，直至明、清時期也仍然如此。

只是，這許多精美的和田玉器究竟是如何完成？尤其是自新石器時代以來，冶煉的技術尚未成形，金屬琢磨的工具也未嘗發明，那麼，出土中許多質量俱佳的玉器又是如何雕刻琢磨？而且，崑山之玉早已開採並運用，文獻、出土中也早已印證崑山之玉的精良，但是，新疆地區擁有這樣珍貴的資源，卻為何沒有形成如紅山、良渚這樣璀璨奪目的玉文化文明？

三、切割、拋光玉石的工具──砂輪

出土考古中有關新石器時代的玉器極為豐富，不僅玉質極佳且雕工精緻，這樣的現象，都說明先人治玉的技術已臻上乘，以致用玉風氣也極為普遍。

這樣的習俗流傳，並證諸典籍記載，《周禮·冬官·考工記下》已有「玉人」一職，專司天子治玉之事；而《詩經·衛風·淇奧》也有「有匪君子，如切如

磋，如琢如磨。」〔註19〕這樣備極稱頌的文字，並以治骨角、玉石的方法，來闡述君子為學必須聽諫以禮，並自脩如玉石之見琢磨，以便成其寶器。

這許多美好的比喻，是將治玉的技巧更提升至做人處事的文化內涵，並將治玉的實質層面昇華為治玉的精神象徵，這是中國人愛玉、敬玉的最高極至，也是玉文化發展的豐富內涵與重要關鍵，再加上典籍中早已記載治玉必須要有專人、專才、專職才可從事，細膩的手法並匠心獨運，才能造就出一件精美的玉器，這種種形式與象徵，都可見先民對琢玉一事態度的敬慎，並絕非只是雕蟲小技而已。

只是，玉的硬度極高，質地堅韌，雕琢的技巧即使是在現代社會中運用最先進的器械，也並不容易達成，更何況是在遠古時期？尤其是自新石器時代以來，許多精緻華美的玉器，如何製作？如何完成？果真有解玉砂、砣片的存在？其切割琢磨的過程又是如何？卻仍然眾說紛紜，莫衷一是，再加上考古挖掘中也少見玉作坊遺址與治玉工具的出土，這種種疑點都更增添後人對前人治玉技巧認識的難度與理解。然而，這許多困惑與盲點，就在筆者參觀過台灣製陶重鎮—鶯歌的「中國砂輪」工廠後，竟豁然開朗。

砂輪是現代社會發展中不可或缺的重要技術與工具，舉凡生活中各種器物的切割研磨以至於工程專用的鑽磨刀具，都可憑藉著砂輪快速、銳利、堅硬的運轉而順利完成。再加上砂輪在製作過程中由於各種磨料的添加成份不同，以致各式砂輪所產生的硬度、精密度、切割能力等也大不相同。因此，在功能及形式上，砂輪的運用極為廣泛且形式多樣，無論是各種刀具、模具的運用，以及花崗岩、蛇紋岩、大理石、混凝土等的切割磨鋸，或是各種塑合板（貼美耐板）、中密度纖維板以及印刷電路板的鋸切、成型、修邊等，甚或是精密如寶石業專用的鑽石磨盤，鑽孔器械，以及光學、眼鏡業用的研磨砂輪等，生活中許多堅硬、精密的材質，都可在砂輪高速的切割研磨下順利完成，並且使加工面更趨一致，自動化的作業及效率也更高。

砂輪的結構，基本上是由磨料（Abrasive）、結合劑（Bond）與氣孔（Pore）所構成。磨料是直接對工作物發生磨削作用的刀刃，而結合劑是產生磨料顆粒間的結合力、保持力，並使砂輪在一定的速度下能安全回轉，至於氣孔則是磨料與結合劑以外的間隙，可幫助磨屑的排除，以便保持磨削效果。

至於製作砂輪最為關鍵的材質則是磨料，磨料的意義與作用在於：研

〔註19〕《詩經》，卷 3 之 2，頁 127。

磨、拋光、磨削、擦亮、清潔及除去材料表面的固體物質,並藉著擦磨（Rubbing）及衝擊（Impact）的方式,來研磨需要加工的材料。至於磨料的運用則十分廣泛,小自家庭用品的去垢劑,大至於工業器械中最硬的拋光鑽石材料等,都含有磨料的成分,而磨料的重要性除了將物體切割磨鋸之外,更能在製造精密產品和特別平滑的表面物質過程中,將物體打磨、拋光,使物體更為精美光澤,這是磨料的特性與作用,而其功能和運用程度的廣泛,也的確和我們的生活需求緊密相關。

至於自新石器時代以來,玉文化的分布即已十分盛行,舉凡玉器的切割、打磨、拋光等,除了匠人純熟的工藝製作之外,更需要有相當程度的工具輔佐,才能克盡其責,而這樣的工具則非「砂輪」（不知古人如何稱其名）莫屬,尤其是自新石器時代以來,重新再檢視玉文化發達的地區:紅山文化、凌家灘文化、良渚文化、三星堆文化等地區,除了由於「以玉為祀」的風氣而出土了許多質量俱佳的玉器之外,不可忽視地是,文物中更伴隨出土許多質地精美的陶器,而這些就地取材的陶土,不僅可以製成各式禮器如:豆、鼎、罐、壺等,以便作為祭祀天地的「質器」,同時,陶土更是製作「砂輪」不可或缺的必備材質,這樣的材質與技術,為玉石切割的工具找到有力的關鍵與佐證,也因此證明「玉石之路」和「陶磁之路」的確有著密不可分的關係。事實上,玉文化的發展若無製陶技術的基礎,根本就無從而生,證諸出土考古的發現,玉器出土盛行的地區也多伴隨陶器的出土,這種切割工具材質的礦藏與運用,的確可以證明玉文化與製陶技術的緊密關係。

工欲善其事必先利其器,玉石的切割琢磨若沒有輕巧順手的工具輔佐,根本就不可能製作出量大而又精美的玉器。因此,切割、琢磨工具的製作,陶製砂輪的完成,除了玉石原料之外,陶土、磨料的屬性和來源,便成為研究玉石製作不可忽視的重要線索,這個觀點也是本文真正想要探討的重點之一。

至於有關磨料的成分及屬性,由於事涉專業,且前人整理研究的文字也不在少數,極具參考價值,因此,本文的研究除了參考「中國砂輪」的簡介,對磨料有一般性的介紹之外,關於磨料的專業部份如:化學成分、特質,以及和砂輪之間的構成、製作等,則多依據賴錦文、溫紹炳〈脆性材料的加工用磨料〉〔註20〕一文梳理而成,以便對陶製砂輪做為治玉工具的意義與作用

〔註20〕賴錦文、溫紹炳,〈脆性材料的加工用磨料〉,《陶業》,第 15 卷第 2 期,頁 5 ～12,1996.4。

有所闡發，並進而相互佐證，明其詳實，同時，也希望藉此深入探討自新石器時代以來，陶製砂輪與治玉工具間的始末，以及對新疆地區治玉工藝發展的影響和緣由。

四、砂輪、磨料屬性探析

砂輪的製作，是由陶土與磨料均勻融合而成，再依據所需的大小厚薄壓製成型後窯燒而成，至於其功能則是因磨料的成分、屬性不同而有個別性的差異。

磨料的屬性，是製作砂輪的重要關鍵，依其來源並可分為兩大類—天然磨料與人造磨料。天然磨料如：金剛石（diamond）、剛玉（corundum）、金剛砂（emery）等；而人造磨料則有：碳化矽（silicon carbide）、人造金剛石和氧化鋁（alumina）（即人造金剛砂）等。

天然磨料的運用年代極為久遠，典籍、詩文中早已有「解玉砂」一詞的出現，再加上天然磨料是從天然礦物岩石所形成，因此，即使是在粉碎、成型或膠結成適當形狀時，也不會改變原有礦物性質的特色，是極佳的研磨原料。

至於說到天然磨料的種類，由於軟玉的摩氏硬度在 6～6.5，然而，中國各地的礦藏其硬度超過 6.5 以上的礦石也不在少數，例如：鑽石（金剛石）、剛石（紅寶石、藍寶石）、水晶等，只是，這些硬度極高的礦石，在經歷地熱、地壓長久的融蝕之後，色采華美，光澤璀璨，也都是屬於貴重寶石系列的美石，因此，即使是礦石的硬度夠高，然而，卻並不一定會作為天然磨料的工具，而多以次級寶石或一般寶石取代。

以天然礦石作為磨料且運用最為普遍的材質，無論是過去或現在，都應以石榴石最為重要，這是由於石榴石的摩氏硬度在 7 以上，可以作為玉石切割的天然磨料，而且，石榴石的產量豐富，礦脈分布也十分廣泛，再加上價格極為便宜，因此，除了少數地區的石榴石略有精品，可以作為精緻的鑲嵌或裝飾器之外，大多數的石榴石即使是在現今，也仍然是作為玉材切割的天然磨料。

石榴石（Garnet）的礦物成分主要為氧化矽、氧化鋁、氧化鐵等化合物，並有砂礦和片岩（原生礦）兩種類型，其主要分類依成分不同而有：鈣鋁榴石、鈣鐵榴石、鎂鋁榴石、鐵鋁榴石、錳鋁榴石等，為晶質體，等軸晶系，

具玻璃光澤，透明度則是透明至半透明，顏色並呈現黃褐色、褐紅色、紫紅色等系列，甚或有翠綠色（翠榴石），摩氏硬度多為 7～7.5，至於有的鎂鋁榴石具有寶石級特色的，其硬度甚至可以達到 8。

　　據王實策劃編輯的《中國寶玉石資源大全》〔註 21〕一書的調查顯示，石榴石的主要產地有：吉林、黑龍江、內蒙、河北、陝西、江蘇、江西、廣東、福建、雲南、四川、甘肅、青海、新疆、西藏等，而次要產地則是：遼寧、山東、安徽、河南、浙江、湖北、湖南、貴州、寧夏等，這樣廣泛的地域分布，幾乎涵蓋了所有中國玉器的出土地點，以及自新石器時代以來玉文化的分布地區。事實上，仔細探究這些出產石榴石的地區，也多蘊含有玉石的礦藏，考古發掘中也出土許多玉器，這個現象不僅可以說明磨料和玉器間的緊密關係，也印證了物質文明發展過程中原料與器物必然的趨勢與事實。

　　至於人造磨料的研發則是在 1891 年，由美國 Edward G. Acheson 博士首先以矽砂和焦炭為主原料，經電氣抵抗爐熔製，而將人造磨料的碳化矽（SiC）開發成功，並創設 Carborundum 公司開始營業，而後，各種人造磨料也陸續被開發，及至 1953 年人造鑽石（Diamond）開發成功後，由於品質的穩定性與勻稱性遠勝於天然磨料，並可以大量製造，因此，已成為現今最重要的研磨材料。至於本文所欲探討的時空範圍與新石器時代的玉文化有關，因此，磨料的成分必然是天然磨料，是以捨人造磨料不談。

　　磨料最重要的物性有硬度、韌性、顆粒形狀與大小、斷口或解理的特性、純度或均一性等，同時，為順利加工起見，通常，磨料的屬性必須具備下列特質：

　　1. 比工件硬度高：通常陶磁及石材的表面硬度都超過莫氏硬度 7，因此常用的磨料如剛玉、SiC、B4C、CBN、鑽石等，硬度都高過 9。

　　2. 能加工獲得不同大小顆粒的磨粒：如此才能由粗至細，加工出平滑度及拋光度高的表面。

　　3. 有適度的自銳性：磨粒要有相當尖銳的切削刃和某種程度的脆性，以便在加工過程中能自行磨銳，即在一定的壓力下裂開，露出新的銳利刀刃進行磨削。

　　4. 耐高溫，在磨削的溫度下仍保持其固有的硬度和強度：磨具工作時，常發生極大量的熱，磨削區的溫度，可達到 1000℃以上，因此，要求磨料具

〔註 21〕 王實策劃編輯，《中國寶玉石資源大全》，頁 18，科學技術文獻出版社，1999。

有一定的耐熱性。

5. 與被加工材料不易產生化學反應：磨料在磨削過程中，若與工件產生化學反應，將會破壞工件的加工品質。例如用碳化矽研磨鋼材，會產生 SiC＋4Fe→FeSi＋Fe3C 的反應，對被加工的鋼材十分不利。

6. 拋光用磨料配合加工液可產生腐蝕拋光的效果：氧化物拋光粉如氧化鈰、氧化洛或氧化鋁等，如果在拋光過程中配合酸性或中性（皂類）或鹼性加工液，將促使工作物表面與加工液產生腐蝕的化學反應，加速磨料的化學拋光速率。

另外，關於磨料產品的種類，為了適合各種加工方式的需求，磨料在應用時有鬆散磨料或與其他材料形成膠結磨料等兩大產品：

所謂鬆散磨料，是直接使用各種顆粒大小的磨料來加工不同材質的工作物。如：較粗的磨料可用來切割石材、粗磨平板玻璃及粗磨石材表面；較細的磨料可用來研磨光學鏡片、細磨建築石材、平板玻璃、寶石及木材表面等；細粒粉末則可用來拋光及擦光各種不同材料，如：玻璃、石材、金屬、塑膠、磁磚、人造石板、寶石及木材表面等。

所謂的膠結磨料則是將鬆散磨料用不同的結合劑，膠結成各種用途的產品，其形式主要可分為：砂輪、塗敷式砂紙砂布及磨石等三種。

（一）砂輪，由於磨料與結合劑結合方式的不同，又可分為五種重要的砂輪膠結形式：

1. 瓷質燒結砂輪：用氧化鋁或碳化矽磨料成型後，在高溫燒結成整個砂輪，是最重要的砂輪形式，其硬度高、穩定性高、耐水、酸、油及溫度變化。適於精密研磨，由於成型與燒結的技術限制，通常不易製成大直徑與大厚度的砂輪。

2. 矽酸鹽膠結砂輪：用黏土與氧化鋁或碳化矽磨料混合成形燒結而成，可製成大型砂輪，但結合力比瓷質燒結砂輪差。研磨時砂輪的作用極軟，可研磨薄刃，適用於忌諱發生研磨熱的場合。

3. 樹脂膠結砂輪：磨料用不飽合樹脂、酚醛樹脂或環氧樹脂膠結而成，因是有機結合劑，可作成比瓷質砂輪強韌而有彈性的切斷用極薄砂輪，可用於耐火磚、焊接的研磨與切除。可高速旋轉，研磨量多，作業迅速。

4. 橡膠膠結砂輪：磨料用軟性橡膠結合而成，強韌而富彈性，可作成極薄的砂輪，可高速使用，達到平滑的加工面，通常用來細磨凸輪軸、滾珠承軸的座圈墊，也用為無心磨床的調整砂輪，但經久會老化。

5. 金屬結合砂輪：鑽石或立方氮化硼為磨料的砂輪，可使用銅合金金屬為結合劑，或以電鍍層附著於金屬輪面上，製成高精密研磨或細研磨砂輪。磨料研磨力強，磨損量少。

（二）塗敷式砂紙砂布，適用於木材、石材、寶石及金屬的研磨用，主要的磨料為石榴子石、矽砂、金鋼砂、電熔剛玉及碳化矽。原料紙使用牛皮紙或鹿仔樹皮紙或布，黏著劑為牛膠或樹脂。

（三）磨石，依加工方式的不同，又可分為石材磨石及搪磨石兩種。

綜觀這許多不同形式的磨料所形成的研磨工具中，除了鬆散磨料可以隨時運用之外，其他，如塗敷式砂紙、砂布，或磨石，也都是極易完成的研磨工具，並可以隨著摩擦面積的大小而任意變換各種形式交互使用；至於若說到砂輪的製作，在上述五種砂輪的膠結形式中，最有可能在上古時期被廣泛運用且又耐用的研磨工具，則應以瓷質燒結砂輪為先，而樹脂膠結砂輪有易於切割的特性，製作技術的困難度並不高，也極有可能被先民經常運用。

瓷質燒結砂輪的製作，只要將磨料粉碎後加上瓷質結合劑、填充劑等混合，使成形、乾燥後窯燒即可。因此，只要具備磨料、瓷質結合劑以及1000℃的燒結技術，便可以完成砂輪的製作，這樣的技術在現今極易完成，即使是上古時期也並不困難，因為，早在新石器時代的紅山文化、凌家灘文化、良渚文化等地區，都曾經出土許多精美胎薄的陶器，說明古人在生活中早已研發出成熟的陶磁燒結技術，因此，只要在瓷質結合劑中再混合天然磨料顆粒或粉末，所燒結出來的陶磁狀器物，就可以作為玉石切割、打磨的簡便工具。

這種簡便的治玉工具，製作上並不困難，功能性也極為便利，根據前言「瓷質燒結砂輪」的特質所載：瓷質燒結砂輪是最重要的砂輪形式，其硬度高、穩定性高、耐水、酸、油及溫度變化，適於精密研磨，然而，由於成型與燒結技術的限制，通常不易製成大直徑與大厚度的砂輪。具備這樣特質的砂輪，考古報告中雖未見紀錄，卻令人很容易聯想到出土文物中被視為「紡輪」的陶器，以及其他許多狀似打磨工具的陶質器物。

五、砂輪、紡輪形同意異

物質文明的演化由石器而進入細石器甚至於「美石」時代，然而，上古時期對石器的製作卻不可能只停留在以礫石敲擊、刻畫或粗磨的層次，尤其

是面對美麗的玉石得之不易，人們在刻治玉石之際，自然也會精益求精，有所創新。因此，當陶器的窯燒技術達到一定的程度之後，工具的燒造便也改變了人們的生活習慣與模式。

以易於捏塑成形的陶土，混合顆粒或粉末狀的磨料，膠結成型後窯燒，便可以任意製作出所需要的打磨工具，這樣的陶製打磨工具，隨著研磨粗細程度的不同，切割鑽雕的銳利與否，而有各種不同的造型與大小，例如：圓餅形、半球形、球形、喇叭形、陀螺形、管鑽形、錐形、不規則形等，因此，打磨工具的式樣隨著器物的需求而形式各異，而且，即使是相同的式樣，卻也因為研磨程度的精粗，以及磨料成分的各異而有不同的級數區分，這個現象在現今是如此，至於在過去也沒有甚麼差別。

當然，新石器時代的製陶技術早已相當成熟，出土報告中甚至將陶器以「手製」和「輪製」來加以區分。這樣的觀念和事實的確存在，而且，證諸史籍也有相關的文字記載，那就是「鈞」。

《漢書‧鄒陽傳》有言「是以聖王制世御俗，獨化於陶鈞之上。」注「張晏曰：陶家名模下圓轉者為鈞，以其制器為大小，比之於天也。師古曰：此說非也。陶家名轉者為鈞，蓋取周回調鈞耳。言聖王制馭天下，亦猶陶人轉鈞，非陶家轉象天也。」〔註22〕而《漢書‧賈誼傳》「大鈞播物，塊圠無垠。」句下注也稱「如淳曰：陶者作器於鈞上，此以造化為大鈞也。應劭曰：其氣塊圠，非有限齊也。師古曰：今造瓦者謂所轉者為鈞，言造化為人，亦猶陶之造瓦耳。」〔註23〕都說明古人製陶，早已有「鈞」這樣的器物，以便作為製陶時周回旋轉的輪盤。

今日，在良渚遺址出土的陶器數量不在少數，除了部分用捏塑或泥條盤築法完成之外，也有許多器物明顯是利用「鈞」這樣的工具才能塑形。尤其值得注意地是，在良渚玉璧或玉琮上，可明顯發現許多弧形旋轉的刮削痕跡，這樣銳利且清晰的線條，應是在打磨或切割的過程中，因為磨削力道強大、旋轉迅速所留下的製作痕跡，而且，所有的刮削痕跡都是旋轉狀，可見當時在切割、打磨玉器時，也應該是運用「鈞」這樣的器物來完成。

陶製打磨工具的出土地區，考古挖掘中還不在少數，河姆渡文化、凌家灘文化、良渚文化、屈家嶺文化、石家河文化等地區都曾經出土，這些地區

〔註22〕《漢書》，卷51，頁2351。
〔註23〕《漢書》，卷48，頁2227、2228。

不僅有許多陶製的打磨工具，同時，也都是玉文化盛行的地區，二者相輔相成，以致雕琢出許多工藝精美而又具特色的玉器。只是，前人在面對這些陶製打磨器的時候，不免有誤判之處，再加上真正的打磨器則因為材質粗陋，未必會保存下來或隨葬墓中，以至出土中所見的打磨器多是玉製的禮器，即使是形制相同，卻也難免會有混淆之嫌，使真相難以釐清。

紡輪在科學發掘的新石器時代遺址中極為常見，並有集中出土的現象，據鄭永東〈淺談紡輪及原始紡織〉〔註24〕一文所載「河姆渡遺址在第一次發掘中就出土了 71 件紡輪，大汶口出土了 31 件紡輪，廟底溝仰韶文化出土了 85 件紡輪，東張新石器時代遺址出土了 336 件紡輪，蒲城店也發掘出了上百件紡輪等等。目前，我國最早的紡輪是在中原地區裴里崗文化莪溝遺址和河北磁山遺址內發現的。以上出土的紡輪質地多種多樣，不僅有陶質的，也有石質的和木質的，甚至還有骨質的；從形制上看有扁圓形的，算珠形的，截頭形的等等；在重量上也有較大區別，並且有大、中、小之分。文物工作者還在京山屈家嶺文化遺址內出土了大量精美的彩陶紡輪，其紋飾多為直線、弧線、網紋等組成。」文中的統計數字不知出處為何？然而，數量的確龐大。但是，若與《河姆渡——新石器時代遺址考古發掘報告》所載出土紡輪相較：河姆渡第一期文化遺存出土紡輪 209 件（圖 6-1，圖 6-2），第二期文化遺存出土紡輪 122 件（圖 6-3），第三期文化遺存出土紡輪 11 件，第四期文化遺存出土紡輪 10 件。可以發現：新石器時代出土的紡輪數量的確不可任意忽視。而且，在河姆渡遺存中，除第三期遺存的紡輪多為質軟的葉臘石制外，其餘的紡輪一、二期多夾碳灰陶、黑陶，第四期則為泥質或夾砂灰陶，這樣明確的物質演變，並在不同的文化遺存中，數量由多而少，質地也從粗糙以致細膩，在在都顯示紡輪在新石器時代的重要性與必要性。

紡輪大量且集中的出土，是史前文明的重要標誌之一，至於其意義與作用，許多學者在參考少數民族的紡紗方式之後，多認為這是早期先民的紡織工具。只是，根據考古的發掘和調查，出土中只見紡輪，卻不見與紡輪配套的其他實物以及有關於紡輪的文字記載，因此，對於紡輪的意義與功能，各方的看法仍有很大的歧異。

〔註24〕鄭永東，〈淺談紡輪及原始紡織〉，《平頂山師專學報（社會學科）》，第 13 卷第 5 期，頁 71～72，1998.10。

圖 6-1 新石器時代，河姆渡文化一期，紡輪 T226（4A）：101

厚 3.0、面徑 3.0、底徑 4.4cm，1977 年浙江餘姚河姆渡遺址出土，浙江省博物館藏。自《河姆渡文化精粹》頁 92。

圖 6-2 新石器時代，河姆渡文化一期，紡輪 T235（4A）：102

厚 1.0、直徑 6.4cm，1977 年浙江餘姚河姆渡遺址出土，浙江省博物館藏。自《河姆渡文化精粹》頁 92。

圖 6-3　新石器時代，河姆渡文化二期，紡輪 T231（3B）：33

厚 0.8、直徑 5.9cm，1977 年浙江餘姚河姆渡遺址出土，河姆渡遺址
博物館藏。自《河姆渡文化精粹》頁 31。

　　蔡運章〈屈家嶺文化的天體崇拜──兼談紡輪轉向玉璧的演變〉〔註 25〕
一文即曾記述「對於這些紡輪的用途，學術界有兩種不同的看法。張緒球先
生說：『彩陶紡輪的花紋大多與旋轉有關，當紡輪轉動時，這些花紋便能隨
之產生一種快速的動感，它不僅可以增加美感，消除疲勞，而且還能滿足人
們希望紡輪快轉動，多紡好紗的理想和追求。』因而它們『應是原始紡織業
技術得到飛速發展的重要證據。』龐樸先生不同意這種推測，他說：『我很
懷疑它們並非紡輪，而是某種法器。』因為它們的『數量多，農業社會時代
的農家，一位成年婦女擁有一枚紡輪，便足夠滿足「晝爾于茅，宵爾索陶」
的需要。』這些『紡輪的數量顯然超出常規用量，這也就是說，它不是日用
的紡輪，而是原始宗教的法器。』」

　　至於紡輪的緣起，劉昭瑞在〈論新石器時代的紡輪及其紋飾的文化涵義〉
〔註 26〕一文中則指出「就迄今所見的材料言，我國最早的紡輪形式，是利
用破碎的陶器殘片打制而成，然後才是用細泥焙制的陶紡輪。」同時，文中

〔註 25〕蔡運章，〈屈家嶺文化的天體崇拜──兼談紡輪轉向玉璧的演變〉，《中原文物》，
　　　　1996 年第 2 期，頁 47～49。
〔註 26〕劉昭瑞，〈論新石器時代的紡輪及其紋飾的文化涵義〉，《中國文化》，1995 年
　　　　第 11 期，頁 144～153。

並列舉：新石器時代的文化遺址中，河北武安磁山出土紡輪 11 件，皆陶片加工而成；河南新鄭裴李崗文化中，出土紡輪 2 件，也是利用陶片製成；河南舞陽賈湖類型遺址，所報導的紡輪亦為廢陶片打制而成；陝西寶雞北首嶺下層遺存中所出的紡輪，亦皆為陶片製成；浙江桐鄉縣羅家角遺址，除第一層所出 1 件為焙制的紡輪外，其他亦為利用碎陶片改製；到了在以仰韶文化為代表的黃河流域及其他周邊地區的文化遺址中，開始大量出現焙制的陶紡輪，並且還有玉、石、骨等質地的紡輪出土；而河姆渡文化的第四層中，發現了有刻畫精美的焙製陶紡輪 2 件，但河姆渡所出焙制紡輪應該不是該文化最早形態的紡輪。「總之，由上述距今 8000～6500 年的較早文化遺址所出紡輪看，紡輪的發展是經過了從利用改製陶片到淘土焙制而成這麼一個階段。」

同時，劉昭瑞也在文中將紡輪的裝飾手法分為兩類：「一是用硬質工具在陶或石等質地紡輪上刻劃出有關圖案或符號，這種裝飾手法遍佈新石器時代各個遺址中，較早而又精美的，如上舉河姆渡文化所出的紡輪。第二類是彩繪，這種裝飾手法迄今所見，比較集中地出現在兩個地區，一是長江中游的屈家嶺文化及稍後的石家河文化，時代在距今 5000 到 4000 年左右；另一個是東南沿海的福建閩侯曇石山文化遺存，時代距今 3000 年左右。其他各新石器時代遺址也時有發現，如青海樂都柳灣所出，但均不及上述兩地那麼集中。」

劉昭瑞先生對出土紡輪這樣細密的觀察與發現的確是慎密精到，只是，紡輪的緣起若真是利用破碎的陶器殘片打制而成，這樣的殘片還適合作為先民紡織用的工具嗎？唯有將紡輪視之為砂輪，而殘片則是治玉或治骨角的原始刮銷器，才真正符合砂輪的緣起與意義。

事實上，個人以為：出土中的紡輪質地多樣，然而，除了木質的紡輪可作為紡織的工具之外，其餘陶、骨、玉、石質等材料都未必合用或伏手，而應是做為器物的打磨工具或禮器。而且，木紡輪的數量極少（或為腐朽，或為需要量原本就不多），造型也只有扁平形一種，這和陶紡輪的形式多樣有極大的差異；因此，雖然這些材質的紡輪形制類似，個人卻以為應當分為兩部分來看—紡輪與砂輪，紡輪以木質為主，是紡織過程中實用的工具，而出土中許多有刻畫符號或彩繪的陶紡輪，由於非實用物，則很有可能是木紡輪（當然也有可能是陶質砂輪）的祭祀禮器或隨葬品；至於其他材質如：素面的陶、石、骨等紡輪，由於硬度較高，則應是器物的打磨器或刮削器。因此，

紡輪與砂輪的形狀雖然相似，然而，其意義、功能與作用卻大不相同，唯有區隔分明，才能真正釐清事實的真相。

　　據考古發掘《福泉山——新石器時代遺址發掘報告》〔註27〕所載：崧澤文化遺址即有石紡輪出土，T42-7：10（圖6-4）為扁平圓形，砂岩，厚0.9、直徑6.3厘米。個人以為，這樣的石紡輪應是由磨料原石粗製而成，以便打磨器物粗胚所用，且砂岩的質地並不適用於紡織過程。

圖6-4　新石器時代，崧澤文化，石紡輪 T42（7）：10

自《福泉山——新石器時代遺址發掘報告》圖版5。

　　事實上，根據《福泉山》附錄六〈上海青浦福泉山遺址出土石器的岩石類型與特徵〉〔註28〕的化驗分析：以崧澤文化層所出土的石紡輪為例，其質地為輝綠玢岩，硬度可達 6～6.5。至於在崧澤及良渚遺址中所出土的石器，計有變質岩與岩漿岩兩大類，在變質岩的種類中二文化層所選用的幾乎相同，其中有：片理化石英角礫岩、絹雲母石英片岩（或絹雲母石英岩）、斑點板岩（或板岩）、角岩、變質砂岩、片麻岩及玉質蝕變岩等，而這些岩石除玉質蝕變岩及變質砂岩風化後硬度較低外，絹雲母石英岩、板岩等硬度可達 5 度左右，其餘變質岩，其岩石硬度可達6～7度；另外，又有岩漿岩類石器，良渚

〔註27〕上海市文物管理委員會、主編黃宣佩，《福泉山——新石器時代遺址發掘報告》，
　　　　頁24、40、17、41、49，北京：文物出版社，2000。
〔註28〕《福泉山——新石器時代遺址發掘報告》，頁180。

文化層所選用的種類則較崧澤文化層增加近一倍，除了已有的輝綠岩、花崗岩、細晶岩外，並可見霏細岩、流紋岩、酸性凝灰岩、含角礫凝灰岩、凝灰熔岩等火山岩類岩石，共計 8 種，而上述岩石，除了火山凝灰岩風化後其硬度小於 5 度外，其餘各類，岩石硬度均在 6～7 度間。

因此，運用這些石器作為磨削的利器，即使形式各異，例如：崧澤文化中的石紡輪以及良渚文化中的石鑽頭，這是功能上的不同，然而，若運用硬度這樣高的石器直接磨削器物，便可以快速成型或達到效果，即使是間接（粉碎為磨料成分）用來刻治牙、骨件或玉件，也是輕而易舉的事情。

同時，崧澤遺址中又有陶紡輪出現，並有半球形與圓餅形兩種類型，半球形的紡輪為泥質紅陶，如 T25-7：1，邊緣稍殘，厚 1.6、底徑 6.8 厘米；T25-7：2（圖 6-5），平面則刻劃四條弧線，厚 1.6、直徑 4.7 厘米；至於圓餅形的夾砂灰陶如 T11-5：1（圖 6-6），厚 1.2、直徑 4.7 厘米。事實上，製作陶紡輪最大的優勢就是便於捏塑，因此，其中的成分無論是拋光用的泥質或琢磨用的夾砂，都能相當程度地將玉石打磨平整進而呈現光澤，至於其厚度多在 1.2～1.6、直徑在 4.7～6.8 厘米（磨損後），這樣的大小厚薄也正適合手掌握持操作，並符合前言「瓷質燒結砂輪」通常不易製成大直徑與大厚度砂輪的特質。

圖6-5　新石器時代，崧澤文化，I 型陶紡輪 T25（7）：2

自《福泉山——新石器時代遺址發掘報告》圖版 17。

圖 6-6　新石器時代，崧澤文化，II 型陶紡輪 T11（5）：1

自《福泉山──新石器時代遺址發掘報告》圖版 17。

　　至於出土報告中所稱的「紡輪」，其功能未必是專為紡織所用，這樣的案例也可見於同書中崧澤文化的遺址，即以 M15 為例，其墓主為成年男性，仰身直肢，頭向右側，隨葬器物 7 件，陶壺、陶豆、獐牙刀在葬具內，葬具外北端則有陶器鼎、紡輪各 1 件，罐 2 件。紡輪的形狀如半球形隆起，報告中並未述及其材質為何，然而，且不論紡輪的材質為何，只是，置於成年男性的墓葬中，這樣的放置有違「男耕女織」的習俗，因此，個人以為這個「陶紡輪」不應是紡織用的工具，而應是打磨器物（陶器或獐牙等）所使用的工具，是以置放於成年男性墓葬中，始合情理，同樣的現象，玉紡輪也可作如是觀。

　　同時，出土紡輪有刻畫符號或是彩繪的陶質紡輪，這個現象尤以屈家嶺文化遺址為最，其紡輪大多不見使用的痕跡，因此，嚴格來說，這些紡輪都不是實用的器物，而應是作為祭祀用的禮器或墓中的隨葬物品，做為治玉的打磨工具，隨著玉器製品置於墓中，也是必然。

　　至於良渚文化中又有玉紡輪出土，如《福泉山》M74 有玉紡輪 2 件，出土於墓主腰腹部，人骨架朽蝕嚴重，似為仰身直肢葬，墓中隨葬有許多大量的陶器、玉器，這樣的玉紡輪應是佩繫在墓主的腰腹部，作為禮器的象徵而非實用器。

　　另外，根據良渚文化早期的《瑤山》出土報告所載，也有玉紡輪的紀錄，如 M6：5 出土 1 件，「玉色青灰，含青綠色瑕斑。扁平圓餅形，斷面成梯形，外壁略弧凸。中間對鑽一孔，孔壁經過打磨。直徑 4.2、厚 0.9、孔徑 0.5 釐

米。」另外，瑤山又有玉紡輪和圓杆的紀錄（圖 6-7），「紡輪 1 件（M11：16）。由紡輪和杆兩件單件組合而成，其中紡輪白玉，杆為青玉。紡輪圓餅狀，斷面呈梯形，中間對鑽孔壁，經過打磨。圓杆長條形，頭端錐尖，並對鑽小孔，尾端有對鑽孔痕跡。紡輪直徑 4.3、孔徑 0.6、厚 0.9 厘米，杆長 16.4 厘米。」﹝註29﹞瑤山十一號墓的人骨已腐朽，其隨葬品都置於棺內，編號 96 件（組），以單件計共 546 件，並多為玉器、陶器，出土時，杆穿于紡輪中孔，尖端朝南。只是，杆與紡輪的質地並不相同，可見原本並不是成組刻治，只是，這件玉紡輪和圓杆的尺寸，和新疆尼雅東漢遺址出土的一套木紡輪極為類似（見後文），且不論其作用是紡輪或是砂輪，然而，以玉為之，也應是作為禮器之用，而非實用器。

事實上，圓餅形的紡輪若以砂輪視之，中間以一木棍穿孔，以便兩手使力，或作為砂輪運作方向的一個平衡中心，也是可以理解之處，這和現今將砂輪固定在機械的軸心上以便運轉是同樣的道理。因此，圓餅形的玉件，除了部分有可能是做為禮器的紡輪之外，也有可能是砂輪之屬的禮器象徵，除了祭祀與隨葬的作用之外，墓主希望死後在另一世界仍能享有治玉的權利，這也是合乎情理的想法和行為。

圖 6-7　新石器時代，良渚文化，玉紡輪（瑤山 M11：16）

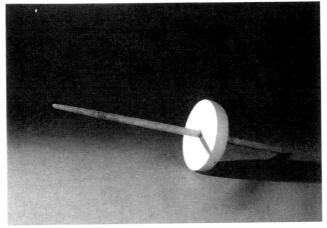

直徑 3.9～4.3、孔徑 0.6、厚 0.9、桿長 16.3cm，出土時有青玉圓桿穿在紡輪孔中，圓桿上端錐尖，有一孔徑 0.5cm 的對鑽小孔，1987 年浙江餘杭瑤山出土，浙江省文物考古研究所藏。自《良渚文化玉器》頁 149。

﹝註29﹞浙江省文物考古研究所，《瑤山》，頁 160，北京：文物出版社，2003。

六、出土中其他的陶製打磨器

玉器的製作極為繁複，無論是切割、打孔、拋光，甚或線刻、淺浮雕、透雕等，都需要專門的技術及工具，才有可能順利完成。

至於在玉文化盛行的地區，出土中除了前言陶製砂輪之外，還有許多其他形狀的陶製打磨工具，其作用應都與治玉有關，而其數量之多難以列舉。因此，本文試以玉文化最為盛行的良渚地區為中心，從歷史的縱向與橫向來探討良渚出土遺址中的打磨器，進而闡述陶製打磨工具的意義與形式，舉一反三，並因此可以證明其他地區玉文化與陶製打磨工具間的關係與運用。茲略述如下：

1. 管鑽形研磨工具：這樣的陶製器物是為小型器物鑽孔而設，例如：璧心，由於其厚度不高，穿孔不大，只要用小型的管鑽稍加使力，便可以單向或對鑽將玉璧穿透。

在凌家灘出土文物中，便有一個兩頭尖圓的器型「石鑽」（圖 6-8），據《凌家灘玉器》圖版說明所載「石泥質砂岩，黃褐色。柄呈不規則梯形狀，柄的兩端各有一螺絲鑽頭，細鑽頭長 0.5 厘米，直徑 0.3 厘米，尖 0.1 厘米。粗鑽頭長 0.3 厘米，直徑 0.6 厘米，兩端鑽頭都有使用痕跡。柄一面有兩凹槽，可能係固定之用。」〔註30〕至於「石鑽」的成分是否為石泥質砂岩？則是可以進一步化驗之處，只是，「石鑽」的表面呈顆粒狀，因此，很有可能是由混合的磨料所製成，以便作為玉器的鑽孔工具，證之於凌家灘出土大量精美的玉器，其目的和功能性也完全吻合，於是，「石鑽」的出土便也提供了重要的憑據。

圖 6-8 新石器時代，凌家灘文化，石鑽（98M23：6）

通長 6.3、寬 1.1～2.5、厚 1.2cm，兩端鑽頭都有使用痕跡，柄一面有兩凹槽，可能係固定之用，1985 年安徽含山出土。自《凌家灘玉器》頁 120。

〔註30〕安徽省文物考古研究所編，《凌家灘玉器》，圖版說明 136。

　　類似的器物，在良渚文化中也同樣出現，據《福泉山──新石器時代遺址發掘報告》所載，即有石鑽頭如 M60：30、玉鑽頭如 M60：29（圖 6-9）等，都和凌家灘的石鑽造型如出一轍。同時，值得注意地是，無論是凌家灘石鑽或良渚文化中的石鑽鑽、玉鑽，其造型和現今鑽孔用的瓷質砂輪都極為類似，這種便於握持以利鑽孔的特殊效果，由於簡潔俐落，簡單好用，的確在造型上衍生出相互承續的時代意義，因此，即使是歷經年代久遠，也不曾改變造型，就更能印證「石鑽」和砂輪間的緊密關係與作用。

圖 6-9　新石器時代，良渚文化，玉鑽頭（M60：29）

長 5.3、最大徑 1.6cm。自《福泉山──新石器時代遺址
發掘報告》彩版 35。

　　至於出土中的陶質器物，如河姆渡第一期文化遺存中即有各式紡輪，如：D 型的算珠形、F 型的凸字形，都有管鑽的作用。

　　2. 錐形研磨工具：良渚文化遺址中出土了許多玉錐形器，這種一端有孔可以配繫，另一端尖圓的圓形（或方形）錐狀器，其用途不明，而學者多釋之為配戴用的裝飾器，然而，個人卻以為這樣的器物很有可能是做為長型鑽孔工具用的禮器，最明顯的例子是福泉山出土的一件半成品（圖 6-10）。「有一件為琮的半成品，標本 M67：4，葉蛇紋石，已變為乳白色，器表有多條

龜裂紋，似經火燒，整器已製成圓柱形，上大下小，器表一側邊沿有一從兩端對鑽已經貫穿的約四分之三的圓孔，孔壁上見螺旋紋。器面中部旋切一周橫槽，橫槽的邊沿較直，圓柱中心從兩端對鑽的大孔，孔壁上密佈螺旋形紋。高 5、上直徑 5.6、孔徑 3.3。下直徑 5.3、孔徑 3.4 厘米。」〔註31〕從這件琮的半成品來看，器表及孔壁內側的螺旋紋，很明顯地是用錐形器物以旋轉的方式對鑽而成，而遺址中各式大大小小的錐形器，以福泉山出土為例，即有 40 餘，而其成分多為閃石類礦物（軟玉），這樣的玉錐形器當然不是實用器，而是作為祭祀用的隨葬品（福泉山有祭壇、祭祀遺址），至於其原型則應是陶製錐形器才是。

圖 6-10　新石器時代，良渚文化，玉琮半成品（M67：4）

有明顯的管鑽痕跡。自《福泉山──新石器時代遺址發掘報告》
彩版 17。

　　3. 殘片：瑤山遺址中出土了大量精美且形制各異的玉器，除了做為祭祀用的禮器之外，在陶器的部份，形制卻極為簡單，只有豆、鼎、缸、罐等，以及部份不可辨識器型的殘片，尤其這些殘片有許多是夾砂，和精美的玉器置放同一處，的確略顯突兀，個人以為這些陶片有可能也是作為陰刻線條的

――――――――――――――――
〔註31〕《福泉山──新石器時代遺址發掘報告》，頁 79。

工具。

　　當然，打磨器包含了石質原石磨料和陶質膠結磨料，出土中仍有許多器物應是打磨器的輔佐工具，如：球狀形、喇叭形、圓台形、陀螺形、工字形、手柄形等器物，都很有可能是打磨用的工具，這一部分在出土報告中都沒有詳盡的紀錄與化驗，是以本文不做過多的臆測，仍須等待日後的科學驗證。

七、陶土匱乏的新疆

　　前言，根據《尚書‧禹貢》以及《尚書‧夏書‧胤征》等文獻，都錄有「崑山產玉」的記載，這樣的文字經記錄且流傳於後世，並屢屢見於經典、史冊，都說明新疆玉石的礦藏早已為人所發現，並頗受好評以致廣為盛行。

　　只是，證諸史前時代的新疆，卻少見玉器的出土與記錄，這種玉石原料的盛產地卻反而不見玉石文化發展的事實，的確有違「物質發展」的原理，並相當程度地反映出玉石原料與玉文化發展間的歧出性與差異性，這也是新疆地區和其他玉文化地區最大的不同，而其中最為重要的關鍵，就在於新疆缺乏陶土的原料，以至於無法製作出切割玉石的工具——砂輪，因此，即使是當地蘊含有豐富精美的玉石礦藏，卻因為無法就地切割琢磨，難以製作出精美的玉器，自然就無從形成新疆玉文化的發展。

　　據瑞典考古學家貝格曼（Folke Bergman）《新疆考古記》〔註32〕一書所述，「新疆無彩陶遺址」，這樣的考古發現，已充分反映了新疆地區自新石器時代以來的文化發展特色。「通常，史前文化最重要的標誌物是陶器。不幸的是，在羅布沙漠中只有很少的陶與燧石石器同時出土。」當然，「新疆稀少的史前文化遺存，不一定就意味著該省在那一時期少有居民居住。」從這許多考古發現的事實與結論來看，新疆在新石器時代的確少有陶器的遺存，這樣的現象間接反映出新疆缺乏砂輪製作的原料，因此，即使前言新疆也出產天然礦物磨料石榴石，卻也無從製作砂輪。

　　另外，蔣林〈新疆漢族民間藝術〉〔註33〕一文也曾提及「古代新疆先民日常生活中具有重要地位的彩陶，早在新石器時代晚期已出現。製陶是從新石器時代即已開始的一項手工業，漢代通西域以後，製陶藝術開始大規模輸

〔註32〕貝格曼著、王安洪譯，《新疆考古記》，頁23～39，新疆：新疆人民出版社，1997。

〔註33〕蔣林，〈新疆漢族民間藝術〉，《新疆藝術》，1995年第2期，頁32～38。

入，漢代新疆屯田軍民的生活用品有很多是陶器，有的是從內地運去的，但因運輸不便，破損嚴重，屯田軍開始在新疆自己製造。於是把內地的製陶技術傳到新疆。」

這樣的說法和考古發現都十分吻合，並意味著新石器時代晚期，新疆雖已有彩陶運用，然而，其數量畢竟是有限。至於新疆彩陶的發展，則是遲至春秋戰國時期以後才真正盛行起來，而且，這些彩陶的風格除了哈密地區的出土和甘肅河西地區火燒溝文化的風格十分相似之外，其餘在焉耆盆地、吐魯番盆地以及伊犁河流域等地出土的彩陶，則多受到中亞、西亞風格的影響，甚或表現當地高山及放牧生活的面貌，這種藝術風格多元化的發展，是新疆彩陶的重要特色，卻也意味著新疆本身的彩陶藝術並不發達，而且是受到外來文化的影響較多。

至於在盛產玉石礦藏的和田地區則無陶土原料，也少見彩陶出土，相關的文字並可見於穆舜英主編的《中國新疆古代藝術・陶器》一書，「陶器是古代人們日常生活中必不可少的器物，陶器藝術是新疆古代藝術的主要組成部分。迄今為止的考古發現表明，早在新疆石器時代和青銅時代，新疆陶器就已顯示出豐富多彩的文化面貌和不同的地方風格。在阿爾泰克爾木齊、塔城衛校，木壘四道溝、和碩新塔拉古遺址，出土了新疆最早的陶器，距今有3000年以上的歷史。塔里木盆地沿天山一帶，天山以北和以東的綠洲，如拜城、輪台、和靜、烏魯木齊、吐魯番、哈密、伊吾、巴里坤、木壘、奇台，以及伊犁河流域都出土過彩陶器；而北疆的阿勒泰、塔里木南緣的喀什、和闐等地則未見彩陶出土，這是新疆陶器藝術中的一個地方特點。」〔註34〕

和田地區未見彩陶出土，這已經明確表示當地的製陶技術並不發達，而且缺乏製陶工藝的原料。至於在考古發掘中的新石器時代與漢代遺址，新疆則出土了些許不同質地的紡輪。

據戴良佐〈新疆古紡輪出土與毛織起始〉〔註35〕一文指出「1972年奇台縣文化館進行全縣文物普查時，在紅旗機械廠的新石器遺址中，也發現了石紡輪，係礫石磨製。通體磨光，略呈圓球體。上下有小平面，中間穿孔，孔徑1.8厘米，最大直徑5.8厘米，高5厘米。」另外，「1977年，新疆物物館

〔註34〕穆舜英主編，祁小山、張平副主編，《中國新疆古代藝術》，頁24，新疆：新疆美術攝影出版社，1994。

〔註35〕戴良佐，〈新疆古紡輪出土與毛織起始〉，《新疆地方志》，1994年第2期，頁42～43。

考古隊在木壘四道溝新石器遺址進行試掘，出土了大量的陶紡輪和骨紡輪。在早期遺址（距今約 3010＋105 年）中發掘出陶紡輪分三種：一種算珠形，制作粗糙，器表凹凸不平，二種扁圓形，三種也是扁圓形，用陶片改製，由兩面對鑽孔。早期遺址並出土骨紡輪 2 件，器形相同，係將動物的髓骨截半而成，呈尖圓錐形，中間由一面鑽孔，磨光。晚期遺址（距今 2345±90 年）出土的骨紡輪分二種：一種形制同早期，二種橫截動物肢骨，扁平圓形，斜邊，磨光，中間穿孔，孔對鑽。」

　　戴文中對新疆新石器時代紡輪的記述的確值得重視，只是，若年代斷定無誤的話，3000 年左右的木壘四道溝早期遺址所出土的陶紡輪和骨紡輪，是否可以稱得上是新石器時代文物，則仍是可以斟酌的地方；同時，在紅旗機械廠的新石器遺址（文中未註明年代）發現了石紡輪，卻不見陶紡輪或是其他材質的紡輪出土，這個現象也頗能解釋並符合新疆地區製陶技術發展遲滯的現象。

　　同時，戴文中也列舉了新疆地區其他時期的紡輪出土，例如：1985 年和靜縣察吾呼一號墓地出土了青銅時代圓餅形的陶紡輪 1 件，以及骨紡輪、木紡輪各 1 件。以及近年來新疆考古文物工作者在拜城縣克孜爾河、木扎特河畔西周至戰國早期的古墓中，發現女性墓隨葬品也多為石、骨、銅質的紡輪，反映了當時男耕女織的分工狀況。而近年來，在漢樓蘭古城遺址出土陶紡輪29 件，直徑 4.5～7 厘米，厚度 0.7～1.5 厘米，同時出土鉛紡輪 13 件，分二類：一種扁圓體，中有孔，圓徑 1～1.6 厘米，另一種圓台體，中有孔，圓徑1.2～1.5 厘米，還出土了木紡輪 1 件，直徑 5.2 厘米，高 1.2 厘米，圓形平齊，一面凸起，中有孔，孔徑 0.9 厘米。至於在尼雅東漢精絕國（今民丰縣）遺址出土了兩種陶紡輪：一是夾沙粗陶片磨製而成，一是專門製作的紅陶紡輪；另外，在尼雅遺址還出土很多木紡輪，和紡輪用的木杆，幾乎每個房間內都有發現，木紡輪是木片削成扁圓狀或半球狀，中間有孔，可以穿杆，這種木紡杆，兩端細長，中間較粗，以便卡住紡輪，做紡毛線用，長短不一，從 17～57 厘米不等，特別是其中有一付帶杆木紡輪，長 16.5 厘米，作為隨葬品放在女屍腳下。

　　除了上述考古發掘外，新疆紡輪的出土，又有夏雷鳴〈瀝青紡輪──我國漢代使用固體石油的實物見證〉〔註36〕一文，並稱「新疆考古發掘多發現

〔註36〕夏雷鳴，〈瀝青紡輪──我國漢代使用固體石油的實物見證〉，《中國科技史料》，第 21 卷第 3 期，頁 283～286，2000。

石制、陶制紡輪，偶有鉛制、骨制和玉制等紡輪的發現。『中瑞西北科學考察團』的陳宗器和霍奈爾先生于1930～1931年冬，在樓蘭遺址西北面的羅布荒原中發現了幾個瀝青紡輪，這一發現載于貝格曼著《新疆考古研究》中的〈羅布荒原散見的物件〉一節中。」並稱「瀝青是一種有機膠凝材料，其稠度為黏稠液體至玻璃狀固體不等。可以從石油蒸餾殘渣或從瀝青礦中得到，主要由碳氫化合物組成，也含有少量的氧、硫和氮的化合物。色黑而具有光澤，具有良好的黏結性、抗水性和防腐性。我國古代人民在生活實踐中認識了這些特性，並用于生活，甚至戰爭。」

從這許多考古挖掘以及詳細的文字記述來看，的確可以發現紡輪在新疆的出土雖然質地各異，然而，在新石器時代遺址中卻並沒有具體且詳實的陶紡輪紀錄。尤其值得注意地是：東漢尼雅遺址的出土，幾乎在每個房間內都可發現的木紡輪和紡杆，而且，紡輪和紡杆是成套出土，這個現象，無論是就其出土位置（女屍腳下）、排列（穿孔），或是形狀大小，都可以說是新疆紡織工具真實且具體的呈現。

至於其他材質如石、骨、陶、銅、鉛甚或瀝青（應是樹脂膠結砂輪之屬）之類的紡輪出土，卻不見紡杆配備，可見其意義、作用和木紡輪的功能有所不同，應是做為祭祀、陪葬用的禮器，或作為打磨用的實用器，而並非用於紡（毛）線，因為，紡線時必須兩手同時運作，因此，所用的工具不可是太堅硬、粗糙而又沉重的質地，以免傷及毛線並不聽使喚，至於木紡輪則是恰到好處，也輕巧易使。事實上，這個現象即使是在現今的少數民族或聚落也同樣可見，凡是手工製的紡織物品，也都仍然保留著以木製器械或器具來從事紡織的傳統作風，而不曾運用其他材質的紡織工具來從事，這固然是由於木器的質地樸實而又方便靈活，便於操持，然而，先民在生活中所累積出來的寶貴經驗與習俗，才真正是物質發展的重要關鍵。

因此，在新疆縱使有豐富精美的和田玉和石榴石磨料礦藏，然而，玉器的刻治技術卻直至漢朝以後才真正興起，這都是因為新疆缺乏製作砂輪的陶土，以致使新疆的玉器刻治在缺乏工具輔佐的環境下，遲至漢朝以後才終於開展，這是物質文明發展的必經過程，也是玉文化在新疆發展的必然結果。

八、結　論

新疆和田地區自古以來即是中國玉石的重要產地，然而，在玉石原料並

不匱乏的新疆，卻始終不見發展出自新石器時代以來所盛行的玉文化，這樣有違「物質文明發展」的特殊現象，的確令人深思。固然，玉文化的發展除了要有玉石的原料與治玉的技巧之外，不可否認地，還需要有細密銳利的治玉工具，才能製作出精美的玉器，而新疆和田地區由於缺乏治玉工具所必備的陶土，以至於無法發展出砂輪以及玉器雕琢的工藝美術，這是新疆和田地區無從形成玉文化發展區域的重要關鍵。

白玉河、綠玉河等都是新疆地區豐富的玉石礦藏產地，其影響及開採並直至清季。然而，相較於紅山文化、凌家灘文化以及良渚文化等玉文化發達的文化圈，卻必定也是玉石、陶土工藝盛行的地區，並出土大量精緻的玉器、陶器陪葬或祭祀，這種特殊的現象，都說明玉文化的興起必定是以玉石與陶土的結合為前提，同時，這樣關係密切的觀點，也為「玉石之路」即「陶磁之路」的論證，作一最有力且明確的注腳。

（原文載「中國和田玉文化第二屆學術研討會」，中國新疆和田地區行政公署，2006.8）

七、從良渚文化談海上絲路——
兼論玉石之路、陶磁之路的發展

【內容提要】

　　江、浙地區自古以來即是百越之地。而且，從新石器時代開始，無論是河姆渡文化或是良渚文化等地也都是水運發達的區域，並在出土考古中都有木槳的發掘，這樣的發掘和文獻記載越人擅長水路、造船技術的文字相較，都極為符合，並可以相互映發闡述，成為地方文化的特色。

　　至於在浙江吳興錢山漾出土的良渚文化中，又有殘絹片、細絲帶、絲線的發掘，這些絲織物並都是當地自發性的產物，製作極為精良，歷代傳衍，至百越族而發揚光大，不僅是為貢品，並因此隨著船隻而運送至東南亞以及印度等地，可說是中國海上絲綢之路的濫觴。而本文結合出土文物與典籍文獻，希冀能進一步闡發中國海上絲綢之路的淵源與發展，以及和良渚文化之間的關係，從而印證良渚文化在海上絲綢之路的重要性及影響性。

　　關鍵詞：錢山漾、海上絲綢之路、桑木、柞木、柘木、百越

一、前　言

　　中國是絲綢之國，藉著絲綢的貿易和來往，使得「絲綢之路」成為中國和歐亞之間溝通的重要管道。

　　然而，從中國絲綢生產的重要地區來看：山東、河南、兩湖、四川、蘇浙等省，這些產區的地理位置都和西出敦煌，越過新疆塔里木盆地的沙漠絲綢之路頗有一段距離，其淵源及出處究竟為何？若以田野考古而論，則出土的絲織品或蠶繭，其分布地區更可溯及紅山文化、良渚文化、巴蜀文化等不同的古文明，那麼，其間是否又有互通或傳承？且中國絲綢的海外分布，除了東羅馬之外，更可遠播至印度、東南亞、日本等地區，其重要性與影響性可說是無遠弗屆，並廣受各國人士所喜愛，然而，它的傳播路線又是如何？

　　中國絲綢的分布如此廣泛，並源源不絕流佈至中亞西亞、歐洲、東南亞、東北亞等地，其間的交流，除了傳統的沙漠絲綢之路之外（西出敦煌、新疆），又有海上絲綢之路（經南海、渤海海域）、草原絲綢之路（遼寧、內蒙古地區），甚或穿越西南地區等，也都是自古以來絲綢貿易的重要管道。只是，一般論述的文字大多談及唐、宋以降的絲綢貿易，這在中國的史書典籍中頗有所聞，間或至漢，則少有新意，且對於先秦時期絲綢相關的考證與闡述頗為匱乏，然而，絲綢貿易的興起並非突然，尤其在浙江吳興錢山漾遺址挖掘出絲織品與木槳的文物出土後，這個偏頗的現象，則應當完全改觀，並對新石器時代的良渚文化無論是在絲綢、船運等方面的製作、影響，以及蠶桑作為祭祀中犧牲玉「帛」的關係與作用，都應重新予以思考才是。

　　同時，太湖流域的絲綢自古至今即夙負盛名，其生產的質與量更是早於河南、兩湖等地，較諸山東、四川也不遑相讓，尤其是先民的智慧以及冒險犯難的勇氣，行舟海上，則更當值得後人仿效與學習，是以本文不揣淺陋，以太湖流域為中心，對錢山漾出土的絲織品略作考釋，並與其他地區相比較，期望能對海上絲綢貿易的原點與基礎略作闡發。

二、古文獻中的蠶桑

　　桑葉品種的不同影響到蠶蟲的生長以及絲質的優劣良窳，這是必然的現象，也是物質進化必有的結果。尤其是在良渚文化錢山漾出土殘絹片和絲織物之後，吾人對於上古時期的蠶桑研究則應有更新的視野和觀點，於是，古文獻中的許多資料，便成為歷史真相的重要佐證。

1. 桑田的分布

上古時期蠶桑的分布，文字記載最為詳實且年代最為久遠的當首推《尚書》，尤其是〈禹貢篇〉〔註1〕將天下劃分為九州，而文中言及九州的山川地理位置和貢物，則是後人了解上古時期山川地理形勢和行政區域的重要依據，因此，本文擇其大要略舉如下：

（1）冀州─島夷皮服，夾右碣石入于河。

（2）濟河惟兗州─桑土既蠶，是降丘宅土。厥貢漆絲，厥篚織文。浮於濟漯達于河。

（3）海岱惟青州─岱畎絲枲鉛松怪石。厥篚檿絲。浮于汶達于濟。

（4）海岱及淮惟徐州─厥篚玄纖縞。浮于淮泗達于河。

（5）淮海惟揚州─三江既入震澤底定。島夷卉服，厥篚織貝。厥包橘柚錫貢。沿于江海，達于淮泗。

（6）荊及衡陽惟荊州─江漢朝宗于海。厥貢羽毛齒革，惟金三品，杶幹栝柏。厥篚玄纁璣組。浮于江沱潛漢，逾于洛，至於南河。

（7）荊河惟豫州─厥貢漆枲絺紵，厥篚纖纊。浮于洛，達于河。

（8）華陽黑水惟梁州─厥貢璆鐵銀鏤砮磬。入于渭，亂于河。

（9）黑水西河惟雍州─厥貢惟球琳琅玕。浮于積石，至於龍門西河。

在這些文字中，指出在夏禹時期和絲織品有關的地方貢物，即有：

兗州、青州、徐州、揚州、荊州、豫州等，其分布地區則包括今之山東、河南、河北、江蘇、安徽、湖南、湖北等省，這些都是頗具地方特色的絲織貢物，至於實際的蠶桑織綢分布地區，則更可以從甲骨文字、以及《詩經》的十五國風中見其梗概。

甲骨文中有祭祀蠶神的紀錄，「蠶示三宰。八月」（後上28，6）又載「貞元示五牛，蠶示三牛。十三月」（續補9999）這種以三宰、三牛來祭祀蠶神的儀式，都可見殷人對祭祀蠶桑一事的慎重。同時，養蠶織綢在過去也是婦女重要的工作之一，不僅可以一家溫飽，並可使國富民強，因此，歷代帝王后妃對於蠶桑一事都十分看重，並親自祭祀「先蠶」，以為天下法則。

《詩經‧邶風‧柏舟》「邶鄘衛譜」句下所謂「正義曰：禹貢兗州云桑土既蠶。注云：其地尤宜蠶桑，因以名之。今濮水之上地有桑間者，僖三十一年衛遷于帝丘。杜預云：帝丘，今東郡濮陽縣也。濮陽在濮水之北，是有

〔註1〕《尚書》，疏6，頁77～90。

桑土明矣。」〔註2〕其地今屬河南省。

《詩經·鄘風·定之方中》則稱春秋閔公二年衛為狄所滅，文公東徙渡河居楚丘，「降觀于桑，卜云其吉，終然允臧。」又稱「靈雨既零，命彼倌人，星言夙駕，說于桑田。」〔註3〕則是言楚丘地勢宜蠶，可以居民，藉以卜營室之地，教民稼穡，得其時節，終使國家殷實而富盛。是以《周易·繫辭下》有言「其亡其亡，繫于苞桑。」〔註4〕而所謂的「苞桑」也就是指桑之根，象徵鞏固之意。都說明上古時期先民對蠶桑一事之慎重，而其分布地區據〈禹貢〉所載，也不在少數。

2. 桑木、柞木與柘木

物質進化的研究必須先從原料著手。因此，典籍中雖然載明桑田的分布不在少數，然而，仔細分辨，其中卻頗有歧出，尤其是在《爾雅·釋蟲》中曾記述蠶類因食不同的葉而有各異的稱謂，如：「蠶，桑繭；雔由，樗繭、棘繭、欒繭；蚢，蕭繭。」疏釋曰「此皆蠶類作繭者，因所食葉異而異其名也。食桑葉作繭者名蠶，即今蠶也；食樗葉、棘葉、欒葉者名雔由；食蕭葉作繭者名蚢。」〔註5〕都可見其間之異同，是以本文就典籍文字中常見的桑科植物略作梳理，並分辨桑木、柞木及柘木之屬，以便明其梗概及其對中國絲綢發展之影響。

桑是落葉喬木。葉卵形，有鋸齒，或分裂、或不分裂，春末開花，花小，色蛋黃，穗狀花序，單性，雌雄異株，亦有同株者，果實長橢圓形，謂之桑葚，熟則紫黑色，味甘可食。《說文》所謂「桑，蠶所食葉木，從桑木。」〔註6〕

然而，由於桑樹品種的不同，甚或因為氣候、土壤、種植技術的差異，中國各地所謂的桑樹也各有別稱，甚至連形狀也略有出入，例如：在古農書中即將桑樹分為「地桑」和「樹桑」二類，而「地桑」據夏鼐先生的考證即是後世的魯桑，而樹幹分枝較高的「樹桑」，這也就是後世農書中所稱的荊桑。〔註7〕影響所及，則是各地蠶蟲吐絲的品質別有高下，經濟作物的發展

〔註2〕《詩經》，疏2之1，頁72。
〔註3〕《詩經》，疏3之1，頁114～117。
〔註4〕魏·王弼、韓康伯注，唐·孔穎達正義，《周易》，卷8，頁170，台北：藝文印書館，1993。
〔註5〕《爾雅》，疏卷9，頁164。
〔註6〕《說文解字注》，6篇下，頁275。
〔註7〕周匡明，〈桑考〉，《農業考古》，1981年第1期，頁108～112。

也各異其趣，而其分布地區則以山東、兩湖流域為主。

至於柞木則是桑之別稱，其詞普遍見於《詩經》、《周禮》、《禮記》等古籍。《詩經·小雅·采菽》有言「維柞之枝，其葉蓬蓬。」〔註8〕而《詩經·大雅·文王之什·皇矣》也載及文王之時，柞棫山樹木茂，所謂「帝省其山，柞棫斯拔，松柏斯兌」〔註9〕正是此意；另外，《詩經·秦風·晨風》則載「山有苞櫟」陸璣疏「秦人謂柞為櫟。」〔註10〕這和《詩經·唐風·鴇羽》所謂「肅肅鴇羽，集于苞栩。」疏中所稱之「栩」字「郭璞曰：柞樹也。陸機疏云：今柞櫟也；徐州人謂櫟為杼，或謂之為栩。」〔註11〕則是可知柞木又稱為：櫟、櫪、杼、栩等，並都是山桑的別稱，而其分布地則遍及徐州、秦人之地以及岐周之地。

另外，又有柞蠶，形似野蠶，幼時色綠，後變黃褐食柞葉，蛾黃褐色，間有白色。《爾雅翼·蠔》稱「廣志云：有柞蠶，食柞葉，可作綿。」至於所謂的「綿」則是潰繭擘之，精曰綿，粗曰絮；而其稱綿不稱絲，也可見其絲繭品質之高下，固不可相提並論。

至於柘木的作用，由於樹枝長勁，製弓最宜；又，柘木可染成黃赤色，謂之柘黃，染之為天子所服。《說文》「柘，柘桑也，從木石聲。」段注「各本無柘字，今補。」〔註12〕王注「木理枝葉皆不相似，以蠶生而桑未生，先濟之以柘，故被以桑名。」《本草·柘》也載「《集解》時珍曰：喜叢生，幹疏而直，葉豐而厚，團而有尖，其葉飼蠶取絲，作琴瑟，清響勝常，其實狀如桑子，而圓粒如椒，名佳子。」可見柘木雖也類似桑科之屬，實是後起之字，其葉固然可以飼蠶，卻只是桑葉不足時的替代之物而已，是以柘蠶食之後，所吐之絲堅韌，並以治琴瑟為佳。

《尚書·夏書·禹貢》即有柘桑的記載，所謂「萊夷作牧，厥篚檿絲。」疏曰「正義曰，釋木云：檿桑，山桑。郭璞曰：柘屬也。檿絲是蠶食檿桑所得絲，韌中琴瑟弦也。」〔註13〕這種以柘絲為琴弦的運用，也同樣見於梁·昭名太子《七契》所謂「荊和之飾照耀，柘絲之絃激揚。」都可見柘絲的特

〔註8〕《詩經》，疏15之1，頁502。
〔註9〕《詩經》，疏16之4，頁569。
〔註10〕《詩經》，疏6之4，頁244。
〔註11〕《詩經》，疏6之2，頁225。
〔註12〕《說文解字注》，6篇下，頁249，
〔註13〕《尚書》，疏6，頁81。

色與作用。

另外，《詩經‧皇矣》也有「攘之剔之，其檿其柘。」之句，疏曰「郭璞曰：檿桑，柘屬，材中為弓。冬官考工記云：弓人取幹柘為上，檿桑次之。」〔註14〕其中所稱的「檿桑」即是「山桑」，而其分布地區則是文王岐周之地（今陝西）與山東萊夷之屬。

是以《周禮‧冬官‧考工記》所謂「燕之角、荊之幹、芬胡之坷、吳粵之金錫，此材之美者也。」〔註15〕而荊之幹所指的即是柘木，是為弓弩之用。另外，《周禮‧冬官‧弓人》言及製弓取幹之道有七「柘為上，檍次之，檿桑次之，橘次之，木瓜次之，荊次之，竹為下。」〔註16〕而所謂的檿桑也就是指山桑，都是古時爭戰不可或缺的重要材質，是故《禮記‧月令》季春云「無伐桑柘」，而《周禮‧地官‧林衡》也稱「春秋之斬木，不入禁。」〔註17〕都是明令三月不得伐桑柘的嚴正措施。

在這些文字中，言及柘木的作用，以及柘蠶所吐之絲可以治琴瑟，卻不見蠶食柘葉其絲可以織綢的記載，且蠶食柘葉也只是桑葉未生時的權宜之計，而「柘」字本不見于《說文》，由此也更可見桑、柘之異同。

另外，古文獻中載及桑木、柞木以及柘木的記述，其分布則遍及萊夷、濮陽、荊州、岐周之地，且從〈禹貢篇〉的記載來看，各州的貢物除了檿絲之外，雖多絲織品，然而，其品質及品類則仍各有異，織文、絲枲、纖縞、織貝、玄纁、纖纊等，頗有高下精粗之別。同時，根據其分布地域來看，可以肯定地是，雖然當時黃河流域早已有許多絲綢織物，卻仍以山桑野蠶為多，至於吳、越地區早在新石器時代即已有技術精湛的絲綢織物，卻因地處海濱，遠離華夏，不隸屬於「九州」範疇之內，是以不見諸文字記載，也是必然之現象。

3. 絲織物與蠶事

植桑養蠶是民之大事，也是國之重政。是以自古以來，帝王國君無不將蠶績之事列為百官制度並恪守遵循，而華美的絲織物價值珍貴，也是諸侯進貢或百姓貿易的重要憑藉，甚或技術精湛的紡織女工也可成為賄賂交易的媒介，養蠶織綢，的確是富國厚民的重要農事。

〔註14〕《詩經》，疏 16 之 4，頁 568、569。
〔註15〕《周禮》，疏卷 39，頁 595。
〔註16〕《周禮》，疏卷 42，頁 657。
〔註17〕《周禮》，疏卷 16，頁 248。

《尚書・周書・洪範》即有「八政」之說，疏下注曰「食則勤農以求之，衣則蠶績以求之。」〔註18〕另外，《詩經・大雅・瞻卬》也稱「婦無公事，休其蠶織。」〔註19〕則是說明雖貴為王后，仍以蠶織為事；而《詩經・召南・采蘋》言及大夫妻之職，則箋曰「女子十年不出，姆教婉，娩聽從，執麻枲，治絲繭，織紝組紃，學女事以共衣服。」〔註20〕都是以蠶績之事，明令制定后妃、太夫妻之職責。

這樣的制度流傳，《周禮・天官・大宰》也有所謂以九職任萬民，其中第七則是「嬪婦化治絲枲」〔註21〕，說明在兩周時期，凡是國中有德之婦女，其職責即是在於治理變化絲枲，以為布帛之等；而類似的制度也同樣見于〈內宰〉所載「婦職之法教九御，使各有屬，以作二事。正其服，禁其奇邪，展其功緒。」而所謂「二事」正是指「絲、枲之事」〔註22〕，古帝王將之列為政事職等，也可見其重要性。在這樣嚴明的制度畫分下，是以古時天子諸侯必有「公桑蠶室」，且近川而為之，築宮仞有三尺，棘牆而外閉之，都說明對蠶績一事之慎重。

這種種措施、防範都是為蠶事而層層制定，甚或因此而舉行「繭祭」，《周禮・春官・冢宗人》句下即有注曰「孝經說郊祀之禮曰燔燎，掃地祭牲，繭粟或象天。」疏曰「孝經說云：祭牲繭粟者，據祭地或象天。」〔註23〕另外，《周禮・夏官・馬質》也有「禁原蠶者」的習俗，以「蠶為龍精」，再蠶恐傷馬，是故禁之。〔註24〕流風所及，《後漢書・禮儀志上》也有「皇后帥公卿諸侯夫人蠶。祠先蠶，禮以少牢。」〔註25〕的記述，都可見古人對蠶事之重視。

在這樣慎重儀式下所製作出來的絲織物，其意義與作用自然也非比尋常。是以《尚書・夏書・益稷》有言「藻火粉米，黼黻絺繡；以五采彰施于五色，作服汝明。」〔註26〕這是以五采、五服彰顯尊卑之制，而以五色具備為繡，而其所施之材質則都是絲織品；《周禮・天官・內宰》所謂「中春詔后帥外

〔註18〕《尚書》，疏12，頁171。
〔註19〕《詩經》，疏18之5，頁695。
〔註20〕《詩經》，疏1之4，頁52。
〔註21〕《周禮》，疏卷2，頁29、30。
〔註22〕《周禮》，疏卷7，頁110。
〔註23〕《周禮》，疏卷27，頁423、424。
〔註24〕《周禮》，疏卷30，頁456。
〔註25〕《後漢書》，頁3110。
〔註26〕《尚書》，疏5，頁67、68。

內命婦始蠶于北郊，以為祭服。」疏曰「禮記祭義亦云：蠶事既畢，遂朱綠之、玄黃之以為祭服，此亦當染之以為祭服也。」〔註27〕這樣的制度証之於《周禮・冬官・考工記》，更進一步有「設色之工：畫、繢、鍾、筐、㡛。」〔註28〕的記載，其中，除了「鍾氏」是為染鳥羽之責外，其餘則都是職掌絲織服飾之圖繪染漬，也可見其分工之細密與專精；同時，《周禮・天官》又設有女御、典婦功、典絲、縫人、染人、屨人等職官，也都是以蠶織絲綢掌理天子王后命服、祭服之事，更可見絲綢寓意著身分地位的鮮明象徵。

因此，華美的絲織品便成為諸侯王國爭相進獻的珍貴貢物，《周禮・天官・玉府》所謂「凡王之獻，金玉、兵器、文織，良貨賄之物，受而藏之。」注云「春秋曰：齊侯來獻，戎捷尊魯也，文織畫及繡錦。」〔註29〕則是說明春秋時期，齊侯、戎捷都以珍貴的文織、繡錦進獻。

當然，精緻的絲織品人人喜愛，自然也成為人們經濟貿易重要的憑藉，《詩經・國風・氓》所謂「氓之蚩蚩，抱布貿絲。匪來貿絲，來即我謀。」疏云「正義曰：月令季春，云后妃齊戒以勸蠶事，是季春始蠶，孟夏云蠶事既畢，分繭稱絲，是孟夏有絲賣之也。」〔註30〕這段文字可說是文獻中最早有關絲綢交易的明確記載。

至於《左氏・成・二》則有「孟孫請往賂之，以執斲、執鍼、織紝，皆百人，公衡為質以請盟。」〔註31〕的記述，以便作為魯國向楚國求和賄賂的條件。其中，除了以成公之子公衡作為人質外，便是贈予匠人、女工以及織繢布的工人，藉著這些技巧手藝卓越的工匠作為賄賂的憑藉，是春秋戰國以來講求富國強兵政策下的社會習氣，因此，即使是這些匠人的身分地位不高，卻也俱備相當的經濟效用與價值，可以作為利益交換的籌碼和條件，於是，蠶繢一事的精進與發達，蠶織技術的交流和傳播，便也在政治、軍事、經濟的誘因與強奪下，日益擴增廣佈了。

三、錢山漾出土絹片的意義與啟發

錢山漾文物的出土，是中國考古界重要的挖掘，尤其是絲絹織品的發現，

〔註27〕《周禮》，疏卷7，頁113。
〔註28〕《周禮》，疏卷39，頁596。
〔註29〕《周禮》，疏卷6，頁97。
〔註30〕《詩經》，疏3之3，頁134。
〔註31〕《左傳》，疏卷25，頁429。

在世界紡織史、經濟史、科技史上都具有舉足輕重的關鍵地位；再加上木槳以及許多木器資料的出土和鑑定，這些科學的驗證對於新石器時代太湖流域良渚文化的定位與發展，都是極具關鍵性及影響性的一手資料。

1. 錢山漾文物的出土

1956 年春，浙江省文物管理委員會聯同浙江省博物館，於吳興錢山漾遺址中挖掘出絲織品與木槳等器物，這對中國絲綢、船隻運用的印證，可說是最具體且真實的重要史料。

據浙江省文物管理委員會〈吳興錢山漾遺址第一、二次發掘報告〉〔註32〕所載，這些絲織品和木器等文物，分別經過浙江省紡織科學研究所及浙江農學院鑑定無誤，而其內容摘之大要，則是：

（1）絲織品──為第二次發掘時在探坑 22 出土不少絲麻織品，並大部分都保存在一個竹筐裏。這些絲麻織品除一小塊絹布外，全都碳化，但仍保有一定韌性，手指觸及尚不致斷裂。其實物則是：殘絹片，長 2.4、寬 1 厘米，尚未碳化，原保存竹筐中。細絲帶，已經揉作一團，無法正確量定長度，寬約 0.5 厘米。編織方法與現代的草帽鞭一樣，有著二排平行的人字形織紋；體扁，但靠近尾端一節呈圓形。絲線，已擰成一團，較粗。

（2）木器──木材的種類據鄭止善先生鑑定有櫟木、杉木、樟木、青岡木、甜儲木、苦儲木和朴木，其中以苦儲木最多，另有幾種木材，因腐朽太甚，不能辨別。

至於木器當中可以確定用途的有木槳、千篰、木杵、木槽等，而木槳的內容則是：

木槳，以青岡木製成，翼呈長條形，長 96.5、寬 19 厘米，稍有曲度，凸起的一面正中有脊，自脊向兩邊斜殺，柄長 87 厘米，已經腐朽。它與現今木槳不同的是：肩平直，翼長柄短，使用時較費力。

同時，在這篇發掘報告中又附錄有浙江省紡織科學研究所單位關於出土絲織物的鑑定書，其結論是：殘絹片的織物原料為家蠶絲織物，絹片為平紋組織，織物密度 120 根／吋，經緯系粗細相仿，織物未碳化，但已變質，表面有茸毛狀和微粒狀結晶物，呈白色透明體。另外，絲線雖已碳化，其原料初步鑑定為絲，經緯密度分別是 72、64 根／吋；至於絲帶也已碳化，其原料

────────────

〔註32〕《考古學報》，1960 年第 2 期，頁 73～92。

經初步觀察為蠶絲，而帶子組合是由單紗 30 根編織而成。這樣的發掘，的確令人必須重新思考新石器時代良渚地區的文化發展和淵源。

說到良渚文化中先進的蠶織技術和淵源，據河北省文物研究所唐雲明〈我國育蠶織綢起源時代初探〉〔註33〕一文指出「1977 年在浙江河姆渡遺址第二期發掘中，曾發現一件牙雕虫 T244（3）：71『上面刻有四條像似蠕動的蟲紋，其身上的環節數，均與家蠶相同。』」（圖 7-1）同時，文中又指出「更值得注意的，河姆渡第一期發掘中，在第四層還發現兩件『工』字形紡輪（報告稱 IV 式 T1：25），形制和蒿城台西商代遺址標本 T13：157 唐山古冶夏家店下層文化標本 T6：58 極相似，這種紡輪據已故紡織學家王若愚先生鑑定，是一種與捻絲十分有關的絹紡紡錠。」而錢山漾遺址的年代，經碳 14 測定，「或認為：『並不晚於黃河流域的龍山文化』，或認為：『相當於黃河流域的河南龍山文化和山東龍山文化，而開始的年代則要較早。』」再加上出土報告所載，錢山漾出土的殘絹經科學鑑定是家蠶絲織物，並是繰後織成。

圖 7-1　新石器時代，河姆渡文化二期，象牙蓋帽形器 T244（3）：71

口徑 4.8、高 3.5cm，1977 年浙江餘姚河姆渡遺址出土，浙江省博物館藏。自《河姆渡文化精粹》頁 64。

這樣的觀點，林華東《河姆渡文化初探》一書中也曾指出：「在河姆渡

〔註33〕《農業考古》，1985 年第 2 期，頁 320～323。

人生活時代，編結和紡織業已很發達。」同時，河姆渡遺址雖然沒有發掘紡織品，「但在出土文物中屢見有編織紋裝飾圖案，更為重要是遺址中還出土了許多珍貴的紡織工具實物，其種類較多，主要有紡紗工具，織布工具和縫紉工具三類，這在全國同類遺址中並不多見。」這從考古遺址中出土的經軸（圖 7-2）、梭形器（圖 7-3）以及骨針（圖 7-4）等也可以得到相當印證。

圖 7-2　新石器時代，河姆渡文化一期，經軸及梭形器，T234（4B）：266、T211（4B）：404

T234（4B）：266 長 13.3cm、T211（4B）：404 長 9.7cm，1977 年浙江餘姚河姆渡遺址出土，河姆渡遺址博物館藏。自《河姆渡文化精粹》頁 52。

圖 7-3　新石器時代，河姆渡文化一期，梭形器 T29（4）：56

長 23.5、直徑 2.3cm，1973 年浙江餘姚河姆渡遺址出土，浙江省博物館藏。自《河姆渡文化精粹》頁 53。

圖 7-4　新石器時代，河姆渡文化一、二期，骨針（左至右）
　　　　T211（3C）：104、T242（4A）：215、T242（4B）：353、
　　　　T211（4B）：304、T211（4B）：379

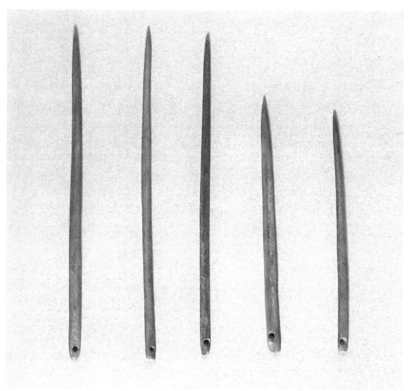

T211（3C）：104 長 9.1、直徑 0.3cm，T242（4A）：215 長 9.0、直徑 0.2cm，
T242（4B）：353 長 8.7、直徑 0.2cm，T211（4B）：304 長 6.9、直徑 0.3cm，
T211（4B）：379 長 6.5、直徑 0.3cm，1977 年浙江餘姚河姆渡遺址出土，
河姆渡遺址博物。館藏。自《河姆渡文化精粹》頁 54。

　　另外，從出土考古發現，濱海的河姆渡人應早已有便捷的水上交通工
具，儘管出土實物仍然有限，「但從遺址出土的獨木舟遺骸、木槳（圖 7-5）、
藤條、繩索，以及木構件所反映出高超木作技術，結合舟山群島等遺址的發
現，確証河姆渡人已涉足海上，開發了沿海島嶼。這從山東長島縣島嶼上發
現的史前遺址，尤其是大竹山島附近海域撈出和河姆渡第一文化層或崧澤遺
址中層基本相同的陶釜，表明距今 5000 年前江南原始先民似乎具有沿海岸
邊航行交通能力，當然，也不排除該陶釜主要由陸路傳播的可能。」〔註 34〕

〔註 34〕林華東，《河姆渡文化初探》，頁 126、128、140，浙江人民出版社，1992。

都說明在河姆渡時期，江浙地區的紡織、航運技術已有相當的突破。

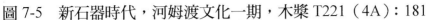

圖 7-5　新石器時代，河姆渡文化一期，木槳 T221（4A）：181

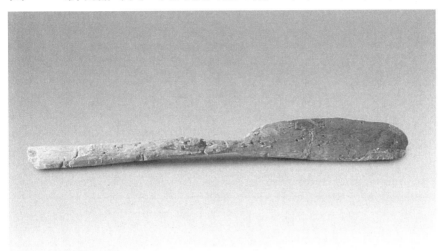

殘長 62.0、柄寬 3.5、槳葉長 27.8、厚 2.0cm，1977 年浙江餘姚河姆渡遺址出土。自《河姆渡文化精粹》頁 82。

　　而這許多科學的驗證，也更進一步說明錢山漾遺址出土的絲織品，是奠基於河姆渡絲綢文化的發展上，精益求精，且是自發性、地域性的延伸。這樣緊密的關係和現象，也明確可在同屬前後文化層的上海崧澤文化遺址中發現。據《崧澤》〔註35〕出土報告所載：崧澤文化不僅有陶紡輪的製作，說明當時已有紡織的技術；同時，根據表一「崧澤遺址各時期的古地理環境」的文化層發現，「生土層」時期—附近山地生長著以青剛櫟、栲屬為主的常綠闊葉和闊葉落葉的混交林，崧澤當時處於海濱；「中文化層」晚期—崧澤地區湖沼面積又擴大，湖沼間土崗生長著桑、柳、榆等樹木；「上文化層以前自然土」早期—在崧澤地區的土崗上生長著較多的桑、柳、榆等，當時的地勢平坦，有相當多的湖沼。另外，在表二「崧澤遺址孢粉統計表」中，麻櫟、青剛櫟以及桑屬的植物孢粉數量都不在少數，也可見桑、櫟之屬的植物在崧澤文化遺址生長極為茂密，這和前言良渚文化錢山漾遺址中出土櫟木、青岡木以及家蠶絲織物的現象也完全相符合，並都是桑、櫟混合生長的地區。這些科學的驗證，再加上陶紡輪的出土，都表示崧澤地區具備蠶績之事的生

〔註35〕上海市文物保管委員會，《崧澤——新石器時代遺址發掘報告》，頁 136～137，北京：文物出版社，1987。

長環境和條件，並是上承河姆渡文化，下開良渚文化之先河，使江、浙地區早在新石器時代，即已成功地發展地方文化產業，造就成熟精湛的蠶織事業。

至於在崧澤地區雖不見具體的行船遺跡（或因腐朽流失），然而，「村中河道縱橫」，且出土中的石奔、石鑿也都是建造船隻的重要工具，加上當地盛產的木材，以及前後文化層都有船隻殘件的出土，因此，也不能完全否定當地的航運功能和技術。

2. 家蠶馴化的思考

中國是世界著名的絲綢之國，也是最早養蠶織綢的國家，由於養蠶織綢技術的進步，不僅是中國科技的重大發明與貢獻，也更進一步促成中國文化對內、對外的交流與傳播。

然而，家蠶從何時開始被飼養？家蠶從何地開始被馴化？家蠶又是如何從野蠶演化而來？雖然討論的文字不在少數，然而，卻眾說紛紜，莫衷一是。

中國科學院動物研究所郭郛〈從河北省正定南楊庄出土的陶蠶蛹試論我國家蠶的起源問題〉〔註36〕一文中即曾指出：中國在 5500 年前黃河中、下游地區即已開始家蠶家化的創造性工作，而其過程則是「家蠶是由野蠶經過人工馴化家養而成，現在的家蠶同野生的野蠶在型態特徵、生活習性、發育性能、生理機能、適應環境能力、生殖、行為等特性已各有其特徵，雖然它們雌雄蛾子相遇時仍可交配產出後代。但家蠶經過幾千年人工的飼養馴化已完全適應室內的生活，在人工條件下已能繁衍後代，人對蠶的生活習性等已基本了解清楚，蠶已經馴化而不離開人所安排的條件他去，這就是所謂家化（domestication）過程。」同時，文中又稱「就以現時情況而論，陝西、山西、河南、河北、山東等甚至北到黑龍江等也仍然是野蠶分布地區，也有桑樹分布，這些都是家蠶的家化的先決條件。」

這些文字對於蠶蟲的「家化」過程有十分明確的定義和闡釋，對於野蠶分布地區的說明也頗為全面。只是，在這些地區「也有桑樹分布」，則似乎語欠週全，因為，無論是從古文獻（如：《詩經》）記載或從現代植物生長的環境來看，北方並非完全為桑樹生長的地區，並另有柞木或柘木生長的地帶，這兩種植物雖然也是桑科之屬，卻是「野桑」者流，對於育蠶的家化過

〔註36〕《農業考古》，1987 年第 1 期，頁 302～309。

程以及絲綢品質的提升卻未必有所助益,這也是北方雖然早已有桑蠶絲帛的記載,而史書中的絲綢貢品卻多來自於南方或齊魯地區的真正原因。

　　錢山漾的報告中有櫟木材質的木材出土,櫟木是「山桑」之別稱,為野桑之屬,根據十三經中的注疏其分布地區多為徐州、秦人之地與岐周之地,而吳興在地理環境上與徐州有地緣之便,且不論新石器時代氣候環境的變遷,以及櫟木的來源是外來或地域性的作物,然而,就緯度和出土絲織物而論,至少吳興在先秦時期也應是櫟木(或桑樹)生長繁盛的地區,適合野蠶(或家蠶)生存的環境,才能成就這許多質量俱佳的絲織物,這是物質進化或發展必然的原理和生態,也是吳興錢山漾櫟木出土的重要意義與象徵。

　　至於育蠶過程中所謂的「家化」現象,個人以為,由「野蠶」過度到「家蠶」是否必然需要極長久的時間和適應?尤其是昆蟲不似走獸,受到關注或冒犯時,會有強烈的侵略性或反抗性,而人們將野蠶帶回家中飼養,也必然會長期且仔細地觀察、模擬種種野蠶的生活習性和條件,並予以最為適當的生存空間和環境(「公桑蠶室」即是),以便獲得最大的經濟效益與報償,是以所謂的「家化」過程,應是在符合野蠶最能適應的環境下予以飼養,人們透過仔細的觀察與學習,悉心照拂,順應天理,野蠶又如何不「順其自然」?同時,蠶是極為溫馴的動物,生命週期並不長,又不如犬馬虎狼般的野性較強,既無反抗性且無侵略性,除了食桑之外,便是眠與作繭,其成長過程中只要不受到外力的侵擾或環境污染,即可自然存活,因此,在「家化」的過程中難度應不算高。

　　且本文在「桑木、柞木與柘木」一節,言及典籍中頗有「柞蠶」、「柘蠶」一詞,先民並視為山蠶、野蠶者流,這固然是因為蠶蟲所食之葉有所不同,是以刻意區別,然而,卻也可見古時「家蠶」、「野蠶」共存的環境生態,是無須經由「馴化」或「家化」的過程刻意培養。

　　同時,根據典籍文獻所述,嫘祖是傳說中教民養蠶繅絲的始祖。《史記‧五帝本紀》所謂「黃帝居軒轅之丘,而娶於西陵之女,是為嫘祖。」〔註37〕只是,有趣地是,在所有的文獻記載中,論及嫘祖的傳說或蠶神的信仰,卻眾說紛紜,各有出處。且不論嫘祖是因為到野地採集野果,發現野蠶吐絲,便把野蠶蟲捉回家餵養;或者是傳為被馬皮裹身的鄰家女,在野地裡變為蠶蟲,嫘祖從此學習養蠶繅絲,並進獻給黃帝;或認為嫘祖是違犯天規的侍女,

〔註37〕《史記‧五帝本紀》,卷1,頁10。

下凡經西陵氏收養，與黃帝結婚並教民織錦等；這許多流傳的事蹟雖然無法明確證實嫘祖的身分及其與養蠶織綢間的淵源，然而，傳說中共同強調的卻是嫘祖教民養蠶、繅絲、織綢的技術，而不是在於野蠶馴化的過程。而且，將野蠶蟲捉回家飼養也是輕而易舉的事情，不僅更能提昇蠶蟲吐絲的品質與份量，也更進一步促使繅絲織綢的技術日益精進，至於是否為「家蠶」，倒似乎並不是那麼重要。

另外，檞木是為山桑之屬，而其出土於錢山漾地區，也印証良渚文化的育蠶過程是自我「家化」的完成，至少是野蠶和家蠶並存的共生現象，是無須靠外力傳授或改變的。

3. 中國蠶業中心南移的探討

中國蠶業的發展，一般文字論述多以北方為中心，並認為自唐、宋以後，江南的絲織業才真正發展起來。

的確，在上古時期，吳、越之地境屬蠻荒，直至春秋時期始漸受重視，並有文字記載，因此，甲骨文、《詩經》中不見當時紀錄，這並非是南方疆域、土著的不存在，而是昧於當時文獻的不足。尤其是甲骨文字多侷限於殷商部族（後又有周原甲骨），而少見其他部落土方的描述；至於《詩經》也曾經孔老夫子刪訂，其文字紀錄與地域分布多偏重於黃河流域及北方地區，對於江南的記述則仍著墨不足，是故難以窺其全貌。只是，這樣的局面在太湖流域的良渚文化以及巢湖流域的凌家灘文化發掘後，當重新改觀，並進而以科學驗證出土的文物來補正典籍文獻之缺漏，以便重新釐定中國上古時期的歷史與文化，探索先民生活的經驗與智慧。

中國蠶業的發展以及育蠶織綢技術的起源的確是在北方嗎？

事實上，就出土考古的文物來看，關於古代出土的玉、石、陶製蠶蟲或蠶繭文物也不在少數，前言郭郛〈從河北省正定南楊庄出土的陶蠶蛹試論我國家蠶的起源問題〉一文，以及黃世瑞〈我國歷史上蠶業中心南移問題的探討〉[註38] 都有相當文字的舉証。例如：1926 年山西夏縣西陰村新石器時代仰韶文化遺址（5600～6080 年前），即發現半個經過人工割裂過的繭殼，同時，在這個文化遺存中還發現大量的石紡輪和骨針，說明這一時期已能紡製和縫編織物了；1980 年河北正定南楊庄仰韶遺址內發現 2 件陶蠶蛹；1960 年山西芮城西王村仰韶晚期地層中也出土一件陶蛹；又，1953 年安陽大司空

[註38] 《農業考古》，1985 年第 2 期，頁 324～331。

村發掘出殷代墓葬有玉蠶，1966 年山東益都蘇埠屯的殷代大墓裡，也有形象逼真的玉蠶；另外，甲骨文中已有蠶、桑、絲、帛等文字，河南安陽五官村商朝墓中出土的戈援面上殘留著絹帛包裝過的痕跡與玉蠶；同時，根據文獻記載，殷代出土的玉蠶地點已遍及河南、山東等地，到了西周時期又發展到了陝西寶雞一帶。從這些出土的資料來看，黃河流域及北方民族的確早就已經有養蠶織綢的技術和經驗，只是，雖然有這些出土文物的驗證，卻也不能因而否定或漠視長江下游絲織物的精進與發展。

唐雲明〈我國育蠶織綢起源時代初探〉一文即曾指出「不僅在黃河流域的仰韶文化中、晚期，齊家文化可能已有了育蠶綢織業，而且還達到了一定水平。長江流域江浙一帶，不僅已有了育蠶織綢業，而且從前掌握的有關材料看，還要早於黃河流域。至於當時絲織品的發展水平，從河姆渡出土的線軸形紡輪來推測，當時不僅有了平紋組織的紗羅，而且還可能出現強捻、富有彈性輕盈的縐紗『縠』一類的織物。」〔註39〕

尤其是錢山漾出土的木材種類中又有櫟木，這是古文獻中「柞木」之別稱，也是柞蠶（即山蠶，形似野蠶）生長賴以食葉的樹種，因此，過去許多學者以為絲綢的發展是由北而南，由黃河流域傳播至長江流域的論點，事實上仍有欠斟酌，尤其是在錢山漾櫟木的出土並經鑑定之後，再加上錢山漾地近徐州，則更可以確定吳興在上古時期是柞木繁盛的生長環境，而柞蠶形似野蠶，食柞葉，可作綿，絲繭質地的各異，也可見其不同於其他地區山蠶的進化過程。

因此，吳興錢山漾殘絹的出土，應是地域性品種自我精進的演化過程，而所謂家蠶的馴養化，也未必是受北方影響，如若是，何以北方的蠶桑如此普遍且年代久遠，絲織品的發展卻不如南方，可見這是受限於蠶桑的品種改良與織綢技術的良窳與否。尤其是長久以來，長江下游江浙地區的河姆渡文化、崧澤文化以及良渚文化等早已有絲織物及紡織工具出土，其地域性風格特色的縱向發展，以及年代先後的傳承都極為鮮明、具體且完整，並明確揭櫫長江下游的江浙地區早已有精湛的蠶桑織綢技術，其年代甚至早於黃河流域，若只因文獻記載的不足便從此否定其存在和價值，不僅有違歷史的真相，也與學術研究的宗旨大相逕庭。

錢山漾遺址是在湖州市南 7 公里之處，這一帶是太湖流域的沖積平原，

〔註39〕《農業考古》，1985 年第 2 期，頁 322。

河流很多。從出土發掘的絲織品和木槳來看，並印證當地後世的蠶織文化特色，都可為海上絲綢之路的發展提供最佳的一手資料和見證。

四、海上絲路的興起

海上絲路的興起是高價值商品與自由貿易的結合，而輕薄保暖、華麗細緻的絲綢不僅人人喜愛，也是高價值商品最佳的代表，雖然，海上絲路的貿易在上古時期究竟如何發展？文字多付諸闕如，然而，隨著錢山漾木槳出土文物的發掘，許多觀念也應重新思考斟酌才是。

1. 海上交通的發達

船隻交流的便利是對海外溝通的基礎。而在既有的文獻和研究中，一般學者也多認為中國對外的航運事業是自唐、宋以後才發展起來，以致對先秦海運的交流鮮少提及，自然對上古時期的海外交通無由窺其真相。只是，在良渚文化錢山漾出土考古中所發掘的航運工具，其年代並可遠溯至新石器時代，則不得不令人重新思考中國上古時期的水路發展狀況，並希冀結合文物與文獻，以便從中能獲得更多的印証。

當然，對於上古時期的水路交通，記載最為詳實且年代最為久遠的文字當首推《尚書》，尤其是前言〈禹貢篇〉將天下劃分為九州，而文中言及九州的山川地理位置及形勢，是後人了解上古時期水路發展的重要依據，尤其是大禹治水，因勢利導，是以「道九山」則是大行、恆山至於碣石入于海；而「道九川」則是：導黑水至于三危，入于南海；又北播為九河，同為逆河入於海；又，東匯澤為彭蠡，東為北江入于海；過九江至於東陵，東迤北會于匯，東為中江入于海；濟水又東北會于汶，又北東入于海；導淮自桐柏，東會于泗沂，東入于海。〔註40〕

這許多江河在經過大禹的整治疏浚之後，由於地勢關係，都東向入海，不僅解除了水患，也寓意著水路從此更為通暢，並可以直達于海。正所謂「九州攸同，四隩既宅。九州刊旅，九川滌源，九澤既陂。四海會同，六府孔修。庶土交正，底慎財賦。咸則三壤，成賦中邦。」天下因此太平，人們也富庶安康。而類似的文字內容，也同樣見於《史記・夏本紀》的記載。

另外，《史記・夏本紀》又載及大禹治水，「陸行乘車，水行乘船，泥行乘橇，山行乘檋。左準繩，右規矩，載四時，以開九州，通九道，陂九澤，

〔註40〕《尚書》，疏6，頁87～90。

度九山。」〔註 41〕而《竹書紀年》卷上也載及夏帝芒「元年壬申帝即位,以元圭賓于河。十三年東狩于海,獲大魚。」〔註 42〕可見在夏王朝時古人即已有「乘船」的習俗和經驗,並因此而疏通險阻,作為開九州、通九道的憑藉。是以《周易‧繫辭下》有言「刳木為舟,剡木為楫。」〔註 43〕《尚書‧說命上》也有「若金用汝作礪,若濟巨川用汝作舟楫,若歲大旱用汝作霖雨。」之說,而〈盤庚〉三篇更載及遷殷之時「惟涉河以民遷」,注並曰「造舟船渡河之具」,都是文獻中行船的具體明証。

另外,甲骨文中也有象形的「舟」字,如:丑卜行貞王其縶舟于商亡災(後上 15.8),癸丑卜洹貞臣得王占曰其得隹甲乙甲戌臣涉舟(合 109),都說明商王朝對船隻的運用;同時,甲骨文中從「舟」之字也不在少數,或與水有關,或其意不明,甚或也不見於《說文》。因此,殷墟的地理位置雖然處於河南,然而,從甲骨文中商民族數次渡河遷徙,以及攻伐鬼方、人方、土方的記載,再加上殷商墓中出土的車馬坑,都可見商人的交通便利,以及征戰的行進路線也非常發達,並可超越關山河川險阻的屏障,無往不利,是以「舟」字的出現,更印證舟楫之運用在殷商時期已然十分普遍。

至於《周禮‧冬官‧考工記》則更進一步指出「爍金以為刃,凝土以為器,作車以行陸,作舟以行水,此皆聖人之所作也。」〔註 44〕都說明在三代時期,先民即已知藉木材製作船隻的技術,並早有舟楫之利。

只是,木材畢竟容易腐朽,再加上出土實物的發掘也略嫌不足,以致後人對於先民造船、航行的實際運用難以窺其原貌,因此,唯有再對照文獻著手,才可見其蛛絲馬跡。

《詩經‧邶風‧柏舟》所謂「汎彼柏舟,亦汎其流。」而〈竹竿篇〉也稱「淇水悠悠,檜楫松舟。」〔註 45〕則是在民間歌謠中早已明確指出先民製作舟楫的材質。另外,《詩經‧周頌‧思文》有言「武王渡孟津,白魚躍入于舟,出涘以燎。」〔註 46〕而《詩經‧大雅‧大明》也稱「造舟為梁,不顯其光。」箋曰「天子造舟,諸侯維舟,大夫方舟,士特舟。造舟然後可以顯其

〔註 41〕《史記》,卷 2,頁 51。
〔註 42〕梁‧沈約附註《竹書紀年》,卷上,頁 8,台北:中華書局,1966。
〔註 43〕《周易》,卷 8,頁 167。
〔註 44〕《周禮》,疏卷 39,頁 595。
〔註 45〕《詩經》,疏 2 之 1,頁 74 及疏 3 之 3,頁 137。
〔註 46〕《詩經》,疏 19 之 2,頁 721。

光輝。」又稱「天子造舟，周制也；殷時未有等制。」〔註47〕都說明天子造舟自周朝時便已蔚為風氣，並有丕顯光輝之意；事實上，所謂的「造舟」制度，據《爾雅·釋水》疏釋曰「此釋尊卑橋船之異制也」又稱「言造舟者，比船於水，加版於上，即今之浮橋。故杜預云：造舟為梁，則河橋之謂也。」〔註48〕這是比船為橋，以別尊卑。

至於周時又有設官來製作或管理舟楫之事的制度，這樣的文字可見於《史記·齊太公世家》有「蒼兕」一職，馬融注曰「主舟楫官名」〔註49〕，而《呂氏春秋》也有所謂「命舟牧覆舟。五覆五反，乃告舟備具於天子焉。」的記載，注曰「舟牧，主舟官也。」都可見當時舟楫制度之推行，而這樣的制度和1957年安徽壽縣出土「鄂君啟節」上的文字也可以相互映發，尤其「舟節」是當時行船的符令，其上並刻鑄有「屯三十舟為一舿，五十舿。」等文字，都可見當時制度嚴謹，規範詳明。

行船的風氣盛行，是以《詩經·唐風·綢繆》有謂「今夕何夕，見此良人。」句下疏曰「說苑稱，鄂君與越人同舟。越人擁楫而歌曰：今夕何夕兮，得與搴舟水流；今日何日兮，得與王子同舟。如彼歌意則嘉美此夕，與箋意異者。」〔註50〕越人尚且可以如此隨意行船，並與鄂君同舟，都可見當時航運風氣之盛；因此，即使是平民身分的孔老夫子，在不得意之餘，也不免有「道不行，乘桴浮于海。」〔註51〕的感嘆，都可知在春秋戰國時期海上交通之便利發達。

尤其是越民族，自古以來即是擅長「水師」的部族，《藝文類聚》卷71引《周書》所載「周成王時，于越獻舟。」而《越絕書·越絕外傳記地傳》也記述越人生活習俗「水行而山處，以舟為車，以楫為馬，往若飄風，去則難從。」又稱「勾踐伐吳霸關東，從瑯琊起觀臺，臺周七里，以望東海，死士八千人，戈船三百艘。」〔註52〕而所謂的「戈船」，古人雖有「越人于水中負人船」以及「以船載干戈」之說，然而，其說未必盡合情理，也未必符合真實，若以《漢書·武帝本紀》以及《文選·左思·吳都賦》中所稱之「戈船」為例，其意都與水師兵戎有關，因此，當以「設干戈於船上以禦敵」的

〔註47〕《詩經》，疏16之2，頁541。

〔註48〕《爾雅》，疏卷7，頁120。

〔註49〕《史記》，卷32，頁1479。

〔註50〕《詩經》，疏6之2，頁223。

〔註51〕魏·何晏注，宋·邢昺疏，《論語·公冶長》，疏卷5，頁42，台北：藝文印書館，1993。

〔註52〕漢·袁康撰，《越絕書》，卷8，頁2，台北：中華書局，1966。

戰船之說為佳，不僅較為合理，也較為歷代學者所認同；至於句踐「初徙瑯邪，使樓船卒二千八百人，伐松柏以為桴。」〔註53〕的記載，都可見當時樓船的普遍與盛行；而造船技術的精進，也使這些高大壯盛的「樓船」和「戈船」普遍運用，不僅成為秦漢以後便利的水路交通工具，也是水路征戰的重要憑藉。

是以春秋時期著名的「陶朱公」范蠡不僅「率師沿海溯淮，以絕吳路。」成就他政治家、軍事家的美名，並在完成攻吳之後，隱姓埋名，泛三江，游四海，十九年之中三致千金三散之的經濟貿易行為，也使他成為歷史上著名的實業家，而這一切的成就都是憑藉水路之便利，是以「夏則資皮，冬則資絺；旱則資舟，水則資車，以待乏矣。」民間船隻的買賣便利，航行的技術卓越，自然更能夠促進海上交通的發達。

至於《史記·吳太伯世家》有言「齊鮑氏弒齊悼公。吳王聞之，哭於軍門外三日，乃從海上攻齊。」〔註54〕而〈東越列傳〉也稱「閩越王無諸及越東海王搖者，其先皆越王句踐之後也，姓騶氏。」並都是擅長水路征戰的部族，是以列傳中稱會稽太守「遂發兵浮海救東甌」，又載建元六年閩越王擬擊南越，略言「不勝，即亡入海。」〔註55〕也都是在吳、越地區「浮於海」的重要紀錄。

行船的知識和技術流傳，是以《史記·秦始皇本紀》言及三十三年「發諸嘗逋亡之人、贅婿、賈人略取陸梁地，為桂林、象郡、南海，以適遣戍。」則是載其勢力已至五嶺地區；及至三十七年始皇出游，「十一月，行至雲夢，望祀虞舜於九疑山。浮江下，官籍柯，渡海渚。過丹陽，至錢唐。臨浙江，水波惡，乃西百二十里從狹中渡。上會稽，祭大禹，望于南海，而立石刻頌秦德。」〔註56〕則更言及江南水路險惡，而錢唐（即今之杭州）水路發達，不僅可與雲夢相通，並能「狹中渡」，來去自如的景況，都可見秦時行船的技術與智能相當精湛。

另外，《史記·武帝本紀》也言及李少君、欒大以及海上燕、齊怪迂之方士嘗來往於海上，而武帝也曾北至琅邪，並數度東巡海上求蓬萊仙人（案：蓬萊、方丈、瀛洲，勃海中三神山也），甚或「宿留海上」以考神仙之屬，雖

〔註53〕《越絕書》，卷8，頁5。
〔註54〕《史記》，卷31，頁1473。
〔註55〕《史記》，卷114，頁2979～2981。
〔註56〕《史記》，卷6，頁253、260。

始終未曾應驗,卻仍希冀遇之。〔註57〕都寓意當時海上游仙風氣之盛,帝王數度親臨,也可見海上交通的安全性已經令人十分滿意。

因此,從歷史演化的過程來看,先秦時期的海上交通已經非常發達與普遍,其行進路線與造船技術並超乎後人之想像;而其中最為精湛卓越的國家就是吳、越諸侯,這是在地文化發展所衍生出來的部族特色,而其淵源,不也正是河姆渡文化、良渚文化這一脈相承的民族遺緒嗎?

2. 出土考古的發現

根據出土考古發現,早在新石器時代,中國東部沿海—尤其是山東半島、遼東半島一帶,便已經與內陸河川和東南沿海地區有密切的航運來往,山東龍山文化與安徽含山凌家灘文化,地理上雖有關山阻隔,文物間彼此卻仍相互影響,即是經由水路交流最好的明證。

至於在出土文物中,根據出土報告所載、林華東《河姆渡文化初探》以及王冠倬編著的《中國古船圖譜》一書,秦漢以前所出土的行船遺跡,可大約羅列如下:

（1）1977 年浙江餘姚縣河姆渡遺址出土約 7000 餘年前的木槳、陶舟（陶舟屬

（2）1979 年遼寧丹東市三家子店后洼下層文化遺址出土約 6000 年前的陶舟。

（3）1958 年陝西寶雞北首嶺曾出土 1 件距今約 6000 年前仰韶文化的船形陶壺。

（4）1973 年湖北紅花套新石器時代遺址出土約 5700 年前的舟形陶器。

（5）1949 年以前遼寧大連市長海縣吳家村出土約 5500 年前的舟形陶器。

（6）1973 年遼寧大連市旅順口郭家村出土約 5000 年前的陶製舟形獨木舟。

（7）1983 年甘肅秦安大地灣仰韶文化晚期也曾出土 1 件距今約 5000 年前的舟形陶器。

（8）1956 年浙江吳興錢山漾發掘出距今約 4700 年前的木槳。

（9）1979 年浙江桐鄉縣羅家角遺址 T101 的第三文化層中,曾出土 2 件「拖泥板」狀殘木器,應是一種獨木舟的遺骸。

〔註57〕《史記》,卷 12,頁 451～486。

（10）1958 年浙江杭州水田畈遺址，出土新石器時代的 4 支船槳。

（11）江蘇常州市的圩墩遺址，也出土有木船槳和木櫓各 1 支。

（12）1987 年江蘇吳江梅捻龍南遺址發掘 1 支良渚文化時的木船槳。

（13）1979 年山東長島縣大黑山島龍山文化遺址中出土約 4000 多年前
的船尾遺跡。

（14）1983 年以前江蘇宜興市西渚的屋溪河畔曾先後出土 8 艘新石器時
代的獨木舟，除 1 艘保存稍好外，其餘均腐壞難以判定年代。

（15）1977 年山東榮成縣松郭家村出土商周時期的獨木舟。

（16）1983 年江蘇宜興珠潭村出土 5 艘春秋時期的獨木舟，多已殘破。

（17）1984 年江蘇宜興吾橋村出土 3 艘春秋時期的獨木舟。

（18）1958 年江蘇武進古奄城遺址出土 1 艘春秋時期的獨木舟，長 11 米
餘。

（19）1965 年江蘇武進古奄城遺址出土 2 艘春秋時期的獨木舟，殘長 4
米餘、7 米餘。

（20）1978 年河北平山縣三汲公社中山王國一號墓出土一個葬船坑，並
列有 3 隻大木船，長 13.1 米，南北又各有 1 隻小船，隨船並有 5
支木槳。

（21）1973 年福建連江縣山堂村出土 1 艘西漢時期的獨木舟，尾部稍殘，
長 7 米餘，由整根樟木挖成，舟內中部並有一方形台座。

（22）1956 年廣東廣州市黃花崗出土 1 艘西漢時期的獨木舟，殘損嚴重。

（23）1956 年廣東廣州市西郊皇帝崗西漢中期墓出土 1 件木船模型。

（24）1973 年湖北江陵西漢墓出土 1 件木船模型。

（25）1951～1952 年湖南長沙伍家嶺第 203 號西漢後期墓出土木船模型
1 件，隨船並出土 16 支木槳。

（26）1953 年廣東廣州市東郊龍生崗號東漢前期墓出土 1 件木船模型，
隨船並有 10 支木槳及 1 支長櫓。

（27）1976 年廣東化州縣石寧村出土 6 艘東漢時期的獨木舟。

（28）1980 年廣東德慶縣東漢墓出土 1 件陶船模型。

（29）1954 年廣東廣州市東郊紅花崗東漢後期墓出土陶船模型，船身中
部並有艙房，頂蓋呈拱形，據當地學者分析，這是 1 只內河貨船。

（30）1955 年廣東廣州市東郊十九路軍墳場東漢後期磚室墓出土 1 只陶
船模型。

　　及至兩漢以降，東南沿海地區也頗多獨木舟與船隻出土，或因殘損嚴重難以判定年代，再加上史籍中水路交通的文字記述頗富，造船與航海技術的精進，都說明當時的水路交通已經有相當程度的發展，由於不是本文所要討論的重點，是以不載；另外，在銅器、銅鼓、岩畫、磚畫、壁畫或是畫像石刻上，也有許多關於船隻或水戰的描繪與紀錄，甚或是船棺葬，個人以為這些器物、圖像都另有寓意，不應和生活實用的船隻混為一談，是以略而不列。

　　至於船隻水路的發展，自新石器時代以降直至秦漢之際，就目前的考古發掘來看，除了內地河流、湖泊之外，從新石器時代以至先秦時期的水路發展，仍以濱海的江、浙地區發展為首要，直至西漢，始見福建、廣東等地（古之閩越、南越）的行船遺跡，這或許昧於考古發掘之不足，然而，江浙地區先於閩粵之開發，則無論從出土考古或文獻記載來看，都是不爭之事實。

　　尤其是春秋時期的吳、越地區，其海上交通與造船技術更是無與匹敵，而「樓船」與「戈船」的盛行，則不僅是水師爭戰的利器，也是海上貿易的重要憑藉。這個現象說明當時長江下游的吳、越地區，在水路交通的發展上已經有長足的進步，只是，這個獨特的現象絕非憑空而起，而是長久以來先民所累積的生活經驗和智慧，其淵源並可遠溯自良渚文化以及河姆渡文化中的造船技術，再加上這個地區自古以來即是中國絲綢發展的重鎮，兩相結合，以致成為海上絲綢之路發展的根據地並奠基，也是自然且必然的結果。

3. 海上絲路的開拓

　　對於先秦時期中國海上交通的發展，以及江、浙地區蠶織絲綢的傳承，大約已如前述。

　　至於吳興錢山漾遺址雖然早就在 1956 年已經發掘出新石器時代隸屬良渚文化的絲織品和木槳，且自南宋開始「湖絲」也早就享有盛譽，浙江杭州地區並夙有「江南絲府」的美稱，這許多豐富的資料都說明湖州（今浙江吳興）長久以來的絲綢文化極為盛行。又因為吳興地處於東苕溪的一段，與太湖相連接，自古以來即是水路發達的地區，是以其地生產精美的絲織品早就藉著舟楫之便行銷海內外，只是，由於文獻記述不足，再加上出土文物有限，因此，斷簡殘編，文字也大多付諸闕如，以致人們對早期海上絲路的開拓認識匱乏，甚或昧於真相，難有發揮，實為遺憾之至。

　　前言《史記‧夏本紀》載及大禹治水有「陸行乘車，水行乘船，泥行乘

橇，山行乘樏。」之句，不僅說明夏王朝即有船隻運行，同時，「泥行乘橇」句下有《正義》疏曰「按：橇形如船而短小，兩頭微起，人曲一腳，泥上擿進，用拾泥上之物。今杭州、溫州海邊有之也。」這樣的文字描述和「1979年發掘的桐鄉縣羅家角遺址 T101 的第三文化層中，曾出土有 2 件『拖泥板』狀殘木器，原報告稱『其形狀為一船底形寬板，一側有轉折的邊欄，內壁加工平整光潔，外底略呈弧形。』」〔註58〕的出土文物相當，且桐鄉縣舊屬嘉興府，其地理位置與今杭州、溫州也頗有地緣關係，因此，對照文獻，出土中的「拖泥板」很有可能即是《史記‧夏本紀》中所謂的「橇」，用於泥行是生活所需，環境使然，而長期的沿用並流傳，都更能彰顯強烈的地方性特色，以及史料的真實性。

只是，所謂的海上絲綢之路，若以江、浙地區為根據地，那麼，其發展和行進路線又是如何呢？

據史書所載，《國語‧齊語》有言「越裳獻雉，倭人貢暢。」而漢張衡《論衡‧儒增》也有「周時，天下太平。越裳獻白雉，倭人貢鬯草。」的記述，其中所稱的越裳即是今之越南，古為百越之屬，而倭人也就是現在的日本，前來獻貢，都可見在先秦時期中國和鄰近的邦國早已有海上交通的來往。

而前言秦始皇臨浙江、上會稽，祭大禹，有望于南海之行；至於從江南北返則改走海路，北上至琅琊，又北行經成山（今山東半島成山角），而至之罘（今山東煙台），圍繞山東半島航行了大半圈。其後漢武帝也多次到南方巡視，「望祀虞舜於九嶷，登欲天柱山，自尋陽浮江，親射蛟江中，獲之。舳艫千里，薄棕陽而出，作『盛唐棕陽之歌』。遂北至琅琊，并海。」其後半段的行程與秦始皇的路線一致，都是沿海北上至山東半島。〔註59〕也都說明當時海上航行的便捷。

另外，據王冠倬《中國古船圖譜》〔註60〕一書考證，中國對日本及東南亞的航海溝通分別在秦、漢之時，而其路線則考證如下：

「受當時航海技術的限制，徐福船隊依托陸島，近岸而行。其航路是：自登州灣出發，向北經長山列島至遼東半島南端，沿遼東半島東側北上至鴨綠江口，折而南下，走朝鮮半島西側近海，至南端，穿越對馬海峽，就抵達

〔註58〕林華東，《河姆渡文化初探》，頁 143。
〔註59〕王冠倬，《中國古船圖譜》，頁 56，三聯書店，2000。
〔註60〕王冠倬，《中國古船圖譜》，頁 76。

日本國土。這條路線也就是中日間最早的海上航線。」

至於中國溝通印度的南洋航線，則是「此航線創始于西漢，其出發港為合浦郡的徐聞（今廣東徐聞）。漢代海外貿易是由中央少府經管的，少府選派譯者為領隊，又召募商民組成出海船隊。當時的海船都是在近海內沿岸航行。船隊從徐聞港出發，南行五個月至都元國（馬來半島南端）。由此折向西北，行四月到邑盧沒國（緬甸的勃因省及仰光一帶）。再向西北走二十天到達諶離國（在緬甸西海岸）。從此處改陸地步行十餘日可至夫甘都盧國（緬甸太公城）；如從諶離國仍乘船沿岸而行，兩個月後就抵達黃支國（印度半島東南岸馬德拉斯附近）。從黃支向南是已程不國（斯里蘭卡）。黃支與已程不國都是中轉交換站，漢船『齎黃金雜繒而往』，在這裡與西方商船交換貨物，所謂『蠻夷賈船，轉送致之，亦利交易』是也。漢船從已程不國返航，沿原路回歸中國。這條航線東西連接太平洋和印度洋，幾乎把南亞的主要國家都串連了起來。它是我國最早開闢的通向西方的海上絲綢之路。漢船雖然只到達斯里蘭卡，但大量中國絲織品通過轉運遠銷到西方。」

這樣的文字記述，其淵源本出於《漢書·地理志第八下》所載粵地及其所往來，同時，志中又稱「會稽海外有東鯷人，分為二十餘國，以歲時來獻見云。」又言及百越的地理位置，則謂「粵地，牽牛、婺女之分埜也。今之蒼梧、鬱林、合浦、交趾、九真、南海、日南，皆粵分也。」至於其經濟特色，則「處近海，多犀、象、毒冒、珠璣、銀、銅、果、布之湊，中國往商賈者多取富焉。番禺（今廣州），其一都會也。」是以「自合浦、徐聞南入海，得大洲，東西南北方千里，武帝元封元年略以為儋耳、珠崖郡。民皆服布如單被，穿中央為貫頭。男子耕農，種禾稻紵麻，女子桑蠶織績。」〔註61〕都說明百越之地的富足以及擅長行船的特色和行進路線，而「女子蠶桑織績」更是當地女子所普遍擁有的技術。只是，這樣的文字雖然首見於《漢書》，然而，中國和南洋、印度航運的來往路線，實為逐步形成，其年代並應早於西漢。

劉迎勝《絲路文化·海上卷》曾從語言文字的傳播角度，來論及中印文化的交流，並稱「憍胝厘耶的《政事論》（Arthasastra）中已經出現了 cinapatta 這個詞，意為『產於中國的成捆的絲』。梵文裡還有 cinamasuka 這個詞，意為『中國衣服』、『絲衣服』。這兩個與絲有關的詞中都有 cina（支那，即中國）

〔註61〕《漢書》，卷 28 下，頁 1669～1670。

這個詞,說明中國絲綢在先秦時代已經傳到印度。」〔註62〕

　　至於「百越」的興盛衰亡,據陳國強《百越族與台灣原住民》〔註63〕所稱:早在商朝時,越族及其先住民已經活躍在中國南方的土地上。西周時,對於古越族的稱呼有越、干越、越裳、揚越和閩越。春秋晚期到戰國的早期,越國中最先進和最有勢力的一部份,在浙江一帶建立了強大的越國。共傳了八代,前後歷經一百六十多年。後來,越國被楚國所滅,成為楚國的一部份。戰國後期,便有了揚越和百越的記載:揚越指分布於九州之一的揚州地區的越族,也就是分布在今日的淮南、長江下游及嶺南的東部地區,以至於大到整個嶺南地區。根據史籍記載「自交趾至會稽七、八千里,百越雜處」,這就是古代南方民族的泛稱。到了秦漢時,又有「北方胡,南方越」之說,可見越人已成了與胡人相對比的南方大族。到了漢代,百越逐漸形成幾個比較強的政治中心,也就是聚居和活動的集中區域,其中福建有閩越、浙江有東甌、廣東有南越、廣西地區有西甌、駱越等。漢武帝征服諸越設立郡縣之後,百越的名稱就在歷史的記載中消失了,越這個族稱也很少再出現。

　　同時,陳國強在書中也從出土考古的角度來說明百越部族在新石器時代的文化特色。如:「蘇南浙江的新石器文化,主要集中分布在太湖周圍及錢塘江地區,已發現有河姆渡文化、馬家濱文化、崧澤文化、良渚文化等;在江西和粵北地區,發現有早期洞穴文化,即萬年縣仙人洞文化下層、英德縣青塘洞穴群以及晚期山背文化和石硤文化;在福建、台灣地區,散布有許多新石器時代的貝丘遺址,如台灣的大坌坑文化、圓山文化、鳳鼻頭文化和福建的曇石山文化等;在珠江三角洲地區,新石器時代早期有西樵山文化,晚期有許多貝丘遺址;廣西的新石器時代遺址,有洞穴、貝丘、山坡三種。」都可見百越的勢力和影響力。

　　至於在百越部族的集中地─江蘇、浙江、江西、福建、廣東等地區,的確自新石器時代以來即有許多共同的文化特色,除了前言的洞穴、貝丘及山坡之外,另外,如:生產工具的石器、骨器、蚌器,生活實用的陶器、印紋陶,以致船棺葬、甕葬、建築遺址等,都頗有近似之處,而其地域分布並可遍及東南亞地區,都可見百越文化的遺留。

　　當然,百越部族的分布自新石器時代崛起之後,由於濱海的緣故,擅長

〔註62〕劉迎勝,《絲路文化‧海上卷》,頁39、40,浙江人民出版社,1995。
〔註63〕陳國強,《百越族與台灣原住民》,頁3～4,幼獅文化事業股份有限公司,1999。

水路及造船的技術，是以其文化也隨著船隻的航行而遍布於海外，而其工具與技術，則當是源於河姆渡文化長久以來的優良傳統與濱海之利。至於在《漢書‧地理志》中言及百越女子「蠶桑織績」，這也的確是真實生活的寫照，因為，早在河姆渡以及良渚時期的江浙地區（即後之百越），便已有卓越的蠶桑織綢技術。是以越人藉著發達的水路之便，往來行船，不僅發展貿易，更因此傳遞文化的特色及生活的經驗。

　　因此，若說新石器時代絲綢的交流最早是源自於江、浙地區的河姆渡文化、崧澤文化及良渚文化，此說應無疑義，而海上絲綢貿易的來往則以百越地區為濫觴，也是可以理解的事實。至於福建、廣東古來雖也為百越之屬，然而，其絲織品的發源和品質，究竟不若江、浙地區的發達及完整，且其於新石器時代的出土及考古發現，也不若江、浙地區文物的具體明確並先進，因此，將江、浙地區視為中國海上絲綢之路的濫觴，藉著船隻航行，絲綢貿易，並進而影響東南亞及印度的生活、文化、思想，則應是可以確信並成立的說法。

五、杭州灣的重要性

　　從考古挖掘來看，河姆渡遺址雖然不見紡織品，但在出土文物中卻屢見有編織紋裝飾圖案，更重要地是，遺址中還出土了珍貴的紡紗、織布和縫紉工具，說明河姆渡人早已知道運用卓越的紡織技巧和工具，這樣先進的物質文化生活，也同樣體現在浙江吳興錢山漾出土的良渚文化中，並有殘絹片、細絲帶和絲線的發掘，這些絲織品並都是當地自發性的產物，製作極為精良，歷經傳衍，至百越族而發揚光大，不僅是為貢品，並因此隨著船隻而運送至東南亞以及印度等地，可說是海上絲綢之路的濫觴；同時，錢山漾出土中也有木槳的發掘，說明在良渚文化時期的先民，即知以近海沿岸航行的方式向南（南海）、北（渤海灣）方向行進，而這些資料都具體顯示中國海上絲綢之路的淵源和啟發，不僅對中國文化的交流和發展有深遠的影響，也對山東半島以及南洋、印度的文明起了決定性的作用。

　　尤其是杭州蕭山跨湖橋遺址的發掘，這個遺址距今約七、八千年前，離錢塘江的位置不遠，已略遭破壞，附近並還有許多馬家濱、良渚文化等遺址，文化面貌較為錯綜複雜。只是，令人驚訝地是，跨湖橋遺址不僅挖掘出許多彩繪陶器，另外，又有黑陶出土，其精美的程度較諸河南仰韶文化以及山東大汶口文化、龍山文化都毫不遜色，而年代卻更為久遠；同時，這樣的挖掘，也同樣見於良渚文化層的出土，例如：上海馬橋遺址的第五層發現有精美的

彩陶，而上海福泉山墓葬中也有烏黑發亮的黑陶壺等，這些陶器的來歷和發展，過去也都各有不同的說法，卻因跨湖橋遺址的發掘，而更加肯定其歷史淵源與文化特色。

另外，跨湖橋遺址中又發現一支殘長 5.6 公尺的獨木舟（圖 7-6），這件獨木舟的船沿極為短淺，出土時船隻的底部及其旁並散落有許多短木樁和支撐物，以及兩支木槳 J1、J2（圖 7-7），這樣的現象，再加上週遭環山、湖泊低濕的地理位置來看，說明這裡應是當時船隻棲止的停泊處，同時，根據考古人員告知，當時船隻出土時，是相併成排狀，由於船沿短淺，隻隻相連，因此，整排獨木舟聯繫在一起有如一張寬大的木筏，不僅平穩安全，可以近海航行，且更進一步印證八、九千年前的杭州灣，在河姆渡文化以前早已有便捷的水路技術，並可東流入海，與其他地區有所來往交流，這個重大的發現，較諸良渚及河姆渡文化中的木槳發掘，則更早了兩、三千年之久，並說明杭州灣的水利之便，其來有自。

圖 7-6　新石器時代，跨湖橋遺址，獨木舟遺跡

船體殘長 5.6m，沿獨木舟的周圍，有規律的分布木樁和樁洞，2002 年浙江蕭山跨湖橋遺址出土。自《浦陽江流域考古報告之一‧跨湖橋》彩版 10。

圖 7-7　新石器時代，跨湖橋遺址，木槳 J2

長 140、槳板寬 16、厚 2cm，2002 年浙江蕭山跨湖橋遺址出土。自
《浦陽江流域考古報告之一・跨湖橋》彩版 16。

　　文獻中對中國海上絲路南向的文字探討，最早可見於《漢書・地理志》
「齎黃金雜繒而往」〔註64〕的記載，即明確述及西漢時期已有絲織品「雜繒」
的交流與貿易，而其行進路線則是以溝通印度的南洋航線為主軸，前言，王
冠倬《中國古船圖譜》已有相當文字的考證，並將大量中國絲織品通過轉運
遠銷到西方；至於絲織品的來源，就出土地區言則是以杭州灣為中心。

　　事實上，從杭州灣向南航行的路徑來看，其行程即是以古「百越」之地
近海沿岸航行的路徑為基礎，而擅長水路、水師的「百越」族勢力，在春秋
時期的吳、越諸侯國終於達至鼎盛，並從此見諸史冊，及至句踐死後，國力
漸趨式微，最後為楚所滅。至此，越人開始向海外南移，這是越族勢力第一
次的分散和遷移；至於秦始皇統一天下，南巡至會稽，以越族性情強悍，遂
將其遺留置桂林、象郡、南海等郡，這是以懷柔政策將越人置於內地，是第
二次有意識地分化越族勢力；至於西漢武帝為統一中國，則是以武力征服了
殘留於南方的百越部族，並將其部份遷移至江、淮之間，或設郡管理，這是
第三次大規模地牽制越族東山再起。從此，在漢武帝征服諸越設置郡縣之後，
「百越」的名稱便在歷史中消逝，而「百越」的部族也因此分散零落，南以
窺其原貌了。

〔註64〕《漢書・地理志》，卷 28 下，頁 1671。

「百越」部族的所在，據史籍記載「自交趾至會稽七、八千里，百越雜處。」這是古代南方民族的泛稱。

只是，百越的興盛衰亡，雖然在漢武帝征服諸越而平息，然而，這個擅長水路航行的部族，除了在東南沿岸地區群聚外，其勢力更因此而向內陸發展或向海外擴張。這許多文化習俗除了在百越部族的集中地—江蘇、浙江、江西、福建、廣東等地區仍多留存外，同時，其生活遺存如：生產工具、生活用具，以至船棺葬、甕葬、建築形式等，也或多或少地可見於四川、兩湖流域等地（由內陸，或由杭州灣沿長江溯源而上）、雲南（《史記·大宛列傳》中之「滇越」，漢武帝時置益州郡，史載：由四川進入），以及近海沿岸航行至中南半島（越南即為古百越之「越裳」），甚或南洋群島以及台灣（即《後漢書·東夷列傳》中所稱之澶洲與夷洲）等地。

尤其是台灣的原住民高山族，其「食粟」、「盪秋千」、「杆欄式建築」等民俗，以及「插羽」、「珠貝衣」及配戴銀飾等習俗，也都與雲南地區少數民族的生活習性相當，這是古「百越」民俗的遺存，在東南沿海居民不斷遷移的情況下，或與漢人通婚，或向內地隱匿，或流布至東南亞，或勢力逐漸式微，只有在縱谷遍佈的雲南山區，因地理位置險阻，其部族仍保留了較多的古百越習俗，這和陳國強先生自出土考古文物中比較百越族和台灣高山族的生活用具（如：印紋陶）、生產工具（如：有段石錛）、生活習性（如：斷髮紋身、鑿齒、喜食海產、言膠著語）等，也都可以相互印證與闡發；至於2003年2月，在台南科學園區挖掘出距今四、五千年前的「雕花木槳」，這和河姆渡遺址出土的木槳也有刻劃精美的紋飾，且其出土年代都極為相當，則更可自出土文物的科學發掘，明察河姆渡文化、良渚文化與台灣高山族文化間的傳承與影響。

這種文化類比的真實呈現，可具體且科學地說明台灣高山族文化和百越，甚或良渚文化、河姆渡文化在某種程度上極為近似的民族淵源；至於明、清以後，台灣漢人的遷移則多來自廣東或福建的漳州、泉州等地，論其血緣關係和文化內涵，也仍然是古「百越」之後。因此，像古「百越」分布這樣廣大且久遠的南方民族，無論是就年代先後、地域分布、生活習性、民俗信仰，甚或是織績、航行技術等，其文化演進的各個層面都極為類似，其淵源並都可視為河姆渡文化或良渚文化之遺緒與流傳。

於是，良渚文化作為中國東南地區文明發展的重要起源之一，並藉水路

航行的技術，將其文化傳佈至鄰近海域及內陸地區，其重要性與影響性自然不言可喻。

至於杭州灣的重要性，則是孕育了跨湖橋遺址、河姆渡文化以及良渚文化等高度文明，尤其是上古時期的海岸線並未像現今這樣突出，上述這些文化遺址並都鄰近杭州灣，又有水域連結可以就近出海，於是，這些文化遺址都成為杭州灣的重要腹地，並引領海上絲路的發展，而杭州灣這樣天然而又開闊的港灣，又有錢塘江直接相連，其舉足輕重的關鍵地位便不可任意忽視了。

六、絲綢之路即玉石之路、陶磁之路

文化的交流與傳播必須要有發達的交通工具始能見其成效，這是無庸置疑的先決條件與事實。而杭州灣地區自古以來即是「河道縱橫」的江南水澤地帶，因此，便捷的水路行船技術早已在先民生活的磨練、學習中形成。

前言，《越絕書》中形容越人的水上功夫，稱其「以船為車，以楫為馬，往若飄風，去則難從。」並有大型「樓船」、「戈船」等征戰工具，都說明其造船技術的精湛與水上航行技巧的卓越。另外，文獻中載及大禹治水的過程中也早已有船隻的使用，《尚書‧禹貢》稱其「九州刊旅，九川滌源，九澤既陂。」〔註 65〕《史記‧夏本紀》則謂「陸行乘車，水行乘船，泥行乘橇，山行乘檋。」另外，《周易‧繫辭下》也稱黃帝堯舜「刳木為舟，剡木為楫。舟楫之利以濟不通，致遠以利天下，蓋取諸渙。」〔註 66〕這些文字都說明早在上古時期，當時的水系以及行船技術即已相當發達。至於杭州蕭山獨木舟殘器的出土，則將杭州灣的行船技術及年代，更向前推進至八、九千年前，也更能呼應並證實先民的行船習性及技巧嫻熟。

只是，上古時期以杭州灣為出發點的海上行舟或絲綢之路，其路徑與功能固然早已形成。然而，海上絲綢之路做為中國文化對外傳播的管道，其內涵與作用就絕對不只是絲綢而已！君不見，在這些文化流傳的百越地區或南洋一帶，除了絲綢之外，更重要地是，還有玉石以及陶磁器物的使用，且其重要性更遠甚於稻禾的分布與流傳，並都藉著海上絲路源源不絕地向海外傳播。

事實上，這許多精美的絲綢、玉石或陶磁（原始磁）於墓中隨葬，基本

〔註 65〕《尚書》，疏卷 6，頁 28。
〔註 66〕《周易》，卷 8，頁 6。

上，其目的並不完全是因為生活實用所需而設，而是爲民俗信仰或祭祀行為而存在。典籍文獻中所稱的「犧牲玉帛」即意味著先民以犧牲、玉石與絲綢做為祭祀或墓葬之禮。尤其是陶磁，這是上古時期重要的祭器，許多出土精美的彩陶、黑陶（圖 7-8）、原始磁（青瓷）等，除了部分是生活器用外，大多應是做為祭祀的禮器之用；至於玉帛原本即是生活中珍貴的物質，是身分地位的象徵，也是重要祭祀中不可或缺的祭品，其意義與作用自然非比尋常；而犧牲則包括了牛、羊、豬、鹿等祭品，其運用則依祭祀類別或等級之高下而有所不同。

圖 7-8　新石器時代，河姆渡文化一期，豬紋缽 T243
　　　　（4A）：235

高 11.6、長 21.2、寬 17.2cm，是祭祀的重要禮器，1977 年浙江
餘姚河姆渡遺址出土，浙江省博物館藏。自《中國美術全集‧
陶磁上》頁 32。

同時，就杭州灣地區或是整個中國東南沿岸的位置來看，自古以來即是「百越」部族分布或遷徙的聚居地帶，其地理環境、生活習性以致於民俗信仰等內涵，也大多近似，這除了前言「百越」的出土考古文物可以相互印證之餘，另外，從杭州灣地區良渚文化中反山、瑤山、匯觀山遺址等，甚或鄰近的凌家灘文化中挖掘出大規模的祭壇、祭祀坑，以及出土精美的玉器、陶器、絲織品等文物，都可得其印證，並可知在距今四、五千年前的新石器時代，先民對祭祀一事之慎重與虔誠。事實上，也唯有透過信仰的儀式與習俗，

人們才能在生活中得到更大的力量與信念；同時，從民俗學或禮俗制度的角度來看，《周禮》中的祭禮與喪禮，雖歷經數千年之久，至今變動的差異性卻仍然不大，即可見其端倪及人心之所依歸；而這些現象，都是因為祭器使用的習俗與制度，其源遠流長，早已成為部落或民族間深刻烙印的信念與行為準則，人們多視為禁忌以致於變動較少，是以流傳至今，仍可見其習俗制度之遺流與傳承。

只是，在強調「犧牲玉帛」的禮俗制度之下，絲綢是為有機物，且其易於腐朽的特質的確是難以保存。因此，即使是出土文物中有絲綢包裹的痕跡，然而，在文物出土後，也多因為考古人員的疏忽，或挖掘時並沒有妥善保護絲綢的觀念和方法，以至絲綢既有的痕跡已遭破壞或蕩然無存；至於錢山漾出土的絲線、細絲帶和殘絹片，大部份都保存在一個竹筐裡，應是特例並別有作用。然而，玉、帛、陶磁在上古時期的重要性，以及在祭祀儀式中的尊貴地位，卻早已奠定並不可任意輕忽，這樣的習俗隨著南方部族、聚落的遷徙，與良渚文化的對外傳播，也遍及至中國東南、西南地區，以至東南亞許多國家。

玉、帛、陶磁都是物質文明發展中的重要項目，並在祭祀禮俗中扮演著舉足輕重的地位，且其傳播方向又有一定的脈絡與發展。那麼，所謂的海上絲綢之路、玉石之路、陶磁之路，三者間的關係為何？其緣起孰先孰後？彼此間的相互影響又是如何？

這的確是個難解的習題！然而，個人以為玉石之路的興起與先民的祭祀信仰絕對不可分離，這從良渚祭壇遺址的發掘：反山墓葬的隨葬品九成以上為玉器，十一座墓共出土玉器 3200 件；而瑤山十一座墓則有隨葬品 707 件（組），其中玉器有 635 件（組），都說明玉器在祭祀中的重要地位。且絲綢的重要性與發展性也不只是侷限於生活所需而已！這從甲骨文中祭祀蠶神，以及典籍文獻中對蠶桑一事之慎重，並訂定制度來看，也可見其端倪。至於陶磁上許多刻畫特殊符號的標誌，都帶有敬天法祖以及濃厚的信仰意味，也不可任意抹殺其功能。

因此，無論是玉石、絲綢或陶磁，其初始目的則都應視為「祭祀禮俗」一體的各個層面發展，則是不分軒輊可以認定的事實，而這樣美好的習俗，至今，在整個東南亞地區也都仍然保有，出土考古中，也可見其遺存。於是，海上交通的發達、紡織工具的盛行、能通天地的玉石、樸實光潔的陶磁，先

民整體物質生活的開展，必然也帶動內在思想信仰與文化層面的提昇，是以絲綢也好，玉石也罷，甚或是陶磁，都是先民生活中思想、行為的鎔鑄與反映，是中國文化中精湛的物質文明呈現，較諸世界其他各民族文化的發展，也具有引領風騷的領導地位，極受各國所喜愛，而這些物質藉著絲綢之路、玉石之路以及陶磁之路的貿易管道，源源不絕地傳播四方，而這三條重要的貿易之路，不僅相互傳遞歐亞物資，並也是文化交流的重要憑藉。

至於在長江下游的杭州灣，這是中國文明重要的發源地之一，其文化淵遠流長，影響極為深遠，而杭州灣的先民，藉著卓越的行船技術，不僅成功地在海上漂流，並從此航向四方，於是，杭州灣的重要性、影響性就令人不得不格外深思與矚目了。

七、結　論

文明的進化奠基於人類物質生活的演進。因此，無論是絲綢也好、船隻也好，都是先民在生活經驗中所累聚出來的卓越智慧。

這些年來，長江下游地區的出土發掘，無論是江浙的良渚文化或安徽的凌家灘文化，的確都是震驚考古界的重要發現，並將因此改寫中華民族文明的起源和發展。尤其是良渚文化殘絲絹和木槳的發掘，肯定了江浙地區以絲綢著稱的文化產業特色，同時，更不可否認地是，江浙地區的絲綢紡織技術可垂直遠溯自河姆渡文化、崧澤文化、良渚文化等新石器時代的出土，而史籍文獻中自春秋以降對吳、越民族擅長「水戰」及「蠶織」的技術，雖是斷簡殘編，卻頗見珠璣，只是，這樣重要的史料文字，遲至西漢始有《漢書》明確詳載自徐聞、合浦（古為百越之地）為起點的中國海上絲綢之路，並透過海洋文化及船隻航行的發展，從此源源不絕，將中國著名的絲綢經由海運轉徙於東南亞、印度等地，而其關鍵性的濫觴則是源於良渚文化。

同時，從出土考古的發掘來看，良渚文化的分布早在新石器時代即以近海沿岸航行的方式向南行進，而這些資料都具體顯示中國海上絲綢之路的淵源和影響，不僅對中國文化的交流和發展有深遠的意義，也對南洋、印度的文明起了決定性的作用。

（原文載「良渚文化學術討論會」，浙江省社會科學院歷史研究所，2003.10；暨節錄拙文〈海上絲路文化，杭州灣的絲綢之路──玉石之路、陶磁之路〉，《藝術家》期346，2004.3）

八、三星堆遺址出土祭祀文物研究
——祫祭文化考

【內文提要】

　　禘祫文化的辯證，自古以來即是歷代禮學研究者亟欲考證的重要主題。這不僅是因為禘祫禮制在上古時期即是規格極高的重要禮俗，同時，在生命延續或生殖崇拜的習俗下，祠祀祖先也一直都是人們社會意識的準則與規範。只是，由於禘祫稱謂的更異，自春秋戰國以降，遂衍生為禘祫禮俗的混淆與爭議。

　　然而，隨著文字、文物的大量出土，今人對上古時期資料的掌握益形豐富，因此，本文將以三重辯證法——文字、文獻、文物等資料交互運用，並以四川廣漢三星堆祭祀坑遺址出土文物為依據，希冀對祫祭禮俗進行考證，進而印證三星堆遺址的文化現象即是祠祀祖先，並是毀廟之主與未毀廟之主皆合食于太祖的祫祭儀式。

　　關鍵詞：三星堆遺址、禘祭、祫祭、毀廟、合食

一、前　言

　　有關祭祀祖先的禮俗，自古以來，無論是典籍文獻或史料中都有大量的文字記載，並多與祭天儀式相參合，是規格極高的重要祭禮。然而，自武王伐紂一役，以諸侯之力居然能夠攻克強大的殷商王朝，周人在戰勝之餘，認為這都是祖先庇祐有功，是以西周時期對於祭祖的儀式更為慎重，並奠定制度規章，流傳於後世。

　　只是，隨著科學考古的發達，出土文物中挖掘出大量的器物，這些地下出土的一手資料，也都是最珍貴的史料，並可以和文字、文獻等記載相互印證闡發，使先秦時期的禮俗和制度得以還原真相。尤其是四川廣漢三星堆遺址出土了大量的青銅、玉器及金器，這些器物都是上古時期貴顯而又深具文化內涵的禮器，豐盛的器物群聚，繼而又全數將這些器物予以毀損掩埋，這樣獨特而又華麗的毀滅性手法，都意味著這裡曾經舉行過大規模的祭祀儀式，而三星堆遺址則是商代中晚期重要的祭祀空間。

　　近代社會科學創始人，歷史發展觀點和民主思想的倡導者維科（Giambattista Vico, 1668～1744）在《新科學》一書中，述及「原則」（principles）一詞時，即稱「第一卷第三部分的『原則』指的是宗教、婚姻和埋葬，這三項都叫做『原則』」，意思是這三項都是部落發展所必有的而且充分奏效的條件。部落（gens）是最小的社會，不隨組成的個別成員的死亡而同時死亡，這樣就使文化進展有可能。」[註1]

　　的確，生與死雖然只是個人或家族的事件，然而，卻也深遠地影響到國家、種族的發展與否，因此，人們透過「婚姻」制度所孕育的生命延續，並在親人死亡之後，經由「埋葬」的儀式，使亡魂安息，便成為全世界各民族或部落必有的民俗習性；尤其是華人社會對喪葬之事極為重視，並因此衍生出細密完善的祭祖制度，這在全世界各民族的禮俗來說，都是獨樹一幟的文化傳統。是以《周禮·天官·大宰》所謂「作大事則戒于百官，贊亡命。」注「春秋傳曰：國之大事在祀與戎。」[註2]《孟子·離婁下》也稱「孟子曰：養生者不足以當大事，惟送死可以當大事。」[註3]這種重視死事和祭祀先祖

〔註1〕維科著、朱光潛譯，《新科學》，頁34，台北：駱駝出版社，1987。
〔註2〕《周禮》，疏2，頁23。
〔註3〕漢·趙岐注，十三經注疏《孟子》，注疏卷8上，頁7，台北：藝文印書館，1993。

的行為，是中華民族長久以來文化的特色與傳統，當然值得深入探討並研究。

　　個人長期關注上古時期的祭祀遺址，並經常來往於兩岸進行訪查與交流，至於本文則是運用文獻分析法、歷史演進法、田野調查法並文物印證，希冀對祫祭禮俗的文化現象及歷史沿革有所梳理，進而印證三星堆遺址的出土文物即是毀廟之主與未毀廟之主皆合食於太祖的祫祭儀式。

二、三星堆遺址是古蜀王國的肇基封地

　　1986 年 7～9 月，在四川省的西部平原，成都之北 40 公里，廣漢縣西約 8 公里的三星堆，遺址總面積約 12 平方公里，先後挖掘出兩個祭祀坑，其年代分別歸屬於商代中期的一號祭祀坑以及商代晚期的二號祭祀坑。這兩個祭祀坑計出土金、玉、銅、骨、陶、象牙等器物千餘件，其質量之精美，不僅震驚考古界，也是商代中晚期古蜀文明禮俗制度最佳的印證。

　　透過文物與文獻的分析比附，個人以為：四川廣漢三星堆遺址即是古蜀文明的發源地，而其祭祀坑的出土，體現的則是殷商中晚期古蜀王國祭祀的行為與規格，這是古蜀先民物質生活與精神文明的堅固磐石，其重要性自然非比尋常。至於若要瞭解四川廣漢三星堆遺址的內涵，則必須對遺址所屬的年代、形制以及文物的意義與作用，先有相當的認知才是。茲分述如下：

（一）蜀王國是黃帝嫡傳的子嗣

　　論及古蜀文明的起源，其年代可遠溯自黃帝。《史記‧五帝本紀》載「黃帝二十五子，其得姓者十四人。黃帝居軒轅之丘，而娶於西陵之女，是為嫘祖。嫘祖為黃帝正妃，生二子，其後皆有天下：其一曰玄囂，是為青陽，青陽降居江水；其二曰昌意，降居若水。昌意娶蜀山氏女，曰昌僕，生高陽，高陽有聖惪焉。黃帝崩，葬橋山，其孫昌意之子高陽立，是為帝顓頊也。」皆為姬姓。且《索隱》稱「太史公乃據大戴禮，以纍祖生昌意及玄囂，玄囂即青陽也。皇甫謐以青陽為少昊，乃方雷氏所生，是其所見異也。」另外，《索隱》又稱「江水、若水皆在蜀，即所封國也。」〔註4〕

　　這樣的史籍記載，其文字雖略有小異，卻都明確指出玄囂、昌意是黃帝嫡傳的子嗣，且併居於蜀地，因此，江水〔註5〕、若水〔註6〕地區對古蜀來說，

〔註4〕《史記》，卷1，頁9～11。
〔註5〕江水，古文獻中常以「江」、「大江」作為「長江」的專稱，《尚書‧禹貢》稱「岷山導江，東別為沱。」（疏6，頁26）這個「江」指的就是「長江」。尤其

是封國，也是古蜀先祖奠基初封的根據地，其地分布於現今四川西部平原，並擁有江水之地，對照於廣漢三星堆遺址附近會沱江併其支流鴨子河、馬牧河等，兩者完全可以吻合。這樣的文化現象深具歷史意義，是以古蜀的後裔子嗣無論遷徙於何處，卻必定於古蜀的發跡地舉行大規模的祭祖儀式，並出土許多「祖考」文化象徵的文物，這種飲水思源、不忘根本的歷史情懷，即是三星堆遺址及附近古蜀遺址蓬勃發展的文化內涵與由來。

說到古蜀王國的重要性，除了是黃帝的嫡屬世系外，當然，其地理位置也極為險要。《華陽國志》載「《洛書》曰：『人皇始出，繼地皇之後，兄弟九人，分理九州，為九囿。人皇居中州，制八輔。』華陽之壤，梁岷之域，是其一囿，囿中之國，則巴蜀矣。」〔註7〕都可見古蜀王國位置的重要，並是上古時期九州之一。

同時，古蜀王國的發展，在昌意娶蜀山氏女後益形壯大。文獻中關於蜀山氏的記載，可見於《華陽國志・蜀志》所稱「蜀之為國，肇於人皇，與巴同囿。至黃帝，為其子昌意娶蜀山氏之女，生子高陽，是為帝嚳。封其支庶於蜀，世為侯伯。歷夏、商、周。武王伐紂，蜀與焉。」〔註8〕則說明古蜀王國與蜀地關係之密切。

只是，何以「至黃帝，為其子昌意取蜀山氏之女」？這樣的文字的確耐人尋味。相關的史料也可見於《史記索隱・秦本紀第五》「伐蜀」句下有言「蜀，西南夷，舊有君長故，昌意取蜀氏山女也。其後有杜宇自立為王，號曰望帝。蜀王本紀曰：張儀伐蜀，蜀王開戰不勝，為儀所滅之也。」〔註9〕

是江水東流至宜賓，會岷江，水流匯聚始鉅，自此以下乃稱長江，又東北流，納沱江、嘉陵江等，可見長江的中游穿越四川。

〔註6〕若水，古名鴉龍江或雅礱江，此江源出於青海巴顏喀喇山，經西康、四川西南境內，南流入金沙江，這樣的地理分布和《山海經廣注・海內經》「昌意降處若水」句下注，言及若水則稱「在蜀」、「在今四川黎州」（清・吳任臣注，《山海經廣注》，《景印文淵閣四庫全書》，第1042冊，卷18，頁2，台北：台灣商務印書館，1986。

〔註7〕晉・常璩撰，任乃強校注，《華陽國志校補圖注》，卷1，頁4，上海：古籍出版社，1987。

〔註8〕《華陽國志》，卷3，頁113。

〔註9〕唐・司馬貞撰，《史記索隱》，《景印文淵閣四庫全書》，第246冊，卷2，頁2、3，台北：台灣商務印書館，1986。

案：《史記・秦本紀》，卷5，頁207、208，有言「九年，司馬錯伐蜀，滅之。」《索隱》句讀作「蜀西南夷舊有君長，故昌意娶蜀山氏女也。」則是其斷句有誤。

這意味著：昌意能夠順利娶得蜀山氏之女，應是在蜀山氏君長故去，且後繼無人的情況下，在黃帝的支援下掌握政權，並與蜀山氏女結成連理。這種藉聯姻而取代蜀山氏君長地位的模式，應是昌意這一世系迅速發展並勢力鞏固的重要因素。

因此，典籍中多所言及黃帝次子昌意，而少稱述長子青陽，且二人雖併居蜀地，然而，青陽一支似乎並沒有太多顯著的發揮。至於玄囂、昌意兄弟間的關係，據《史記‧夏本紀》載「夏禹，名曰文命。禹之父曰鯀，鯀之父曰帝顓頊，顓頊之父曰昌意，昌意之父曰黃帝。禹者，黃帝之玄孫而帝顓頊之孫也。禹之曾大父昌意及父鯀皆不得在帝位，為人臣。」〔註10〕則是明確指出昌意是為別子，為人臣而非即帝位之尊。

（二）蜀王國與夏商王朝的關係

說到古蜀封國的世系，據《史記》〈五帝本紀〉及〈夏本紀〉所載為─黃帝、昌意、高陽（帝顓頊）、窮蟬、玄囂之孫高辛（帝嚳）、摯、放勳（帝堯）、帝舜等。文中並稱述「虞舜者，名曰重華。重華父曰瞽叟，瞽叟父曰橋牛，橋牛父曰句望，句望父曰敬康，敬康父曰窮蟬，窮蟬父曰帝顓頊，顓頊父曰昌意，以至舜七世矣。自從窮蟬以至帝舜，皆微為庶人。」〔註11〕是以「自黃帝至舜、禹，皆同姓而異其國號，以章明德。故黃帝為有熊，帝顓頊為高陽，帝嚳為高辛，帝堯為陶唐，帝舜為有虞，帝禹為夏后而別氏，姓姒氏。契為商，姓子氏。弃為周，姓姬氏。」〔註12〕這樣顯赫的世系傳承，再加上前言〈夏本紀〉載「禹者，黃帝之玄孫而帝顓頊之孫也。」這些文字的系聯，都說明古蜀王國是中華民族共主─黃帝嫡傳的世系，並與夏、商王朝關係密切。

這樣的文化現象也可與出土考古挖掘相互印證，《三星堆祭祀坑‧結語》即稱「成都平原的三星堆遺址及兩個祭祀坑中已存在著二里頭至二里岡時期中原夏商文化的因素，說明夏商民族經由長江三峽地區進入了川西平原。」〔註13〕的確，這樣的考古發現，印證於三星堆遺址的文化架構，早在五帝

〔註10〕《史記》，卷2，頁49。

〔註11〕《史記》，卷1，頁31。

〔註12〕《史記》，卷1，頁45。

〔註13〕四川省文物考古研究所編，《三星堆祭祀坑》，頁448，北京：文物出版社，1999。

時期，便已見其淵源，並在黃帝分封二子的世系傳承下，將中原文化帶入長江三峽地區，並從此在蜀地生根繁衍；這樣的文化現象，不僅完全符合歷史發展、典籍記載，並與出土文物的作用與內涵也十分相當。

而且，殷商時期已有馬車出現，和四方的交流已相當頻繁，政治、經濟、文化的相互影響，以致甲骨文字中也時有「蜀」字出現，都說明古蜀王國早在殷商時期便已存在。因此，當位處於川西平原富裕而又具黃帝世系身分的蜀國，也出土祭祀坑與豐富精美的禮器時，這樣的現象便也不足為奇。

說到甲骨文字中出現的「蜀」字，據《古文字詁林・蜀》〔註14〕所輯，其意義可大別為二：指蠶或地名、國名。例如：「庚申卜，母庚示，蜀？不用。」（《南》明六一三）這是為祈求蠶事順利而在先妣示前所舉行的貞卜；至於蜀字在卜辭中又常作為地名或國名解，如：「貞：蜀受年？」（《合》二四八）；「至蜀，我又事。」（前八・三・八）；「至蜀，凶禍。」（乙一八一一）等，這樣的文字內涵，都說明蜀王國與殷商王朝之間的關係密切，是以「蜀」在卜辭中也一再成為殷商王朝卜問吉凶的對象。

另外，《古文字詁林・蜀》又述及「蜀」的地理位置，馬敘倫稱「路史國名紀謂蜀侯國乃帝嚳之裔」，陳全方則謂「孫星衍《尚書注疏》解釋道：『蜀地東接于巴，南接于越，北與秦分，西奄岷嶓。』顧詰剛先生也說：『蜀之北境本達漢中』。」這許多釋讀都明確指出古蜀位於四川地區，並與前言典籍所載古蜀王國的始封——降居江水、若水之地，可以完全吻合。

至於殷商晚期，武王伐紂。據《尚書・牧誓》載「武王戎車三百兩，虎賁三百人。」與西土之人於商郊牧野為誓，「王曰：嗟我友邦冢君，御事司徒司馬司空，亞旅師氏，千夫長、百夫長，及庸、蜀、羌、髳、微、盧、彭、濮人。」句下並注曰「八國皆蠻夷戎狄屬，文王者國名。羌在西蜀，叟髳、微在巴蜀，盧、彭在西北，庸、濮在江漢之南。」疏曰「蜀名為大，故傳據蜀而說。」〔註15〕則是指出蜀王國在武王的號召下，也是參與伐紂的八個方國之一，且注疏中對於這八個方國的位置描述都是以「蜀」為中心，也間接說明蜀在當時各方國中的重要性。

只是，令人驚異地是，蜀王國的發展在參與伐紂有功之餘，然而，周甲中卻又赫然可見「伐蜀」（H11：68）之語（見《古文字詁林・蜀》繆文遠

〔註14〕《古文字詁林》，冊10，頁26～32。
〔註15〕《尚書》，疏11，頁15。

輯）。周甲的年代相當於西周早期，可知在西周早期，周王室為平定方國，已有伐蜀的戰役，只可惜無功而退。是以《蜀王本紀》又可見「秦惠王時蜀王不降秦，秦亦無道出於蜀。」都可見蜀地位置的重要、強大且不可欺；是以「秦惠王本紀曰：秦惠三欲伐蜀，乃刻五石牛。」並數度遣張儀等伐蜀，屢攻不克，又以女色誘之，終至「張儀伐蜀，蜀王開明戰不勝，為儀所滅。」〔註16〕

的確，古蜀的地理位置重要，《史記》稱「巴蜀四郡通西南夷道」〔註17〕，可知古蜀自古以來即是各國通往西南夷的要道，且其地物產富饒，是以蜀王國在當時深受各方覬覦。這個現象，從上述周、秦亟欲「伐蜀」的舉動來看，以及司馬錯極力勸請秦惠王伐蜀，俾便富國兵彊，即可見其端倪；同時，《史記·張儀列傳》也載及秦在滅蜀之餘，「蜀既屬秦，秦以益彊，富厚，輕諸侯。」〔註18〕便可知蜀王國的富強壯盛，在當時並具有舉足輕重的關鍵地位。

因此，蜀王國在商、周時期雖然只是西南地區的方國之一，然而，由於其世系顯赫，位置重要，且其國勢足以和殷商共存、文武併立、並數度抗秦，種種跡象都顯示古蜀王國在政治、軍事、經濟、文化等各方面的能力不容小覷。至於三星堆遺址出土文物的質量俱佳，也更呼應了古蜀文明的富裕精湛與高度發展，不僅具有中土文化的傳承，並兼備地方性特色，實不應以西南蠻夷方國等閒視之。

（三）三星堆遺址的重要性

廣漢地區位於川西平原的北部，鄰近成都平原，是《史記》所謂「巴蜀四郡通西南夷道」的要衝，自古以來即是物產富饒之地；《後漢書·光武帝紀》載及廣漢，注「廣漢，今益州雒縣也」〔註19〕（《史記》作「笮縣」〔註20〕），都可見廣漢地近成都的優越位置。至於廣漢附近又有許多大小祭祀坑的出土，則說明這裡是古蜀先民祭祖探源的根據地，是精神重要的指標，並因此凝聚

〔註16〕漢·揚雄撰，《蜀王本紀》，頁2，叢書集成續編，第272冊，台北：新文豐出版社，1975。
〔註17〕《史記·西南夷列傳》，卷116，頁2995。有「巴蜀四郡通西南夷道」的記載，句下「巴蜀四郡」注云「集解徐廣曰：漢中，巴郡，廣漢，蜀郡。」
〔註18〕《史記》，卷70，頁2284。
〔註19〕《後漢書》，卷1下，頁62。
〔註20〕《史記·天官書》，卷27，頁1330。「益州」注「廣漢，今益州笮縣是也。」

焠鍊出豐富燦爛的蜀文明。

今日，證諸考古發掘，廣漢附近又有許多古蜀文明遺址，且這些古蜀遺址也多有祭祀坑的出土，如：高駢、麻秧等處發現的祭祀坑，以及「在四川地區巴蜀文化的發展譜系中，三星堆遺址與年代稍晚的新繁水觀音、成都方池街、十二橋、指揮街等遺址所反映出的文化是一脈相承的。它們都屬于同一文化體系。」〔註21〕這樣的出土發現，也都印證「廣漢地區」是古蜀文明發展的精神中心。

三、先秦典籍中祫祭的內涵與特色

對天地、祖先崇拜的信仰，這樣的習俗早在新石器時代便已形成。尤其是祖先崇拜的信仰，隨著社會的演進，至西周則有更慎重且明確的規範，其宗支分立，不僅開宗法制度之先河，並使封建制度益形鞏固，對中國政治、經濟、社會的影響十分深遠。畢竟，中國自古以來從不見有任何社會福利政策或制度的樹立，且根據歷史的經驗，每當天災、人禍頻仍之際，即使是社會動盪，民生凋瘵，然而，在宗族血緣關係的牽繫下，卻仍能維持個人生命及種族的延續，這都是因為宗法制度結構完善的關係，著名的井田制度、范仲淹的義田壯舉，甚或明清以降宗族財產的鬮分制，都是在宗祠制度明確且組織縝密的架構下展開，並成為社會安定的重要磐石。因此，謹守宗法制度，恪遵祖先遺訓並虔誠祭祀，便成為中華傳統文化重要的特色與本質。

（一）祫祭的內涵與儀式

有關先秦祭祖的記述，有時祭（專祭）與合祭兩種形式。《禮記·王制》載「天子諸侯宗廟之祭。春曰礿，夏曰禘，秋曰嘗，冬曰烝。」漢鄭玄注曰「此蓋夏、殷之祭名。周則改之，春曰祠，夏曰礿，以禘為殷祭。詩小雅曰礿祠烝嘗于公先王，此周四時祭宗廟之名。又載「天子犆礿，祫禘、祫嘗、祫烝。諸侯礿則不禘，禘則不嘗，嘗則不烝，烝則不礿。諸侯礿犆，禘一犆一祫、嘗祫、烝祫。」注曰「天子諸侯之喪畢，合先君之主於祖廟而祭之謂之祫，後因以為常。天子先祫而後時祭，諸侯先時祭而後祫，凡祫之歲春一礿而已，不祫以物無成者不殷祭。周改夏祭曰礿，以禘為殷祭也。魯禮三年喪畢而祫于大祖，明年春禘於群廟，自爾之後，五年而再殷祭，一祫一禘。」〔註22〕

〔註21〕《三星堆祭祀坑》，頁439。
〔註22〕《禮記》，疏卷12，頁16、18。

在這段文字中，即已明確指出周時祭祖，天子諸侯宗廟「時祭」已將
礿、禘、嘗、烝之名改為祠、礿、嘗、烝；而以夏、商之「禘」作為「殷
祭」（五年大祭），明顯將時祭、合祭分立，以見其更名沿革。

至於有關祫祭的文獻，其具體記載則可見於《春秋・穀梁・文公二年》
所謂「八月丁卯，大事于大廟，躋僖公，大事者何？大是事也，著祫嘗。祫
祭者，毀廟之主，陳于大祖，未毀廟之主，皆升，合祭於大祖。躋，升也。
先親而後祖也，逆祀也。逆祀，則是無昭穆也，無昭穆，則是無祖也，無祖，
則無天也。故曰文無天，無天者，是無天而行也，君子不以親親害尊尊，此
春秋之義也。」注曰「祫，合也，嘗秋祭。」〔註 23〕則是指出祫祭是國之大
事，且無祖則無天，此春秋之義也。其祭祀在秋八月，並有毀廟主的儀式，
都可見這樣的祭祀是合祭大祖的內涵。

另外，同樣的事件，《春秋・公羊・文公二年》「五年而再殷祭」句下注也
稱「殷，盛也。謂三年祫，五年禘。禘所以異於祫者，功臣皆祭也。」〔註 24〕
明顯可見禘、祫二者之異，並都是合祭祖先之屬，這樣的習俗也就是殷商時期
「禘祭」與「衣祀」的傳承。

只是，何以三年一祫，五年一禘？事實上，這樣的行為準則即是《禮記・
禮器》所謂「禮也者合於天時」〔註 25〕的概念，所以合祭祖先時必定於閏
年，三年一祫，五年一禘，俾便與天象參合，這樣的觀念屢屢見於典籍文獻
中。《詩・周頌・臣工之什・雝》有言「雝，禘大祖也。」句下疏曰「聖人
因事見法，以天道三年一閏，五年再閏，故制禮象之。」〔註 26〕即已指出
古人有依閏年而合祭先祖的禮俗。

同時，這樣的行事法則也可見於《易經・繫辭上》所謂「五歲再閏」之
句，注曰「凡閏十九年，七閏為一章，五歲再閏者二，故略舉其凡也。」疏
正義曰「五歲再閏者，凡前閏後閏相去大略三十二月，在五歲之中，故五歲
再閏。」〔註 27〕另外，《說文解字》所謂「閏，餘分之月，五歲再閏也。告朔
之禮，天子居宗廟，閏月居門中，從王在門中。周禮，閏月王居門中，終月

〔註 23〕晉・范甯集解，唐・楊士勛疏，十三經注疏《穀梁傳》，疏卷 10，頁 4、5，
　　　　台北：藝文印書館，1993。
〔註 24〕《公羊傳》，疏卷 13，頁 6。
〔註 25〕《禮記》，疏卷 23，頁 2。
〔註 26〕《詩經》，疏 19 之 3，頁 9。
〔註 27〕《易經》，疏 7，頁 21。

也。」〔註 28〕而《獨斷》也稱「閏月者，所以補小月之減日，以正歲數。故三年一閏，五年再閏。」〔註 29〕都說明天子受命於天，是以祭祖時也必定合於天時，這是天子居宗廟行告朔之禮的依據。

（二）卜辭不見祫字——禘祫不分的殷商時期

殷商時期，祭天與祭祖仍是生活中重要的祭祀，尤其是殷人「尚鬼」，凡事多卜吉於上天或上帝，因此，對祭祖的儀式也更見細密與慎重。表現於文字中，即可見卜辭有「帝」（禘）無「祫」，且卜「帝」之辭不在少數；另外，卜辭中又有衣祭（即殷祭）〔註 30〕，明顯是對祖先的大合祭，都說明殷商時期的祭祖儀式已經十分成熟並具有嚴密完善的制度。

說到卜辭中的「帝」，據《古文字詁林·帝》〔註 31〕所輯：羅振玉、徐中舒等研究皆以「帝」為「禘」之初文，是祭天的儀式，並只有天子可為，他人不得僭越；至於「商人所謂上帝（卜辭多稱『帝』），既是至上神，也是宗祖神。」（裘錫圭）；又，「『帝』字在甲骨文中的字形，主要有象花蒂之形、象女性生殖器之形、象寮柴祭天之形、象草制偶像之形等幾種解釋。這幾種解釋，實際上牽涉到一個殷人尊帝是出於生殖崇拜（如第一、二說），抑或天神崇拜（第三說），或者偶像崇拜（第四說）的問題。」（張桂光）；而且「帝管轄一切天上人間事物，力能呼風喚雨降吉凶，為殷人對自然神秘力量崇拜的總根源。」（朱歧祥）；都說明「帝」有掌理自然與人事的功能，表現於人世中的儀式便是祭天與祭祖。

類似的觀點也可見於董蓮池〈殷周禘祭探真〉〔註 32〕一文所述，董文論及甲骨文字中卜禘之辭的對象及方式，則有：

1. 以先祖（包括先公先王）為對象，或專祭、或合祭，又有禘「自上甲用」，則此禘必為大合祭無疑。
2. 以先臣為對象，專祭。如：禘黃爽，三犬。（《甲骨文合集》3506）
3. 以方神為對象，專祭。如：東、西、南、北、方、東巫、北巫、西

〔註 28〕《說文解字注》，1 篇上，頁 18。
〔註 29〕漢·蔡邕，《獨斷》，《景印文淵閣四庫全書》，第 850 冊，卷上，頁 8、9，台北：台灣商務印書館，1986。
〔註 30〕萇英會，〈卜辭衣祀與周禮禘祫之祭〉，《古漢字與華夏文明》，頁 273～275，上海古籍出版社，2010。
〔註 31〕《古文字詁林》，冊 1，頁 44～56。
〔註 32〕董蓮池，〈殷周禘祭探真〉，《人文雜誌》1994 年第 5 期，頁 75～78。

母，都是殷人崇拜的方神。其中禘「方」要用一羌、一牛、九犬，可見其重視程度。禘之目的，當然是祈求四方之神給予福佑，以保四方安定。

4. 以其他諸神為對象，專祭。如：禘鳥、虎、河神等，禘祭以求不興作患。

因此，卜辭中的「帝」，就其祭祀內涵及對象來看，則是：先公先王、先臣、四方神、自然神等；至於就先公先王而言，其形式則有專祭、合祭與大合祭。種種現象，都明顯可見是自然崇拜與祖先崇拜的信仰。

另外，卜辭中又有「衣」字也作祭名，為合祭祖先之旨，並經常出現於卜辭。據《古文字詁林・衣》〔註33〕所輯：這是王國維於〈殷禮徵文〉首先提出「衣為祭名，未見古書。惟濰縣陳氏所藏大豐敦云：王衣祀于丕顯考文王。案：衣祀疑即殷祀，殷本月聲，讀與衣同。故書康誥殪戎殷，中庸作壹戎衣。鄭注：齊人言殷聲如衣。呂氏春秋慎大覽親郼如夏。高注：郼讀如衣，今兗州人謂殷氏皆曰衣。然則卜辭與大豐敦之衣殆皆借為殷字，惟卜辭為合祭之名，大豐敦為專祭之名，此其異也。」類似的觀點也可見於孫詒讓、陳邦懷、吳其昌、陳直、郭沫若、楊樹達、陳夢家、李孝定、張日昇、戴家祥等研究，並又有學者指出「此殷之祫禘二祭也」（陳直），以及「卜辭有衣而無殷」、「此所說殷為合祭是對的，五年而再殷則是後世之制。卜辭衣祀始於武丁卜辭」（陳夢家）。至於卜辭中衣祀的對象，據吳其昌所輯：遠祖多遠溯自上甲，符合大合祭先公的作用；又或有部分為先王之名，則是諸侯方國之屬，其為合祭之意，作用極為鮮明。

綜上所述，可見祭天、祭祖的儀式在殷商時期即統稱為「帝」，是一名二祭。至於祭祖時卜辭中又經常出現大宗、小宗，大示（祖）、小示（祖）等詞彙，則說明殷商時期的祭祖已有明確的宗支分立制度，祭祖時並有時祭（專祭）、合祭之分；及至武丁以後又有「衣」祀（周之「殷祭」）作為大合祭祖先的專名，都可見卜辭中帝祭（時祭、合祭）與衣祀（大合祭）的沿革與轉變。因此，祫字雖不見於甲骨、金文，卻早在商、周祭祖的儀式中執行，印證於殷商中晚期古蜀王國文物的出土，不僅可以完全吻合，並即是後世「祫祭」禮俗的濫觴。

〔註33〕《古文字詁林》，冊7，頁560～566。

（三）寓意祖考象徵的文化符號

　　三星堆遺址是古蜀王國合祭祖考—祫祭的重要場所，這樣的概念也可從遺址出土文物中得到相當的印證，尤其許多文物如：命樹、面具以及黃金為目的人頭像等，都是「祖考」的象徵，是祫祭時必備的物品，便可知三星堆遺址出土文物所寓意的文化內涵。

1. 命樹——宗族命脈的文化符號

　　有關「樹文化」的信仰為自然崇拜之屬，並早在先秦時期即已呈現，尤其是形制高大且生命力又長久的樹木，往往被視為具有神力而受人膜拜，這樣的記載典籍文獻中不勝枚舉，例如：《山海經》中所稱的建木〔註34〕、若木〔註35〕等都是此類。

　　事實上，高大而生命力又長久的「樹」，在民間信仰中早已有特定的文化思想與內涵。俞美霞〈從命樹論搖錢樹之內涵與源起〉〔註36〕一文中已有詳盡的論述，並以《太平經》為據，認為命樹（即銅樹）是種族或個人生命的象徵；另外，姜守誠〈「命樹」考〉〔註37〕一文，也有類似的引文與考證。事實上，早期道教經典《太平經・有過死謫作河梁誡》一節中，對「命樹」的思想與傳承早已有明確的文字記載。並稱：

> 　　人有命樹，生天土各過。其春生三月命樹桑，夏生三月命樹棗李，秋生三月命梓梗，冬生三月命槐柏。此俗人所屬也。皆有主樹之吏，命且欲盡，其樹半生；命盡枯落，主吏伐樹，其人安從得活？欲長不死，易改心志，傳其樹近天門，名曰長生。神吏主之，皆潔淨光澤，自生天之所，護神尊榮。

　　這種以「命樹」作為個人生命的象徵，印證於三星堆遺址出土大型且貴重的青銅樹，其意義則應是家族命脈的文化內涵。且二號祭祀坑共出土 8 株

〔註34〕晉・郭璞撰，《山海經・海內南經》，《景印文淵閣四庫全書》，第 1042 冊，卷 10，頁 2、3。原文載「窫窳，龍首，居弱水中，在狌狌知人名之西，其狀如龍首食人。有木其狀如牛，引之有皮，若纓黃蛇，其葉如羅，其實如欒，其木若蓲，其名曰建木，在窫窳西弱水上。」

〔註35〕《山海經・大荒北經》，卷 17，頁 5。原文載「大荒之中有衡石山、九陰山、洞野之山，上有赤樹，青葉赤華，名曰若木。」

〔註36〕俞美霞，〈從命樹論搖錢樹之內涵與源起〉，原文載《如玉人生——慶祝楊伯達先生八十華誕論文集》，北京：科學出版社，2006；今收入《壇墠文化考》，頁 79～105，台北：南天書局，2010。

〔註37〕姜守誠，〈「命樹」考〉，《哲學動態》，2007 年第 1 期，頁 40～45。

青銅樹，一號坑則無，則更能印證二號祭祀坑具備「合祭」的功能與作用，而其數量為 8，則是說明古蜀王國世系的發展，至殷商晚期舉行祫祭時的分支有八，由於其為大小宗之別，是以作為種族命脈象徵的神樹也有大小株之分。

因此，三星堆遺址中所稱的「神樹」，實應為「命樹」的內涵，並是上古時期先民信仰中人神溝通的管道，這樣的「通天之樹」是個人或種族生命的象徵與延續，是經籍中所謂的「建木」，也是早期道教經典《太平經》中「命樹」的思想和傳承，這種重視個人生命以及種族延續的信仰和形式，流傳久遠，於新石器時代即分布於長江中下游以及黃河流域中上游，晚商時期又影響到長江中、上游的三星堆遺址，其間的演化變遷，脈絡極為分明。

類似的觀點，在靳之林《生命之樹・引言》〔註38〕也指出：

> 我們中華民族的「中華」，就是一棵屹立于宇宙中心的萬古長青的巨大的太陽光華（花）生命之樹。從原始社會河姆渡生命之樹，從廟底溝太陽之花（華）生命樹，到商代巴蜀巨大的青銅太陽光華（花）生命之樹，再到東漢畫像石建木、扶桑若木生命之樹，一直到市俗文化的搖錢樹生命之樹，長達 7000 年的時間跨度，以及從長江流域到黃河流域，從大西北到東南沿海神州大地的空間跨度，生命意識的太陽光華生命之樹以其原型和極其豐富的複合變體，無孔不入地滲透並將繼續滲透在中華民族民間文化的發生發展的全部過程之中。中華民族如此，整個人類也是如此。

於是，「命樹」作為種族或個人生命的象徵，並出土於祭祖儀式中的「祫祭」，其內涵與作用都與典籍文獻記載十分吻合，而不同大小的青銅神樹，則分別代表不同的宗族世系，並在祖先合祭的儀式結束後，予以焚毀再恭敬掩埋，也就合乎古禮並瞭然於心了。

2. 面具——是祖考的象徵

面具是祖考的象徵，相關的習俗傳承和研究，可見於鹿憶鹿〈眼睛的神話—從彝族的一目神話、直目神話談起〉〔註39〕一文所謂：

> 而在今天川滇一帶的彝族中，我們還可以發現與三星堆縱目人形象相似的面具。例如在羅婺支系的許多村寨中，都有一對由每戶

〔註38〕靳之林，《生命之樹》，頁 1、2，北京：中國社會科學出版社，1994。
〔註39〕鹿憶鹿，〈眼睛的神話——從彝族的一目神話、直目神話談起〉，《民族藝術》，2002 年第 3 期，頁 99～114。

人家轉流供奉的始祖面具，各戶又有家祖面具。始祖面具基本屬於人面造型，其顯著特點為凸目、闊嘴、露齒，有些始祖面具底色為墨黑色，凸出的眼球為黃色，眼圈、口唇、鼻子都塗成朱紅色，臉上有朱紅色紅條。而三星堆銅面具在出土時，許多尚能看見眉眼描黛、口鼻塗朱的情況。三星堆青銅大面具寬 1.38 米，彝族始祖面具一般則寬 1.5 米，兩者有驚人的相似。徐中舒、方國瑜、王有鵬、關榮華、陳英等學者都考證說，川滇彝族與古蜀人有深厚綿遠的族源關係。彝族始祖面具似乎沿襲其世世代代長達四五千年的縱目蠶叢始祖傳說的形象而製作的。

另外，在殷商卜辭的記載中，也有和「著面具」相關的文字，劉錫誠〈儺儀象徵新解〉〔註40〕一文，即有這樣的整理和研究可為印證。

儺的淵源，最早可推到殷商時代。儺祭最早的文字記載，見於 20 世紀初發現的殷商時代的甲骨文。據郭沫若的考證，甲文中有一「俱」字，是一個戴著面具的驅鬼者的意思。這個字，有的寫成「魌」字。據饒宗頤研究，卜辭中的 字（見《合集》6063），是一個小地名，諸家均釋為顏，是頭上戴著假面。《世本》輯文「微作禓五祀」中的「禓」字就是「儺」字。這說明在 2700 多年前的殷商時代，儺祭活動就出現並且相當盛行了。饒宗頤說「儺肇於殷，本為殷體，於宮室驅除疫氣，其作始者實為上甲微，卜辭先公之田，即是其人。唐代以儺納入軍禮。一般昧於「禓」即儺之異文，故對微之事，茫然無知，幸《御覽》尚存《作篇》佚文（即「微作禓五祀」—引者）：得以重新發掘而獲真解。知儺的淵源可追溯到殷代，此治儺文化者所宜同聲稱快者也。」

至於在殷商時期，以當時的貴重物質—青銅製作，除了可以模擬先祖的形貌特徵之外，也更見其慎重與虔敬，古蜀王國世系是黃帝的嫡嗣，其對傳統文化之保存與重視，於此也可見一斑。

3. 縱目是古蜀人種族的面貌特徵

關於「目文化」的探討，就其形制而論，除了「縱目」（或稱「直目」、「豎目」）之外，又有「橫目」之說；另外，《淮南子》有「一目國」的記載，而

《山海經》中則有「一目國」、「深目國」、「三目國」等各具特色的描述，都可見「目文化」的內涵豐富，並真實存在。

是以饒宗頤在〈四川縱目人傳說與殷代西南地名〉〔註41〕一文中指出：

> 古代似有橫目、縱目之說，《莊子·天地篇》談到淳芒子和苑風的對話，說道：『夫子無意於橫目之民乎！』蕭道管《說文管見》引《說文》夏字古文作🔯，謂『中象橫目之民，上下從古文法（字）』。拿來解說《莊子》，十分有趣。葉德輝解《天文志》『縱目』云：『從讀如縱橫之縱。人為橫目之類，縱目則為妖。』流傳於壯族的民間故事說：『吃人的妖怪夏山婆是縱目，她卻把正常的人稱為橫眼。』這一說法的淵源，似可追溯到《莊子》，亦非純為無稽之談。

同時，饒文又藉彝族的神話，印證西南地區少數民族文化的發展與演變：

> 彝族的古籍《查姆·序詩》和《阿細·先基》中的神話，都認為人類有單眼、直眼、橫眼三個不同時代，用來象徵三種文化階段，而以橫眼表示一般心地善良的好人，彝族的人類進化論是由單眼而直眼，再進化為橫眼，繁衍為各族的民人。

民俗是民族歷史文化經驗的累積。至於本文所欲探討的主題「縱目」，相關的研究也不在少數。除了前言鹿憶鹿〈眼睛的神話——從彝族的一目神話、直目神話談起〉一文外，孫倩〈青銅縱目面具的造型及功能探討〉〔註42〕也有相關的論述，並指出，關於青銅縱目面具的功能分析以及身分認定主要有以下四種解釋：

（1）多數學者認為其是古代神話中的直目人：燭龍部族的圖騰描摹──圖騰崇拜，而燭龍則是蜀人的始祖。

（2）還有不少學者認為這種形象是對歷史傳說中直目人的描述：蜀王蠶叢的形象記憶─祖先崇拜。《史記》中講到蜀山氏與黃帝聯姻。《華陽國志·蜀志》記載「有蜀侯蠶叢，其目縱，始稱王。」且人像縱目突出雙眼，其含義與中原甲骨文的「蜀」字突出「目」字的意義相同，反映了「蜀」字的字根之所在，「縱目」應該是羌、氐古蜀人

〔註41〕饒宗頤，〈四川縱目人傳說與殷代西南地名〉，《傳統文化與現代化》，1994 年第 2 期，頁 30〜34。

〔註42〕孫倩，〈青銅縱目面具的造型及功能探討〉，《新視覺藝術》，頁 75〜76，2010.3。

的面貌特徵。

（3）神靈崇拜：巴蜀、甘肅南部以及西藏地區，直目神受到民間廣泛的
信仰。在川滇一帶的彝族中，我們還可以發現類似三星堆直目人像
的面具。

（4）口頭神話中的直目人：天神造人的歷史想像─自然崇拜古蜀族及其
後裔如彝、白馬氏等族口頭流傳的神話中都出現過直目神的形象。

這許多各異的見解，且不論「縱目」形像的初始寓意為何？然而，不可
否認地是：「縱目」的分布地多止於巴蜀、甘肅南部以及西藏地區，且其歷史
淵源並都與古蜀王國的始祖有密切的關聯；尤其根據（1）、（2）項的研究來
看，大多數的學者也都認同「縱目」是蜀人的始祖或祖先崇拜的象徵。

這樣的觀點和個人的研究頗有異曲同工之妙，本文並於「二、三星堆遺
址是古蜀王國的肇基封地」一節中，更進一步指出「蜀王國是黃帝嫡傳的子
嗣」，這樣尊榮華貴的世系，除了彰顯古蜀王國是承續中原傳統文化的正統性
之外，也更見三星堆遺址的重要地位，同時，「縱目」除了作為祖考的文化符
號象徵外，並見於「祫祭」儀式中，也更見文物與文獻記載的相互印證與吻
合了。

4. 黃金為目的人頭像──「遷廟之主」的標誌

以黃金為飾的文化符號習俗，並運用於祭祖的儀式，這樣的記載也可見
於典籍文獻中。

證諸《周禮‧春官‧司尊彝》所謂「春祠夏禴，祼用雞彝、鳥彝，皆有
舟，其朝踐用兩獻尊，其再獻用兩象尊，皆有罍，諸臣之所昨也。秋嘗冬烝，
祼用斝彝、黃彝，皆有舟，其朝獻用兩著尊，其饋獻用兩壺尊，皆有罍，諸
臣之所昨也。凡四時之間祀，追享、朝享，祼用虎彝、蜼彝，皆有舟，其朝
踐用兩大尊，其再獻用兩山尊，皆有罍，諸臣之所昨也。」鄭玄注「追享、
朝享謂禘祫也。在四時之間故曰間祀。」至於言及「黃目」一詞，則稱「玄
謂黃目以黃金為目。郊特牲曰：黃目鬱氣之上尊也。黃者中也，目者氣之清
明者也，言酌於中而清明於外。追享謂追祭遷廟之主，以事有所請禱；朝享
謂朝受政於廟。春秋傳曰：閏月不告朔，猶朝于廟。」〔註43〕

由這段經文的記載來看，都可見追享、朝享行祼禮，是為合祭之旨；且

〔註43〕《周禮》，疏卷20，頁2、3。

其為四時間祀，追享既是追祭遷廟之主，那麼，朝享謂朝受政於廟，則必是大合祭無疑。是以鄭玄注「追享、朝享謂禘袷也。」則是「禘袷」連用而有別於「袷」，當是無誤。同時，這段文字記述的是時祭、四時之間祀，鄭玄又特別指出以「黃金為目」的裝飾習俗，並具有尊貴、清明之意，其目的在於追祭「遷廟之主」，是為吉禮之屬。

至於祭祖儀式中「以黃金為目」，則是寓涵祖考耳目聰明，是「酌於中而清明於外」的象徵，並藉以福佑庇護子嗣。這和《尚書·夏書·甘誓》所謂「用命賞于祖，弗用命戮于社。」傳曰「天子親征，必載遷廟之祖主行，有功則賞祖主前，示不專。」〔註44〕的作用可以相互呼應，並寓意遷廟之祖主具有清明的判斷與眼力（眼睛），是以具有賞罰的睿智。

這種重視「遷廟之主」的內涵，並刻意彰顯其身分，也可見於三星堆遺址文物。尤其值得注意地是，三星堆遺址中的青銅人像，或有金箔貼於「縱目」四周，或無貼金箔為飾，而金箔「縱目」的青銅人像，其內涵據前言《周禮·司尊彝》所述則是彰顯「遷廟之主」的身份，並是合祭儀式中的祭祀對象，其目當清明，是以貼金箔於縱目之外，不使有所掩蔽，都可見先民對「遷廟之主」的態度恭敬與慎重。

是以遷廟之祖主與「黃金四目」的觀點，不僅完全符合三星堆遺址二號祭祀坑的內涵，以及坑內出土大量的尊、罍、盤等祭祀器物，並可以完全呼應《論語·為政》載「子張問：十世可知也。子曰：殷因於夏禮，所損益可知也；周因於殷禮，所損益可知也。其或繼周者，雖百世可知也」〔註45〕的論點，以及《禮記·禮器》所謂「三代之禮一也，民共由之，或素或青，夏造殷因。」〔註46〕這樣一脈相承的禮俗制度了。

四、廣漢三星堆遺址二號祭祀坑出土文物的袷祭印證

四川廣漢三星堆遺址是古蜀文明思想與歷史沿革的真實呈現，而祭祀坑的發掘更對上古時期的禮俗及宗廟制度研究，產生關鍵性的突破與發展。今參酌四川省文物考古研究所編《三星堆祭祀坑》發掘報告、陳德安《三星堆——古蜀王國的聖地》〔註47〕等書，並以三星堆博物館編《三星堆——古蜀

〔註44〕《尚書》，疏卷7，頁2。
〔註45〕《論語》，疏卷2，頁8。
〔註46〕《禮記》，疏卷23，頁23。
〔註47〕陳德安，《三星堆——古蜀王國的聖地》，四川人民出版社，2000。

王國的神祕面具》〔註48〕所載文字為依據，就其出土文物特色，略作條理如下，俾便印證祫祭儀式的文化脈絡和發展：

（一）三星堆遺址祭祀坑與文物的特色

要了解三星堆遺址的內涵與作用，首先，必須先對祭祀坑的形制、分布以及文物的放置部位有所認知，才能深入其旨。三星堆遺址包括一號坑與二號坑，這兩個祭祀坑無論是在形制、位置甚或器物出土的質與量方面，都有緊密的關係與類似性，本節文字據《三星堆——古蜀王國的神祕面具‧綜述》（p5-11）予以整理並歸納出六個要點如後，以便作為一、二號祭祀坑作用及功能異同的比較，並以為三星堆遺址內涵的參酌印證：

1. 一號坑為長方形，口大底小，坑底長 4.01 米、寬 2.8 米、坑深 1.46～1.64 米；二號坑也是長方形土坑，坑口略大於坑底，坑底長 5 米、寬 2～2.1 米、坑深 1.4～1.68 米。二號坑比一號坑稍大，出土的文物，無論是在種類上還是數量上，都要豐富得多。

2. 一號祭祀坑坑口三面各有一條寬 1 米的坑道，與一號坑形成品字形佈局，祭祀坑及三條坑道內均填土，層層夯實。填土色澤相同，打夯情況也相同，並無打破關係，由此推測，坑道與祭祀坑是同時建成的。至於二號坑位於一號坑東南約 30 米處，則未設坑道。

3. 一號坑、二號坑的年代，相當於殷商中期至晚期，埋藏年代距今 3300～3200 年，前後相距約 100 年，兩坑朝向的一致性及其他許多相同因素，說明兩坑具有不可分割的內在聯繫和傳承關係。而且，這兩個祭祀坑中埋入的器物，能明顯地看出時代差距。他們都不是專為這兩次祭祀而鑄造的祭祀用品和用器，而是各自經過數十載乃至上百載的使用過程中積累下來的宗廟用器。

4. 一、二號祭祀坑出土的器物件數，舉其大要者對照，分別是：金器 4／61 件，玉器 129／486 件，青銅器 178／735 件，石器 70／15 件，象牙 13／60 根，海貝 62／約 4600 枚。

5. 坑內器物的堆積擺放有一定的規律，上層為象牙，中層是大型的青銅器，下層是小型的青銅器和玉器。且器物掩埋時或掩埋前明顯經過有意的焚燒和破壞，或燒焦、崩裂、變形、發泡甚至融化、殘損、斷裂並碎成數塊。（圖 8-1）

〔註48〕三星堆博物館編，《三星堆——古蜀王國的神祕面具》，五洲傳播出版社，2005。

圖 8-1　三星堆二號祭祀坑，出土金、玉、青銅、石器、陶器、
　　　　象牙、海貝等，多數文物在入坑前已被毀損。

自《三星堆——古蜀王國的神祕面具》頁 8。

　　6. 經科學檢測，一號坑中出土的燒骨碎渣應為豬、羊、牛等動物骨，多
數泛白，少數呈藍黑色。這說明在燎祭中使用的犧牲，經過殺死放血的過程。
二號坑則沒有燒骨渣，甚至連火燒的灰燼也極少帶入坑內。

　　前言，「玄囂降居江水」、「昌意降居若水」，而三星堆遺址的所在─廣漢，
這是古蜀王國的肇基封地，並是古蜀王國祭祖的精神中心，因此，蜀王國後

裔於此舉行盛大的祭祖儀式，的確是深具緬懷先祖，慎終追遠的意義。然而，若從遺址出土的紀錄來看，一號坑、二號坑的形制近似，卻又同中有異，最明顯的差異即是：一號坑較小，二號坑較大；一號坑有坑道的設置，二號坑則無；一號坑約當殷商中期，二號坑約當殷商晚期；一號坑出土有金杖（王權的象徵），二號坑則無；一號坑有燒骨渣，二號坑則無；而且，更引人注目地是，二號坑出土的文物，無論是在質與量上卻又比一號坑要豐富許多，且青銅器物中的大型立人像、人頭像、面具、神樹等出土，都是一號坑所無。

從一號坑、二號坑形制的近似、地理位置緊鄰、朝向的一致性，文物多類似卻又具差異性的特徵來看，可知這兩個祭祀坑的作用的確大不相同。依中華禮俗的文化傳承而論，個人以為：玄囂是黃帝嫡長子的身分，因此，一號坑應是古蜀王國始祖專祭的大宗，因其地位特殊，是以才能擁有金杖、鳥形玉璋等代表身分象徵的專屬器物，且有坑道與二號坑相連；至於二號坑則是古蜀王國合祭先祖的祭祀空間，坑中出土大量的人頭像、面具、神樹等器物，這些形制獨特的禮器，都是祖考或種族命脈的文化象徵，是以運用當時最珍貴的材質—青銅製作。尤其特殊地是，這些獨具內涵的文化符號，在合祭儀式結束後並全數予以焚毀掩埋，這是祫祭「毀廟之主」必然的過程，而非如報告所稱是燎祭的形式。

（二）金　器

三星堆遺址出土的金器飾物，貴重而又精湛，不僅年代久遠，並具有高度的文化內涵。至於其淵源，據載「三星堆金器種類豐富，量多體大，主要器型有金杖、金面罩、金箔虎形飾、金箔璋形飾、金箔魚形飾等。金器的製作工藝精湛，體現出以錘拓、模壓、黏貼、鏨刻、鏤空等技術為主的工藝特點，代表了中國早期黃金冶煉工藝的最高水平。另外，三星堆金器多為金銀二元合金，含金量在 85%左右。根據地質調查，金礦在四川盆地西北部和盆地周緣都有廣泛的分布，三星堆金器原料可能來自四川西南部的大渡河、雅礱江流域。」（p93）

同時，有關三星堆遺址金器原料的來源，也可見於唐世貴、唐曉梅〈山海經與金沙江文化〉〔註49〕一文所稱「金沙江流域自古盛產黃金，因而金沙江文化的總體特徵便是以沙金彪炳於華夏歷史（徐仲舒先生生前對麗水黃金

〔註49〕唐世貴、唐曉梅，〈山海經與金沙江文化〉，《攀枝花學院學報》，第 28 卷第 1
　　　 期，頁 9～14，2011.2。

的開採與轉運有專文研究），所以金沙江被人們稱為『中國西部龍』。」並指出「金沙江裂谷一帶地方是人類最早活動的一個區域，也是原始人群南北遷徙、東西交往的走廊。」這樣的見解，以物質文明的觀點為出發，不僅可以解釋三星堆金器原料的來源，並完全符合古蜀王國受封於江水、若水的地理位置及文獻記載。

尤其是見諸文獻所載「黃金為目」以追享「遷廟之主」的觀念，印證於三星堆遺址一號祭祀坑出土的大型金器有：金杖、金面罩、虎形飾等各 1。此坑約當殷商中期，就其出土文物與墓葬形制論，應是早期蜀王專祭的場所，且金杖是權高位重的象徵，唯有古蜀王國的始祖—嫡長子玄囂始有權利執持，是以三星堆遺址只出土 1 件。

另外，一號坑又有虎形飾（K1:11 附 1，圖 8-2），出自 11 號青銅頭像內，係金箔壓模而成，長 11.6cm，依其形制來看，此器應是青銅虎形器（K1:62，圖 8-3）上的裝飾，後因脫落而分離，事實上，就器型來看，二者無論是形制、大小（虎形器長 11.4、殘高 10.8cm）都極為相當，並也可呼應前言《周禮·司尊彝》所謂「凡四時之間祀、追享朝享，祼用虎彝、蜼彝，皆有舟。」的記載，這是祠祀先祖必備的禮器（據載：虎形器中空的部份原應套有某種材質的柱形器。p83），因此，此器應正名為「虎彝」才是，其為虎形飾，並是合祭儀式中行祼禮的祭器。

圖 8-2　金箔虎形飾，一號祭祀坑出土，通長 11.6、高 6.7cm

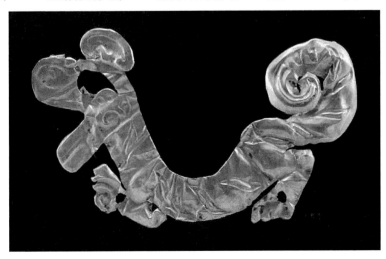

自《三星堆——古蜀王國的聖地》頁 101。

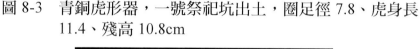

圖 8-3　青銅虎形器，一號祭祀坑出土，圈足徑 7.8、虎身長
11.4、殘高 10.8cm

自《三星堆──古蜀王國的神祕面具》頁 83。

　　至於一號祭祀坑又有 1 件脫落的金面罩，由此來看，可見當時此坑也有
為特定對象「遷廟主」的儀式，屬專祭性質，其意義有如古文字中的「祔」
──毀舊廟附新祠，是以文物均有砸毀焚燒的痕跡。同時，由於一號祭祀坑這
一世系祭祀的應是黃帝嫡長子──玄囂，是金杖的唯一擁有者，由於其身分特
殊為古蜀王國的始遷及初封的「始祖」，為大宗且百世不遷，是以獨立一「祭
祀坑」（其作用有如後世之宗祠）專祭，以示貴顯，這從一號坑與二號坑相
距約 30 公里，並有坑道相連，也可見此二坑關係之密切。同時，古蜀先民
於始封宗祖祭祀坑附近行宗廟合祭的儀式，也是表示對「始祖」之尊重，都
可見古蜀文明高度的發展。

　　另外，二號祭祀坑出土的金器有 61 件，其中並有許多小型金箔飾件。值
得注意地是：二號坑出土青銅人頭像 44 件，覆金箔的青銅人頭像則有 4 尊，
另有 2 件金面罩應是自青銅人頭像上脫落所致，而這些覆金箔的青銅人頭像
（圖 8-4）也都是「遷廟之主」的文化符號象徵，是祫祭儀式中祠祀祖主的重
要對象，為彰顯其身分，使有所區別，是以覆金箔為飾。至於祭祀坑中一次

即出土青銅人頭像 44 件，且文物的質與量都無與倫比，便可知這是一次大規模的祫祭儀式。

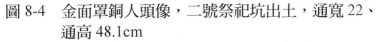

圖 8-4　金面罩銅人頭像，二號祭祀坑出土，通寬 22、通高 48.1cm

自《三星堆——古蜀王國的神祕面具》頁 41。

（三）青銅器

青銅器在商周時期是祭祀中重要的禮器，也是貴重的物質文明象徵，而三星堆出土的青銅器物製作精良、數量豐富，且其內涵依作用可分為五類：種族命脈的象徵（命樹）、祖考的象徵（面具）、先王世系（人頭像）、與祭者（立人像）和禮器（尊罍之屬）等，其形制並多與祭祖儀式有關，可以說完全符合典籍所載「祫祭」的內涵與宗旨。今就其文物寓意，略述如下。

1. 命樹——種族命脈的象徵

「三星堆二號祭祀坑共出土 8 株青銅樹，分大、小兩種，在埋入祭祀坑前均被砸爛並經火燎，大多殘缺不全。其中以修復後的一號銅樹體量最大、

造型最複雜且最具代表性。目前可大致了解造型特徵的尚有兩株中小型銅樹以及銅樹座、銅樹枝、銅花果、銅鳥等局部構件。青銅樹造型各異，應有各自特定的涵義，且有特定的使用場合。大型銅樹與一件中型銅樹都是採用分段鑄造法鑄造。小型銅樹因殘損過甚，不能拼接復原，難以確知原來的工藝特色。」（p60）

尤其是一號大型銅神樹（圖8-5），這是三星堆出土神樹中個體最大、復原情況最好、飾物內容最豐富、形制也最具特色的一棵神樹，並是由底座、樹和龍三部分組成。在其底盤基座、支座上滿佈紋飾對稱的弧線雲雷紋，其器形有如山巒雲氣繚繞；而一根粗大的樹幹則筆直穿雲而出，其形制並分三層，每層三枝，共九枝，每枝上有一仰一垂的兩果枝，果枝上立神鳥，全樹共27枚果實，9只鳥；樹側有一條緣樹盤繞而下的身似繩索相辮的銅龍，造型怪異詭譎，龍頭偏長，類似馬面，身有刀狀羽翼，應是象徵飛行神力。（參圖說49）

這樣的神樹描寫與《山海經·海內經》所載之建木「有木青葉紫莖、玄華黃實名曰建木，百仞無枝，有九欘，下有九枸，其實如麻，其葉如芒，大皞爰過，黃帝所為，有窫窳龍首是食人，有青獸人面名曰猩猩。」〔註50〕極為類似，尤其是三星堆出土的神樹，其主幹上分三層共有九個分枝，並有盤龍、花果等，這和《海內經》所稱建木「有九欘，下有九枸。」及前言〈海內南經〉所謂「窫窳，龍首，居弱水中，在狌狌知人名之西，其狀如龍首食人。有木其狀如牛，引之有皮，若纓黃蛇，其葉如羅，其實如欒，其木若蓲，其名曰建木，在窫窳西弱水上。」的記載也完全相符。

而且重要地是，這樣的「建木」是庖羲（大皞）於此經過，並是黃帝所治護的對象；《山海經廣注·海內南經》「其名曰建木」句下注「任臣案：《淮南子》云建木在廣都，張衡〈思玄賦〉躔建木于廣都兮，摭若華而躊躇。」〔註51〕都可見三星堆出土的神樹即應是典籍文獻中所稱的「建木」，不僅位處廣都地區，並是黃帝治護之物，其文化內涵與古蜀王國的淵源與發展可以說完全吻合。

至於二號神樹雖然尚未修復，然而，從樹座和殘缺的情況來看，也是以山為基座，整體形態並與一號神樹大致相同，其間最大的區別則是二號神樹

〔註50〕《山海經》，卷18，頁2、3。
〔註51〕《山海經廣注》，卷10，頁6。

樹幹上沒有盤龍，而是在樹座上有 3 個跪祭人像。同時，從神樹和這些飾物來看，這些器物都明顯是當時信仰的重心，人們戒慎謹懼、誠惶誠恐，以跪祭的姿態對「神樹」表示內心的景仰和敬畏，其重要性自然可知。

圖 8-5　三星堆一號神樹，二號祭祀坑出土

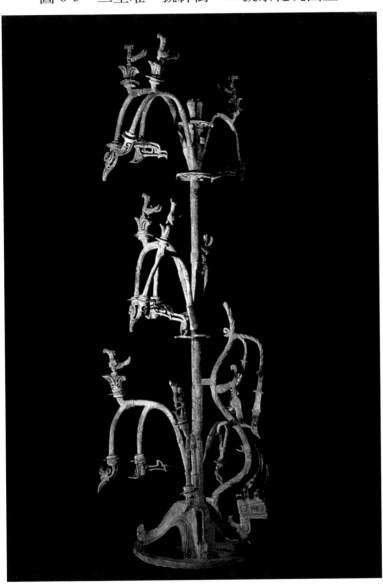

殘高 359、通高 396cm，自《三星堆──古蜀王國的聖地》頁 63。

另外，出土銅器中又有許多跪坐人物、人首鳥身、鳥、雞、花果與立鳥

（圖 8-6），以及銅鈴、掛飾等，這些小型器物原本都應是懸掛於神樹上的祥瑞飾物，置放於象徵種族命脈的神樹上，其作用也頗為符合，至於尊、罍上也有相同的立鳥形制，以及作為祭祖三牲的牛、羊形制，也都完全符合祫祭的精神與內涵，並可見對祭祀祖考一事之慎重。

圖 8-6　銅鳥，二號祭祀坑出土

寬 15.4、通高 27.8cm，自《三星堆──古蜀王國的神祕面具》頁 76。

2. 面具——祖考的象徵

至於三星堆遺址出土的青銅面具，其形式雖然有異，卻仍可分為三大類，並都是祭祖儀式中祖考的文化象徵，本文將就此部份予以闡述。

（1）縱目面具

「在三星堆出土的眾多青銅面具中，造型最奇特、最威風的要算青銅縱目面具。縱目面具均出自二號祭祀坑，共3件，分大小兩型。其中A型2件，體量相對較小；B型1件，體量巨大。兩型縱目面具造型大體相同，差異之處主要表現在：一、A型面具額部鑄有額飾，而B型面具額部正中為一方形穿孔；二、兩型面具的耳部造型、大小及取勢不同。」（p48）

這樣特殊的造型，並且形體碩大，和一般與真人大小相似的青銅人頭像的面具造型頗有差異，若以三星堆遺址是古蜀王國肇基封地的重要性，以及宗廟主的觀念和祫祭的儀式來看，B型縱目面具（圖8-7）只1件，這應是古蜀王國的開基始祖—黃帝的象徵（禘其祖之所自出）。且其面具額部正中為一方形穿孔，應是另有特定的器物為額飾；同時，B型縱目面具的耳、目特別巨大突出，則是象徵黃帝的智慧與能力，是以特別藉「耳聰目明」的造型予以誇飾，這種強調「縱目」作用的文化符號，是西南地區蜀人始祖的形貌特徵。是以出土又有A型縱目面具（圖8-8）2件，依其形式、大小來看，都應是黃帝子嗣重要的世系。

圖8-7　青銅縱目面具，二號祭祀坑出土

寬138、高66cm，《三星堆傳奇——華夏古文明的探索》頁79。

圖 8-8　青銅戴冠縱目面具，二號祭祀坑出土

面具寬 77.4、高 31.5、通高 82.5cm，自《三星堆——古蜀王國的神祕面具》
頁 49。

（2）人面具

「三星堆共出土青銅人面具 20 餘件，絕大部份出自二號坑。一次性出土
如此多的青銅人面具，這在中國考古發現中尚屬首次。除此之外，三星堆青
銅重器上附鑄的跪坐人像（如銅神樹等）及部分銅人頭像面部本身也鑄戴有
面具。

這些面具的兩側上下及額部正中多有方形穿孔，估計它們是在面具鑄成
之後補鑿的，或者說可能是在使用過一段時間以後再加工鑿鑿的，因為有些
面具的方孔並沒有鑿穿。如果在面具上預設穿孔，經澆鑄成型即可，而在已
製作成型的面具上重新鑿孔，相對來說就費工費時。」（p42）

　　這些人面具（圖8-9）的形制碩大，並有可以穿繫固定用的鑿孔，其功能非實用物而應是祭祀用的「尸」，至於其造型為臥蠶眉、瞑目、大耳、寬嘴、闊鼻，十分強調「五官」的線條，同時，從緊閉的雙眼和嘴巴來看（不見唇齒，出土時或塗朱砂，具有辟邪的作用），則應是祫祭時作為祖考木主的象徵，並以形體大小來區分世系輩份的先後，這樣的習俗，也是在大合祭時奉祀神主必然的現象。

圖 8-9　青銅人面具，二號祭祀坑出土

面具寬 40.2、高 25.5cm，自《三星堆──古蜀王國的神祕面具》頁 47。

　　相關的青銅人面具，也可見於台北中央研究院歷史語言研究所收藏的殷墟前期青銅人面（圖 8-10），全器通長 25.3cm、寬 23.5cm，河南安陽西北岡1400 號大墓出土。據載「人面形象相當寫實，寬顴、短額，頂部有一環形鈕可供懸掛，人面背側在耳、鼻和雙眼處鑄有六管高突於器表的實心柱狀物，當非實用的面具。與寢小室盂、右勺、龍紋盤和陶碶等器共出於 1400 號大墓之東墓道西端，具體用途不詳。」〔註52〕

〔註52〕國立故宮博物院、中央研究院歷史語言研究所、中國文物交流中心、中國社會科學院考古研究所、河南省文物局，《武丁與婦好──殷商盛世文化藝術特展》，頁 47，台北：國立故宮博物院，2012。

圖 8-10　殷墟前期青銅人面正背面

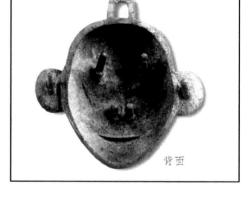

台北中央研究院歷史語言研究所收藏，全器寬 23.5、通長 25.3cm，
河南安陽西北岡 1400 號大墓出土。

　　這樣的青銅人面，貴重而又寫實，且非實用的面具，出土於墓葬，應是木主的文化符號象徵，與三星堆遺址出土的青銅人面具，不僅在年代上可以前後接續和呼應，且其意義與作用也相互吻合，並都是殷商木主重要的文化表徵。

（3）銅獸面具

　　「銅獸面具共 9 件，均出自二號祭祀坑。器形為薄片狀，少數獸面的眼、額、口部尚可見到描繪的黑彩。獸面具分為三型，每型各 3 件。A 型大小不等，形制大體一致，獸面造型為一對向兩面作展開狀的夔龍。B 型獸面形制與 A 型基本相同，只不過在其頷下增飾了一對相向的夔龍以承托獸面。相對前兩種類型而言，C 型獸面的造型元素的運用顯得較為簡化，但左右外側眼角直達龍尾端的賦形卻使之別具奇逸之氣。據推測，形式上的差異可能代表三種類型的獸面在神巫文化意義上的等級差別，存在著神力大小之不同或功能上的差異。」（p36）

　　然而，個人以為：三星堆遺址銅獸面具最大的特色是─核桃圓眼、細長眉、小鼻、頭戴花冠，且其造型與縱目面具或其他類型的人像大異其趣，線條並明顯柔和許多。竊以為，就獸面具（圖 8-11）的造型及身分地位來看，應是祭祀中「妣」的符號特徵，且獸面具的四角都有小孔，應是穿繫之用。

　　同時，據典籍文獻載，無論是南宋朱熹《朱子家禮》，或是清朝呂子振《家禮大成》所述的祭祖儀式，除了開基始祖考妣木主置於中，其後四世的祖考、

祖妣等木主則必定分列左右（如圖 8-12），至於六世以降，則合祖考妣為一木主，且左昭右穆，排列有序，並是合祭儀式中倫理輩份的象徵。

圖 8-11　青銅獸面具，二號祭祀坑出土

寬 23.4、高 20.4、厚 0.2cm，自《三星堆——古蜀王國的神祕面具》頁 57。

圖 8-12　祠堂神位圖，呂子振，《家禮大成》，開基五世祖置於中央正前方

3. 人頭像——先王世系

「三星堆兩個祭祀坑共出土銅人頭像 57 件，其中一號坑出土 13 件，二號坑出土四 44 件。兩坑所出銅人頭像共分六種類型，各型又分兩種或三種亞型。

一號坑出土人頭像分三型。A 型造型風格較寫實，其頭頂子母口原當套接有頂飾或冠飾。據寫實程度的不同又分兩種亞型。B 型為平頭頂，其頂蓋與顱腔分鑄，面部似戴面罩，依其面部造型及髮式差異，大致分三種亞型。C 型則為 1 件似戴雙角形頭盔並戴有面罩的頭像。

二號坑也分三型。A 型為 1 件圓頂戴帽箍頭像。B 型為平頭頂，分平頂編髮與平頂戴冠兩種亞型。該型絕大多數人頭像的頭頂蓋與顱腔的構合方式係採用分鑄法鑄造。這一類型的人頭像頸部都比較粗壯，面部特徵大體相同；下頜部位方整，粗眉立眼，鼻型為蒜頭鼻。C 型為 2 件圓頭頂人像，分戴髮簪和椎髻二亞型，均採用渾鑄法鑄造。

兩坑大多數人頭像的頸下端前後均鑄成倒三角形，且部分青銅人頭像面部殘留黑彩或朱砂痕跡，說明這是一類原施彩繪的人頭像。人頭像頸前後鑄成倒尖角形，正是頸下部在 V 形衣領中裸露部分的形狀，根據有些人頭像頸以下兩側鑄有穿孔分析，應另有銅質或其他材質的身軀或木樁與之結合使用。」（以上見 p22）

同時，就三星堆祭祀坑青銅人頭像（圖 8-13）的鑄造風格來看，臥蠶眉、寬鼻、闊嘴、大耳、瞑目如沉思狀，其造型與人面具極為類似，並應都是木主的寓意，至於又有頭飾或冠飾，莊嚴肅穆的姿態，的確很能傳達古蜀先主的音容神情。且一號坑出土人頭像的年代較早，相當於殷商中期，其風格寫實，較具親和力；至於二號坑出土的人頭像則較制式化，並多強調瞑目（死亡的象徵）、顴骨銳利的綾條，其風格成熟，則是相當於殷商中晚期的特色。且兩坑出土時，並都歷經砸毀、焚燒的過程而後掩埋，這是毀廟之主的儀式，也是祫祭的本質與特色。

圖 8-13　青銅人頭像，二號祭祀坑出土

通寬 23.8、通高 51.6cm，自《三星堆——古蜀王國的神祕面具》頁 34。

4. 銅人像——儀式中的「主祭」和「與祭」者

三星堆一、二號祭祀坑內出土的全身青銅人物雕像有 20 尊左右，表現形式為圓雕、半圓雕兩種，以前者居多。體量可分為大型、中型、中小型及小型四種，最大者通高約 260cm，最小者僅高 2 厘米左右。人像體態分立式與跪坐兩類。立式人像的動態基本一致，跪式人像則分正跪、側跪等幾種跪姿。（p14）

這種立式與跪式姿態的青銅人像，基本上都是參與祭祀者的形貌，立式者莊嚴華麗；而跪式者敬慎肅穆，很能表現儀式中恭敬虔誠的態度。至於本文則就其中的青銅大立人像與銅獸首冠人像予以釋讀。

（1）青銅大立人像—主祭者蜀王

青銅大立人像（圖 8-14）—二號祭祀坑出土，銅人整體分立人像和台座兩大部份，並採分段澆鑄法接鑄而成。人像高 180cm、通高 260.8cm，銅人著高冠、衣左衽、窄袖、敝膝，赤足立於獸面台座上，其服飾華麗，儀態莊嚴肅穆。

只是，令人注目地是：銅立人手部的比例極為誇張，雙臂平抬，手指彎曲成環狀，似乎握持並高舉一弧形物，這樣的造型應是高舉「犧牲」以為獻

禮的虔敬姿態，因此，銅立人的手持物雖然早已不存，然而，從銅立人肅穆華麗的衣著來看，仍可見銅立人在祭祀儀式中所扮演的重要角色與地位。

圖 8-14　青銅大立人像

二號祭祀坑出土，高 180、通高 260.8cm。自《三星堆——古蜀王國的神祕面具》彩版 005。

有關於宗廟祭祀牲禮的記載，可見於《禮記‧禮器》言及天子大饗祫祭，諸侯各貢其方物以助祭，並稱「君子曰：禮之近人情者非其至者也。郊血大饗腥，三獻爓，一獻孰。」疏曰「大饗腥者，大饗祫祭宗廟也；腥，生肉也。宗廟為私比郊為劣，故薦去人情稍近之腥，示為敬降於天也。」另外，經文又言「大饗其王事與，三牲魚腊、四海九州之美味也。籩豆之薦四時之和氣也，內金示和也，束帛加璧尊德也，龜為前列先知也，金次之見情也，丹漆絲纊竹箭與眾共財也。其餘無常貨，各以其國之所有，則致遠物也，其出也，肆夏而送之，蓋重禮也。」〔註53〕都明確指出大饗禮祫祭時所必備的牲禮為「三牲魚腊」，且是以「腥肉」為祭，這也間接說明祫祭儀式中以魚為牲的必要性，至於「大饗其王事與」一詞，則更指出這是領導者「王」的職責。

另外，《禮記‧樂記》也稱「大饗之禮，尚玄酒而俎腥魚，大羹不和，有遺味者矣。」注曰「大饗，祫祭先王。以腥魚為俎實不臑熟之，大羹肉湇不調以鹽菜，遺猶餘也。」疏曰「熊氏云：其牛羊之俎至薦熟之時皆亨之而熟，薦腥魚則始末不亨，故云而俎腥魚也。」〔註54〕都明確指出大饗之禮祫祭是以俎腥魚為牲，此腥魚「不臑熟」且「始末不烹」，自然是「生魚」之屬。

這樣的習俗至西漢仍存，《史記‧禮書》所謂「大饗上玄尊，俎上腥魚，先大羹，貴食飲之本也。」《集解》鄭玄曰「大饗，祫祭先王，以腥魚為俎實，不臑孰之也。」〔註55〕

因此，依據文獻及史料所載，相較於三星堆青銅立人像的出土，便可知銅人的手持物應是未經烹煮的「俎上腥魚」，這是祫祭時必備的牲禮，是以銅人雙臂平抬，手指彎曲成環狀，兩隻手呈現高低握持的形貌，正是因為手持「生魚」以致呈現緊張敬慎的姿態；至於銅人立於台座上獻牲，其身分則是主祭者—蜀王，所謂「大饗其王事與」，其衣飾華麗，冠冕莊嚴，和他的身分也極為相當。

另外，立人像服飾左衽的風格也極為特殊，《蜀王本紀》載「蜀之先稱王者，有蠶叢、柏濩、魚鳧（案文選蜀都賦劉注引下有蒲澤二字）、開明，是時人萌椎髻，左衽，不曉文字，未有禮樂，從開明已上至蠶叢積三萬四千歲（案御覽引作凡四千歲）。」〔註56〕文字中「椎髻」的髮飾與青銅人頭像（如圖13）

〔註53〕《禮記》，疏卷24，頁2～4及14。
〔註54〕《禮記》，疏卷37，頁8～10。
〔註55〕《史記》，卷23，頁1169。
〔註56〕《蜀王本紀》，頁1。

相當，至於「左衽」的記載則與出土銅立人像的服飾也完全符合，其為主祭者蜀王，自是無庸置疑。

（2）銅獸首冠人像─與祭者大祝

銅獸首冠人像（圖 8-15），二號祭祀坑出土，全器殘高 40.2cm。「人像僅存上半身，估計是在入坑前舉行宗教儀式時被有意火燎及砸損所致。人像體態端莊，神情冷峻肅穆，兩臂呈環抱狀置於胸前，雙手皆作執握中空的手型。所穿對襟衣服紋飾精麗繁多，估計是法衣。總體來看，人像造型及手勢與大立人像相類。

圖 8-15　青銅獸首冠人像，二號祭祀坑出土

全器殘高 40.2cm，自《三星堆──古蜀王國的神祕面具》頁 16 後附夾頁。

　　造像最引人注意的是奇特的獸首冠。獸口寬扁，口部兩側各飾一太陽紋，冠兩側為獸眼，冠頂中部鑄呈象鼻卷曲狀的飾物，後部兩側鑄向外伸展的獸耳。獸首怪異莫名，顯然是綜合多種動物局部特徵的複合型神獸形象。」（以上見 p16）

　　二號坑出土的這兩尊青銅人像，衣著華麗，姿態莊重，都具有尊貴的身分，然而，最大的不同卻是在雙手的姿態。立人像的手部比例和姿態都特別誇張，雙手並上下環抱成弧形斜角，前言，這是袷祭的主祭者獻牲（腥魚）的姿態；而獸首冠人像雖也雙手作執握中空的手型，卻是平舉並不誇張，由此姿態也可分辨二者的身分與地位。

　　《古文字詁林·祭》〔註57〕載《說文解字》「祭，祭祀也。从示，以手持肉。」羅振玉謂「此字變形至夥，然皆象持酒肉於示前之形。」商承祚也稱「甲骨文祭字變體至夥，然皆象持酒肉而祭；其从示者，與篆文近。」同時，古文字中又有「隋」〔註58〕字，許慎釋為「裂肉也。从肉从陸省。」又「段玉裁曰：陸省聲。王筠曰：六書故引唐本作列肉也。歺部，列骨之殘也，知殘物皆謂之列。周禮守祧，既祭則臧其隋。注：隋，尸所祭肺脊黍稷之屬。案祭之地者零星殘餘，故曰列肉。倫按裂肉當依六書故引作列肉，謂分肉也。然非本訓。」且不論「祭」或「隋」之肉是裂肉或分肉（有分福之意），卻說明祭祀之物，必為小塊末粒。這樣的文字釋意，證諸禮經與卜辭，都可以互相呼應。

　　因此，即使是獸首冠人雙手皆中空（手持物已脫落），且雙臂環抱作持物狀，呈現莊嚴的祭祀姿態，然而，據文獻所載，《周禮·大祝》載及大祝為掌理天神、地祇、人鬼之事，其「辨九祭」句下疏即曰「特牲少牢皆有主人獻尸，賓長以肝從尸，右取肝，擩于鹽，振祭嚌之，加于菹豆是謂振祭，言將食者振訖嚌之，是將食也。」〔註59〕即可知獸首冠人像必是大祝身分，且左手執酒器角，右手取肝，擩鹽，置於豆中，這是祭祀必然的儀節，不可錯置。而這樣特定的手持物，也同樣見於其他祭祀，證諸禮書所載。如：

　　《儀禮·特牲饋食禮》「祝，左執角，右取肝，擩于鹽，振祭嚌之，加于俎。」〔註60〕

〔註57〕《古文字詁林》，冊 1，頁 121～127。
〔註58〕《古文字詁林》，冊 4，頁 463～464。
〔註59〕《周禮》，疏卷 25，頁 10～12。
〔註60〕《儀禮》，疏 45，頁 9。

《儀禮‧大射禮》「賓坐，左執觚，右祭脯醢。」〔註61〕

《儀禮‧士冠禮》「冠者即筵坐，左執觶，右祭脯醢。」〔註62〕

《儀禮‧士虞禮》「尸，左執爵，右取肝，擩鹽，振祭嚌之，加于俎。」〔註63〕

這種以左手執酒器，右手持肉（置於豆內）而祭的行為，普遍見於《周禮》、《儀禮》所載，並在各個層面的祭祀儀節中執行。事實上，「祭」原本即是以酒、肉祀先祖神鬼，此字適用於各個階層與類別，且無論祭祀者的身分是冠者、賓客、尸或祝，祭祀時則必定以左手執酒器，右手持肉，這是祭祀既定的儀節。

至於三星堆二號祭祀坑這麼盛大的宗廟祫祭活動，這位衣著華麗，臉覆面具且頭戴高冠的銅人，其地位尊貴，並在祭祖的儀式中雙手分別持酒肉（已遺佚）參與祭祀；同時，獸首冠人所戴的冠冕又有類似象鼻、象耳以及神獸特徵的裝飾，且象齒又具有辟邪除穢的功能（見「象牙器」一節），種種跡象顯示，這位獸首冠人具有特殊的能力，其身分則應是「大祝」無疑。

5. 尊、罍和盤──祫祭禮器

「三星堆祭祀坑出土的銅禮器有尊、罍、瓿、盤、器蓋等容器和瑗、戚形方孔璧等祭品，尤以尊（圖8-16）和罍（圖8-17）最具特色。

三星堆銅尊分圓尊和方尊兩種形制，以前者數量最多且最具代表性。其中，一號坑銅尊均被火燒殘，從殘片中可識別出龍虎尊和羊首犧尊兩種形制，經修復復原各1件。二號坑出土圓尊8件，根據器物形態可分為五式。

二號坑出土的銅罍亦皆被火燎、砸損，可識別出6個個體，分方罍與圓罍兩種。其中方罍1件、圓罍5件，經修復的3件圓罍分為三式。

三星堆青銅尊、罍出土時，器內多盛裝有海貝或璧、瑗、環、鑿等玉石器，表明其功能用途主要是用以盛裝祭品、祭器以向神明做奉獻。」（p68）

至於又有學者質疑，「商周時代中原地區出土的青銅禮器以鼎、尊、罍、壺等為大宗，其中以鼎的地位最高，是國家、政權的象徵。但蜀地幾乎從不出鼎，尊則較多。這或許意味著古蜀國與中原王朝政體形式之間的差異而導致彼此最高權力象徵物的不同，是不是尊在蜀地的地位與中原地區的鼎相當

〔註61〕 《儀禮》，疏16，頁13。

〔註62〕 《儀禮》，疏2，頁13。

〔註63〕 《儀禮》，疏42，頁12。

呢？」（p68）

圖 8-16　青銅圓尊，二號祭祀坑出土

口徑 42.6、通高 45.5cm，自《三星堆——古蜀王國的神祕面具》頁 70。

圖 8-17　青銅圓罍，二號祭祀坑出土

口徑 26.5、通高 54cm，自《三星堆──古蜀王國的神祕面具》頁 72。

　　事實上，鼎是祭天的禮器，只有天子才可以舉行這樣的儀式，而蜀只是諸侯方國，不具備這樣的權力，再加上三星堆遺址是古蜀王國祭祖的根據地，而非祭天的場所，二者作用不同，出土的禮器有異，也是必然。

　　前言，《周禮・司尊彝》載及「春祠夏禴，祼用雞彝、鳥彝，皆有舟，其朝踐用兩獻尊，其再獻用兩象尊，皆有罍，諸臣之所昨也。秋嘗冬烝，祼用斝彝、黃彝，皆有舟，其朝獻用兩著尊，其饋獻用兩壺尊，皆有罍，諸臣之所昨也。凡四時之間祀，追享、朝享，祼用虎彝、蜼彝，皆有舟，其朝踐用兩大尊，其再獻用兩山尊，皆有罍，諸臣之所昨也。」可見祭祖時所用的禮器即是彝、尊、罍之屬，且「皆有舟」，而所謂的「舟」據「鄭司農云：舟，

尊下臺，若今時承槃。」

這樣的文獻記載和三星堆二號祭祀坑所出土的青銅禮器大致吻合。而承槃也就是承盤，祭祀坑也都有出土；同時，二號祭祀坑出土的尊、罍，其上又有許多牛、羊和鳥形的紋飾與形制，這是「三牲」供品和鳥形「祖考」的文化符號象徵，除了「三牲」是祭祖時所必備的牲禮之外，而鳥形也寓意「祖考」的文化內涵。

這種以「鳥」寓意「祖考」的思想，可印證於《詩經‧商頌‧玄鳥》所謂「玄鳥祀高宗也。天命玄鳥，降而生商，宅殷土芒芒。」傳曰「祀當為祫。祫，合也。高宗殷王武丁中宗玄孫之孫也，有雊雉之異，又懼而脩德，殷道復興，故亦表顯之號為高宗，云崩而始合祭於契之廟，歌是詩焉。」又稱「玄鳥，燕也，一名鳦。」〔註64〕以及《詩經‧小雅‧鳧鷖》所謂「鳧鷖，守成也。大平之君子能持盈守成，神祇祖考，安樂之也。」並反覆以「公尸來燕」寓意事奉祖考之旨〔註65〕；這樣的習俗直至唐、宋時期的史書中仍然有所記述，相關的文字印證，可見於俞美霞〈鳧鷖文化考〉〔註66〕一文。

於是，「鳥」作為「祖考」的符號象徵，這是殷商時期重要的文化內涵，不僅大量出現於文物，並完全符合文獻記載；同時，也更能印證三星堆二號祭祀坑所舉行的儀式是和祭祖有關，又因其為合祭性質，是以各個器物的紋飾與形制都是歷來先王個別所專屬，其年代先後有別，各具特色，便也是自然。

（四）象牙器

「象牙在三星堆遺址內也有大量出土，其中一號祭祀坑出土象牙 13 枚，二號祭祀坑出土象牙 60 枚。1997 年在三星堆遺址西城牆外的仁勝村土坑群也發現了 1 枚象牙。經鑑定，這些象牙屬亞洲象的門齒。兩坑象牙出土時，覆蓋在玉器和青銅器之上，處於最上層，縱橫交錯地疊壓在一起，並有明顯的燒焦痕跡。如此多的象牙一次性集中掩埋，在國內十分罕見。」（p123）

象牙的質地堅韌，光澤細膩，無論在現代或是上古時期，都是貴重的器

〔註64〕《詩經》，疏 20 之 3，頁 12～15。

〔註65〕《詩經》，疏 17 之 2，頁 15～22。

〔註66〕俞美霞，〈鳧鷖文化考〉，原文載「第五屆中國玉文化玉學江陰研討會」（中國玉器研究委員會、南京博物院、江陰市文化局，2005.9）；今收入《壇墠文化考》，頁 29～62。

物材質。《詩‧魯頌‧駉之什‧泮水》有言「憬彼淮夷，來獻其琛，元龜象齒，大賂南金。」疏曰「是彼淮夷來就魯國，獻其琛寶，其所獻之物是大龜、象齒，又廣賂我以南方之金。」〔註67〕可見以象牙作為貢物或方物，都是珍貴的物品。同時，就出土文物的發掘來看，無論是新石器時代的河姆渡、良渚文化，甚或是殷商婦好墓中，也都有象牙器的出土，只是，象牙隨葬物品的數量卻都極為有限，即使是尊貴如婦好，隨葬的象牙製品也止於3件牙杯和2塊雕花殘件，可見並非隨意可得；因此，相較於三星堆遺址出土整隻且數量龐大的象牙，則更凸顯三星堆祭祀坑的重要性與特殊性。

　　至於象牙的作用，除了是珍貴的貢物或方物外，據文獻所載，又具有厭勝的意義與功能。《周禮‧秋官‧壺涿氏》稱「壺涿氏掌除水蟲，以炮土之鼓毆之，以焚石投之，若欲殺其神，則以牡橭午貫象齒而沉之，則其神死，淵為陵。」〔註68〕即是明確指出象齒具有驅邪除穢的厭勝特質。

　　同時，證諸三星堆遺址的象牙出土：一號祭祀坑出土象牙13枚，由於一號坑是專祭性質，其數量與青銅人頭像，也就是廟主的數量正好相當；至於二號祭祀坑則出土象牙60枚，這樣數量龐大的貴重器物，則非一人、一時、一地所能完成，除了青銅人頭像（廟主）有44人外，由於是祫祭性質，因此，這個數字應是包括古蜀世系或相關封侯的貢物或方物，並共同祈求先祖予以庇蔭，福祐子孫，是以將珍貴的象牙覆蓋在具有身份表徵的玉器和廟主象徵的青銅器上，藉以驅邪除穢，其厭勝的意義與作用鮮明，並更顯示對祭祖功能的尊崇。

（五）玉　器

　　「三星堆出土的玉石器中以禮器的數量最多。禮器種類繁多，自成體系，包括璋、璧、瑗、環、琮等，另外還有大量的具有禮儀用途的玉制兵器和工具，具有鮮明的地域特色和時代特徵。大量玉石禮器的出土，足以證明古蜀國已擁有相當強盛的綜合國力和與之相適應的較為完備的宗教禮儀制度。」（p101）

　　在這些自成體系的玉石器中，「玉璋是三星堆出土玉器中最大宗的一類。其中，一號坑出土玉璋40件，絕大多數被火燒後殘斷。二號坑共出土17件，全部被火燒過，多數殘斷。對兩坑器物進行比較分析，形制短小、兩側齒飾

〔註67〕《詩經》，疏20之1，頁20。
〔註68〕《周禮》，疏卷37，頁7。

簡單的玉璋，年代可能稍早，形制寬長、齒飾複雜的玉璋，年代可能稍晚。
此外，在遺址內其他地點也零星出土了 10 來件玉璋。

圖 8-18　玉璋，一號祭祀坑出土

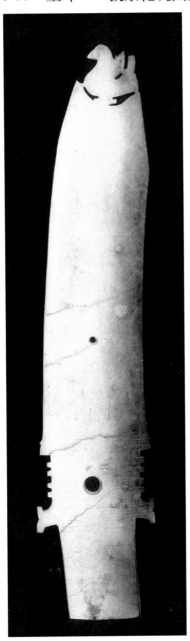

寬 5.3、通長 38.2cm，自《三星堆──古蜀王國的神祕面具》頁 104。

這些玉璋大致可分為三類。一類為邊璋，斜邊平口，略呈平行四邊形。一類為牙璋，呈長條狀，柄部有鋸齒狀扉棱，端部分芽開叉。該類器物在陝西神木石峁龍山文化、偃師二里頭文化遺址中均有發現，但以三星堆遺址出土的牙璋數量最多，製作最為精美。還有一類為魚形璋（圖8-18），璋的射部酷似魚的身體，射端呈叉口刃狀，宛如微張的魚嘴。魚形璋是蜀地特有的器型，目前僅見於三星堆遺址和金沙遺址。」（p102）

璋是禮器之一，也是身分地位的表徵。古人臣執璋以覜聘、以起軍旅，是為瑞器；然而，璋的功能據文獻所載，又可作為祭祀宗廟、山川之用，則是祭器之屬。《詩經·大雅·棫樸》有言「濟濟辟王，左右奉璋。奉璋峨峨，髦士攸宜。」箋云「璋，璋瓚也，祭祀之禮，王祼以圭瓚，諸臣助之，亞祼以璋瓚，左右奉之。」〔註69〕此詩言王行祼事，且「左右奉璋」以助之，則是專指宗廟祭祀之禮，而非覜聘、起軍旅或祭祀山川之用。這和三星堆二號祭祀坑所出土的1件青銅持璋跪坐人像（圖8-19），以及通長54.2cm的大玉璋並可以相互印證，敬慎恭謹的態度，無論是青銅鑄造或玉器刻畫，都非常直觀且具體地表現了璋在古代做為祭祀禮器的用途，並完全符合三星堆遺址祠祀祖考的祫祭規格。

類似的觀點也可見於《周禮·春官·鬱人》所稱「鬱人掌祼器。凡祭祀賓客之祼事，和鬱鬯以實彝而陳之。凡祼玉濯之陳之，以贊祼事。」注「祼器，謂彝及舟與瓚。」而「祼玉，謂圭瓚、璋瓚。」疏「釋曰：天地大神至尊不祼，至於山川及門社等事，在鬯人亦無祼事，此云祭祀，唯據宗廟耳。」〔註70〕都明確指出祼與璋的緊密關係在於「宗廟之事耳」；至於祭祀天地、山川、門社等，則無祼事，而覜聘非祭祀之禮，則更不見祼祭之意。

這樣的文獻記載，證諸三星堆遺址祭祀坑大量出土的「祼器」：尊罍—彝器、承盤—舟、玉圭璋—瓚，的確是內容符合，並可以肯定是作為宗廟祭祀之用。至於在舉行祫祭儀式的同時，毀廟與未毀廟之主皆合食於太祖，因此，將所有代表毀廟之主身分的玉璋、青銅器等，皆有意識地予以毀損、焚燒，並掘坑瘞埋之，這是毀廟主必經的形式與過程，並是其他祭祀主題如：天地、山川、門社等所絕對不可能具備的現象。

〔註69〕《詩經》，疏16之3，頁2、3。
〔註70〕《周禮》，疏卷19，頁19、20。

圖 8-19　青銅持璋跪坐人像，二號祭祀坑出土

寬 1.8、高 4.7cm，自《三星堆——古蜀王國的神祕面具》頁 18。

　　於是，三星堆遺址這樣大規模，令人震撼、莊嚴而又華麗的祭祀活動，
不僅是古蜀王國宗廟袷祭儀式的思想反映與具體呈現，且其出土文物並又可
印證和補充文字、文獻之不足，對歷史、制度、工藝等各方面的影響都極為
深遠，至於袷祭內涵的具體呈現，及在文化、禮俗方面精神層次的闡發，則
就更意在言外了。

六、結　論

綜上所述，四川廣漢三星堆遺址是中華民族祭祖文化的具體呈現。一號祭祀坑是古蜀王國肇基始封—嫡長子玄囂—專祭的空間，二號坑緊鄰其旁，則是古蜀王國世系合祭的場所，至於三星堆附近又有許多古蜀祭祀坑，則應是其宗族子嗣或封侯祭祀空間的遺留。這種強調宗族世系分宗、分支，以及合祭大祖與專祭先王的祭祀儀式，其目的都是對先人祖考表達慎終追遠、飲水思源的虔敬心意。

同時，三星堆遺址二號祭祀坑出土的文物均有毀損和火燒的痕跡，這是祫祭儀式中「毀廟之主」必然的過程，而且，祫祭時，所有和「廟主」身分相關的文物，例如：青銅、玉器並尊、罍、盤等禮器之屬，也都合祭於大祖，並在儀式結束後，又全數予以毀損、焚燒。

這許多獨一無二，色彩鮮明，珍貴而又華麗的器物，具體而又真實地反映殷商中晚期古蜀文明豐饒而又敬慎的祫祭儀式，這是目前考古挖掘中唯一所僅見，並可與典籍文獻相互印證，三星堆遺址的重要性和特殊性，也於此清晰可見。

（原文載《「中華古典博物學與文化資產論壇」論文集》，頁23～64，台北大學民俗藝術與文化資產研究所，2019.05）

參考書目

一、典籍圖書

1. 十三經注疏，藝文印書館，1993 年 9 月 12 刷
   《詩經》，漢・鄭玄箋，唐・孔穎達正義。
   《尚書》，漢・孔安國傳，唐・孔穎達正義。
   《周易》，魏・王弼、韓康伯注，唐・孔穎達正義。
   《周禮》，漢・鄭玄注，唐・賈公彥疏。
   《儀禮》，漢・鄭玄著，唐・賈公彥疏。
   《禮記》，漢・鄭玄注，唐・孔穎達正義。
   《左傳》，晉・杜預注，唐・孔穎達正義。
   《公羊傳》，漢・何休注，唐・徐彥疏。
   《穀梁傳》，晉・范甯集解，唐・楊士勛疏。
   《論語》，魏・何晏注，宋・邢昺疏。
   《孟子》，漢・趙岐注。
   《孝經》，唐・玄宗明皇帝御注，宋・邢昺疏。
   《爾雅》，晉・郭璞注，宋・邢昺疏。

2. 《景印文淵閣四庫全書》，台北：商務印書館，1986
   《大戴禮記》，漢・戴德撰，冊 128。
   《史記索隱》，唐・司馬貞撰，冊 246。
   《文獻通考》，元・馬端臨，冊 612。
   《新序》，漢・劉向撰，冊 696。
   《本草綱目》，明・李時珍撰，冊 772～774。

《管子》，周・管仲撰，冊 729。

《樂府雜錄》，唐・段安節撰，冊 839。

《淮南子》，漢・劉安撰、高誘注，冊 848。

《呂氏春秋》，舊題秦・呂不韋撰，冊 848。

《白虎通義》，漢・班固撰，冊 850。

《獨斷》，漢・蔡邕，冊 850。

《名義考》，明・周祈撰，冊 856。

《山海經》，晉・郭璞注，冊 1042。

《山海經廣注》，清・吳任臣注，冊 1042。

《穆天子傳》，晉・郭璞注，冊 1042。

《楚辭章句》，漢・王逸撰，冊 1062。

《方言》，舊題漢・揚雄撰、晉郭璞注，冊 1149。

3. 《叢書集成續編》，台北：新文豐出版公司，1989。

《天工開物》，宋・宋應星，冊 88。

《蜀王本紀》，漢・揚雄撰，冊 272。

4. 史書

《史記》，漢・司馬遷撰，台北：洪氏出版社，1975。

《漢書》，漢・班固撰，台北：鼎文書局，1993。

《後漢書》，南朝宋・范曄撰，台北：鼎文書局，1993。

《三國志》，晉・陳壽撰，台北：鼎文書局，1993。

《魏書》，北齊・魏收撰，台北：鼎文書局，1993。

《晉書》，唐・房玄齡等撰，台北：鼎文書局，1987。

《宋書》，梁・沈約撰，台北：鼎文書局，1975。

《南齊書》，梁・蕭子顯撰，台北：鼎文書局，1975。

《舊唐書》，五代・劉昫等編撰，台北：鼎文書局，1976。

《宋史》，元・托克托等撰，台北：鼎文書局，1993。

《元史》，明・宋濂等撰，台北：鼎文書局，1975。

《明史》，清・王鴻緒等撰，台北：鼎文書局，1982。

《清史稿》，趙爾巽等編，台北：國史館，1993。

《竹書紀年》，梁・沈約附註，台北：中華書局，1966。

5. 《台灣文獻叢刊》，台灣銀行經濟研究室編印，1966。

《平臺紀略》，清・藍鼎元，第 14 種。

《金門志》，林焜熿，第 80 種。

《廈門志》，清周凱，第 95 種。

《台灣縣志》，陳文達，第 103 種。

《重修台灣府志》，范咸，第 105 種。

《續修台灣府志》，余文儀，第 121 種。

《台灣通史》，連橫，第 128 種。

《黃漳浦文選》，明‧黃道周，第 137 種。

《重修鳳山縣志》，王瑛曾，第 146 種。

《苗栗縣志》，沈茂蔭，第 159 種。

《噶瑪蘭廳志》，陳淑均，第 160 種。

《淡水廳志》，陳培桂，第 172 種。

《碑傳選集》，第 220 種。

《清代琉球紀錄集輯‧中山傳信錄》，清‧徐葆光，第 292 種。

《清代琉球紀錄集輯‧中山見聞辨異》，清‧黃景福，第 292 種。

6. 地方志

《金門縣志》，金門縣政府，1991 增修。

《台灣方志》。

7. 《中國美術全集》，錦繡出版社，1989。

《中國美術全集‧陶磁上》，楊可揚主編。

《中國美術全集‧青銅下》，李學勤主編。

《中國美術全集‧雕塑》，金維諾主編。

《中國美術全集‧建築》，白佐民主編。

二、專　書

1. 國立故宮博物院、中央研究院歷史語言研究所、中國文物交流中心、中國社會科學院考古研究所、河南省文物局，《武丁與婦好：殷商盛世文化藝術特展》，台北：國立故宮博物院，2012。

2. 俞美霞，《壇墠文化考》，台北：南天書局，2010。

3. 郭大順，《紅山文化》，北京：文物出版社，2005。

4. 李學勤，《青銅器與古代史》，台北：聯經出版社，2005。

5. 三星堆博物館編，《三星堆——古蜀王國的神祕面具》，五洲傳播出版社，2005。

6. 浙江省文物考古研究所、蕭山博物館，《浦陽江流域考古報告之一‧跨湖橋》，文物出版社，2004。

7. 朝陽市文化局、遼寧省文物考古研究所,《牛河梁遺址》,學苑出版社,2004。

8. 古文字詁林編輯委員會編纂,《古文字詁林》,上海教育出版社,2004。

9. 楊明珠編,《司馬光塋祠碑誌‧摹刻柳氏家訓》,文物出版社,2004。

10. 浙江省文物考古研究所,《河姆渡——新石器時代遺址考古發掘報告》,文物出版社,2003。

11. 浙江省文物考古研究所,《瑤山》,文物出版社,2003。

12. 明‧馮夢龍編著,《警世通言》,台北:台灣古籍出版社,2003。

13. 河姆渡遺址博物館編,《河姆渡文化精粹》,文物出版社,2002。

14. 李學勤主編,《中華漢語工具書書庫》冊 97,《重修宣和博古圖》,安徽教育出版社,2002。

15. 俞美霞,《東漢畫像石與道教發展——兼論敦煌壁畫中的道教圖像》,台北:南天書局,2000。

16. 上海市文物管理委員會、黃宣佩主編,《福泉山——新石器時代遺址發掘報告》,文物出版社,2000。

17. 安徽省文物考古研究所編,《凌家灘玉器》,文物出版社,2000。

18. 王冠倬,《中國古船圖譜》,三聯書店,2000。

19. 陳德安,《三星堆‧古蜀王國的聖地》,四川人民出版社,2000。

20. 四川省文物考古研究所編,《三星堆祭祀坑》,北京:文物出版社,1999。

21. 內政部營建署金門國家公園管理處,《大地上的居所——金門國家公園傳統聚落導覽》,金門國家公園解說叢書,1999。

22. 王實策劃編輯,《中國寶玉石資源大全》,科學技術文獻出版社,1999。

23. 陳國強,《百越族與台灣原住民》,幼獅文化事業股份有限公司,1999。

24. 新疆維吾爾自治區,《絲路考古珍品》,上海譯文出版社,1998。

25. 饒宗頤,《符號‧初文與字母——漢字樹》,香港:商務印書館,1998。

26. 朝日新聞社,《三星堆‧中國 5000 年之謎》,朝日新聞社,1998。

27. 上海博物館珍藏,《良渚文化特展》,財團法人國立自然科學博物館文教基金會、上海博物館主辦,1997。

28. 貝格曼著、王安洪譯,《新疆考古記》,新疆人民出版社,1997。

29. 遼寧省文物考古研究所編,《牛河梁紅山文化遺址與玉器精粹》,北京:文物出版社,1997。

30. 劉迎勝,《絲路文化‧海上卷》,浙江人民出版社,1995。

31. 中國野生動物保護協會主編,《中國鳥類圖鑑》,河南科學技術出版社,1995。

32. 穆舜英主編，祁小山、張平副主編，《中國新疆古代藝術》，新疆美術攝影出版社，1994。

33. 靳之林，《生命之樹》，北京：中國社會科學出版社，1994。

34. 林華東，《河姆渡文化初探》，浙江人民出版社，1992。

35. 王明編，《太平經合校》，中華書局，1992。

36. 浙江省文物考古研究所、上海市文物管理委員會、南京博物院編著，《良渚文化玉器》，文物出版社、兩木出版社，1989。

37. 浙江省文物考古研究所、上海市文物管理委員會、南京博物院編著，《良渚文化玉器》，文物出版社、兩木出版社，1989。

38. 上海市文物保管委員會，《崧澤——新石器時代遺址發掘報告》，文物出版社，1987。

39. 維科著、朱光潛譯，《新科學》，駱駝出版社，1987。

40. 晉·常璩撰，任乃強校注，《華陽國志校補圖注》，上海古籍出版社，1987。

41. 北京魯迅博物館、上海魯迅紀念館編，《魯迅藏漢畫像一》，上海人民美術出版社，1986。

42. 呂子振，《家禮大成》，瑞成書局，1985。

43. 漢·許慎著、清·段玉裁注，《說文解字注》，台北：蘭臺書局，1977。

44. 于還素譯，《書道全集》，台北：大陸書店，1975。

45. 南朝梁·昭明太子，《文選》，藝文印書館，1974。

46. 《筆記續編·燕京歲時記》，台北：廣文書局，1969。

47. 漢·袁康撰，《越絕書》，台北：中華書局，1966。

48. 陳奇祿，《臺灣排灣群諸族木雕標本圖錄》，台北：南天書局，1961。

三、專書、研討會論文

1. 俞美霞，〈陶匏祭天的鳥紋符號探析——兼論良渚文化與大汶口文化的交流〉，《良渚文化探秘》，頁 381～396，浙江省社會科學院歷史考古所，人民出版社，2005.11。

2. 俞美霞，〈鳧鷖文化考——兼論高壇立鳥的「公尸」象徵〉，「第五屆中國玉文化玉學江陰研討會」，頁 158～174，中國玉器研究委員會、南京博物院、江陰市文化局，2005.9。

3. 俞美霞，〈從良渚文化談海上絲路的發展〉，「良渚文化學術討論會」，《浙江學刊》增刊，頁 109～124，浙江省社會科學院歷史研究所，2003.10。

4. 俞美霞，〈從絲織品看楚人墓葬習俗及其影響〉，「2002 年中國語文教育『學理與應用』學術研討會——禮俗與文化」論文集，頁 93～122，銘傳大學應用中國文學系，2002.3。

5. 鄧淑蘋，〈刻有天象符號的良渚玉器研究〉，《石璋如院士百歲祝壽論文集──考古・歷史・文化》，頁 123～145，台北：南天書局，2002。

6. 俞美霞，〈談玉器中的冊書〉，「中國隋唐至清代玉器學術討論會」論文集，頁 154～169，上海博物館，2001.11。

7. 俞美霞，〈談道教思想與民間信仰中的用玉問題〉，「海峽兩岸古玉學會議」論文集，頁 657～666，台灣大學地質研究所，2001.9。

8. 俞美霞，〈從辭賦談敦煌壁畫中的道教圖像〉，「2000 年敦煌學國際學術研討會」論文集，頁 97～123，中國：敦煌研究所，2000.7。

9. 饒宗頤，《中國神話傳說學術研討會論文集》上冊，頁 61～75，台北：漢學研究中心，1996。

四、期　刊

1. 唐世貴、唐曉梅，〈山海經與金沙江文化〉，《樊枝花學院學報》，第 28 卷第 1 期，頁 9～14，2011.2。

2. 孫倩，〈青銅縱目面具的造型及功能探討〉，《新視覺藝術》，頁 75～76，2010.3。

3. 葛英會，〈卜辭衣祀與周禮禘祫之祭〉，《古漢字與華夏文明》，頁 273～275，上海古籍出版社，2010。

4. 柳臘梅，〈淺析殷代晚期至春秋時期「禘祭」的變化〉，《黑龍江史志》，2009 年（總第 212 期），頁 119、125。

5. 姜守誠，〈「命樹」考〉，《哲學動態》，2007 年第 1 期，頁 40～45。

6. 左高山，〈論論語中的禘及其政治倫理意蘊〉，《孔子研究》，2005 年第 1 期，頁 31～41。

7. 郭善兵，〈略析漢晉時期皇帝宗廟四時祭、禘祫祭問題〉，《歷史教學問題》，2003 年第 4 期，頁 46～49。

8. 俞美霞，〈吉凶見天象的玉勺〉，《藝術論壇》創刊號，頁 87～100，台灣師範大學美術學系暨美術研究所，2003.1。

9. 楊伯達，〈中國和田玉玉文化敘要〉，《中國歷史文物》，頁 67～74，2002 年第 6 期。

10. 劉德增，〈祈求豐產的祭祀符號──大汶口文化陶尊符號新解〉，《民俗研究》，頁 59～69，2002：4。

11. 鹿憶鹿，〈眼睛的神話──從彝族的一目神話、直目神話談起〉，《民族藝術》，2002 年第 3 期，頁 99～114。

12. 劉錫誠，〈儺儀象徵新解〉，《民族藝術》，2002 年第 1 期，頁 52～78。

13. 黃劍華，〈古代蜀人的通天神樹〉，《四川大學學報》總第 115 期，頁 72～80，2001 年第 4 期。

14. 趙殿增、袁曙光，〈從「神樹」到「錢樹」——兼談「樹崇拜」觀念的發展與演變〉，《四川文物》，頁 3～12，2001 年第 3 期。

15. 董楚平，《故宮文物月刊》，卷 18：12，頁 60～75，台北：故宮博物院，2001。

16. 王吉懷，〈論大汶口文化大口尊〉，《中原文物》，頁 45～54，2001：2。

17. 王吉懷，〈再論大汶口文化的陶刻〉，《東南文化》，頁 6～14，2000：7。

18. 文耀發，〈從古文字看商周祭祀制度的演變〉，《西南師範大學學報》，2000 年第 5 期，頁 110～115。

19. 文耀發，〈從古文字看商周祭祀制度的演變〉，《西南師範大學學報》，頁 110～115，2000 年第 5 期。

20. 夏雷鳴，〈瀝青紡輪——我國漢代使用固體石油的實物見證〉，《中國科技史料》，第 21 卷第 3 期，頁 283～286，2000。

21. 江玉祥，〈關於考古出土的「搖錢樹」研究中的幾個問題〉，《四川文物》，頁 10～13，2000.4。

22. 葛英會，〈說祭祀立尸卜辭〉，《殷都學刊》，頁 4～8，2000 年第 1 期。

23. 史占揚，〈四川古代搖錢樹及其一般性文化內涵〉，《四川文物》，頁 26～31，1999 年第 6 期。

24. 張善熙、姜易德、屠世榮，〈成都鳳凰山出土《太玄經》搖錢樹探討〉，《四川文物》，頁 23～28，1998 年第 4 期。

25. 鮮明，〈再論早期道教遺物搖錢樹〉，《四川文物》，頁 29～33，1998 年第 4 期。

26. 鄭永東，〈淺談紡輪及原始紡織〉，《平頂山師專學報（社會學科）》，第 13 卷第 5 期，頁 71～72，1998.10。

27. 范小平，〈四川漢畫及搖錢樹所反映的中國早期佛教藝術〉，《中華文化論壇》，頁 66～70，1998.3。

28. 蔡運章，〈屈家嶺文化的天體崇拜——兼談紡輪轉向玉璧的演變〉，《中原文物》，頁 47～49，1996 年第 2 期。

29. 賴錦文、溫紹炳，〈脆性材料的加工用磨料〉，《陶業》，第 15 卷第 2 期，頁 5～12，1996.4。

30. 高文，〈中國最早的佛像，記四川彭山縣漢代陶搖錢樹座〉，《歷史月刊》，110～112，1995.12。

31. 劉昭瑞，〈論新石器時代的紡輪及其紋飾的文化涵義〉，《中國文化》，頁 144～153，1995 年第 11 期。

32. 雒三桂，〈《詩經》祭祀詩與周代貴族政治思想〉，《北京師範大學學報》，頁 25～31，1995 年第 3 期。

33. 蔣林,〈新疆漢族民間藝術〉,《新疆藝術》,頁 32～38,1995 年第 2 期。

34. 晁福林,〈試釋甲骨文「堂」字並論商代祭祀制度的若干問題〉,《北京師範大學學報》,頁 43～51,1995 年第 1 期。

35. 錢玄,〈鄭玄魯禮禘祫志辨〉,《古籍整理研究學刊》1994 年第 5 期,頁 15～22。

36. 董蓮池,〈殷周禘祭探真〉,《人文雜誌》1994 年第 5 期,頁 75～78。

37. 饒宗頤,〈四川縱目人傳說與殷代西南地名〉,《傳統文化與現代化》,1994 年第 2 期,頁 30～34。

38. 戴良佐,〈新疆古紡輪出土與毛織起始〉,《新疆地方志》,頁 42～43,1994 年第 2 期。

39. 鄧淑蘋,〈中國新石器時代玉器上的神秘符號〉,《故宮學術季刊》,卷 10：3,頁 1～49,台北：故宮博物院,1993。

40. 鄧淑蘋,〈良渚玉器上的神秘符號〉,《故宮文物月刊》,卷 10：9,頁 26～47,台北：故宮博物院,1992。

41. 中國科學院動物研究所郭郛,〈從河北省正定南楊庄出土的陶蠶蛹試論我國家蠶的起源問題〉,《農業考古》,頁 302～309,1987 年第 1 期。

42. 河北省文物研究所唐雲明,〈我國育蠶織綢起源時代初探〉,《農業考古》,頁 320～323,1985 年第 2 期。

43. 黃世瑞,〈我國歷史上蠶業中心南移問題的探討〉,《農業考古》,頁 324～331,1985 年第 2 期。

44. 周匡明,〈桑考〉,《農業考古》,頁 108～112,1981 年第 1 期。

45. 浙江省文物管理委員會,〈吳興錢山漾遺址第一、二次發掘報告〉,《考古學報》,頁 73～92,1960 年第 2 期。

五、報　紙

1. 商志醰,〈鳩杖新考〉,《中國文物報》,1991 年 2 月 10 日。